FELIX HEIDENREICH

DEMOKRATIE ALS ZUMUTUNG

Für eine andere Bürgerlichkeit

KLETT-COTTA

MIX
Papier aus verantwor-
tungsvollen Quellen
FSC® C014496

Klett-Cotta
www.klett-cotta.de
© 2022 by J. G. Cotta'sche Buchhandlung Nachfolger GmbH,
gegr. 1659, Stuttgart
Alle Rechte vorbehalten
Cover: Rothfos & Gabler, Hamburg
unter Verwendung einer Abbildung von Shutterstock/SFC
Gesetzt von Dörlemann Satz, Lemförde
Gedruckt und gebunden von GGP Media GmbH, Pößneck
ISBN 978-3-608-98079-0
E-Book ISBN 978-3-608-11925-1

Bibliografische Information der Deutschen Nationalbibliothek
Die Deutsche Nationalbibliothek verzeichnet diese Publikation
in der Deutschen Nationalbibliografie; detaillierte bibliografische
Daten sind im Internet über http://dnb.d-nb.de abrufbar.

Inhaltsverzeichnis

Die dunkle Seite: Bürgerwehren · Tsahal –
Die israelische Armee · Die Utopie der
Universal Army

1

Einleitung:
Zeitenwende

Der 24. Februar 2022. Um 4.30 Uhr werden die ersten Angriffe auf die Ukraine gemeldet. Die Russische Föderation attackiert einen souveränen Staat aus mehreren Richtungen. Cyberangriffe gab es schon in den Tagen zuvor, nun aber werden Luftangriffe und Raketenbeschuss gemeldet. Mehrere Grenzposten werden überrannt, Panzer überqueren die Grenze. Der ukrainische Präsident Wolodymyr Selenskyj ruft den Kriegszustand aus. Schon bald sind die Ausfallstraßen von Kiew verstopft. Es war schon vorher Krieg in Europa, in der Ostukraine, aber jetzt geht es plötzlich um einen großen, um einen offenen Krieg gegen ein ganzes Land, um einen Krieg zwischen Staaten, nicht zwischen einem Staat und selbsternannten »Volkrepubliken«, in denen Räuberbanden regieren.

Katastrophen werden nicht dadurch weniger schockierend, dass sie vorhersehbar waren. Obwohl nach Monaten des Truppenaufmarschs, der Hassreden, der Propagandalügen im russischen Staatsfernsehen niemand überrascht sein kann, ist man doch entsetzt: Putin tut es wirklich! Er beginnt einfach einen Krieg! Wenn es noch irgendeines Belegs für die akute Bedrohung der Demokratie durch den Nationalismus und Autoritarismus bedürft hätte – Putins

Angriffskrieg gegen die Ukraine hat ihn geliefert. Der Nebel ist endgültig weg, alle, nicht nur die Finnen und Balten, die US-Amerikaner, die Menschen in Hongkong oder Taiwan können nun sehen, dass sich die Demokratien in einem Abwehrkampf befinden.

Dies ist eigentlich keine neue Erkenntnis. Denn es gibt nicht nur eine äußere Anfeindung der Demokratie. Längst war der Niedergang in vielen Demokratien nicht nur atmosphärisch zu spüren, sondern auch empirisch belegbar. Eine Fokussierung auf die äußeren Feinde der Demokratie ist verständlich und geboten. Aber Wladimir Putin und Xi Jinping haben kein überzeugendes Gegenmodell anzubieten, sonst bräuchten sie die Zensur nicht. Sie können die Demokratie nur militärisch bedrohen, nicht intellektuell. Gefährlich ist ihr autoritäres Modell nur, wenn es auch in den Demokratien auf Resonanz stößt – bei denjenigen, die autoritär fühlen und denken. Die eigentliche Gefahr geht von der Erosion demokratischer Werte, Gewohnheiten, Normen aus, die im Inneren stattfindet.[1]

Ja, es stimmt: Von einer Krise der Demokratie, der politischen Parteien oder der politischen Repräsentation ist seit langem die Rede. Und doch wäre es gefährlich aus der langen Geschichte derartiger Diskussionen auf ihre Irrelevanz zu schließen und die aktuellen Krisendiagnosen als unvermeidliche Begleitmelodie des demokratischen Alltags oder als unangemessene Dramatisierung abzutun.[2] Die Entwicklungen in vielen etablierten Demokratien, aber auch in Osteuropa oder Lateinamerika zeigen, dass Demokratien hochgradig fragile Gebilde sind und das Abgleiten in Autoritarismus eine reale Gefahr darstellt. Gerade wenn man davon ausgeht, dass die Erosion der Demokratie leise und unscheinbar vonstattengehen kann, gibt es gute Gründe, sich Sorgen zu machen, auch nach der Wahl Joe Bidens.[3]

Womöglich besteht gerade darin ein zweiter Schock, der allen Demokraten nach Putins Angriff in die Glieder fahren sollte: Erstmals gibt es in den USA keinen Moment des parteiübergreifenden *rallying behind the flag*, des Sich-Versammelns hinter der Flagge. Weite Teile der Republikaner sind immer noch, wie ihr Anführer Trump, begeistert davon, wie clever und geschickt Putin vorgeht. Sie kritisieren Biden, nicht Putin. Mit der erhofften Einigkeit des Westens ist es nicht weit her. Auch in Europa tun sich bald Risse auf. Viktor Orban, lange ein enger Freund Putins, will keine Waffen über Ungarn an die Ukraine liefern lassen.

Die autoritäre Herausforderung – die Feinde der Demokratie

Eine erste Herausforderung besteht darin, diese Feinderklärung anzunehmen, die Verfechter autoritärer, xenophober oder populistischer Demokratiekonzeptionen als das zu sehen, was sie sind: Feinde der Demokratie, nicht bloß Gegner in einem fairen Wettbewerb. Sie mögen das Gegenteil für sich in Anspruch nehmen, sich als Retter der »wahren« oder Ermöglicher einer »eigentlichen« »Volksdemokratie« inszenieren. Aber es ist wichtig, sich hier keine Illusionen zu machen. Was hier als »Demokratie« bezeichnet wird ist nichts anderes als eine ethnozentrische, den Institutionen und Verfahren des Rechtstaats feindlich gegenüberstehende politische Ideologie. Wenn unter »illiberaler Demokratie« zu verstehen ist, dass die Möglichkeiten der Opposition beschnitten, dass Minderheitenrechte ausgesetzt werden und ein Klima der Feindseligkeit und der Verleumdung einzieht, so haben wir es mit dem Gegenteil von Demokratie zu tun.

Aus guten Gründen schreckt man in Demokratien davor zurück, in den Kategorien von Freund und Feind zu denken. Schließlich stammt diese Begrifflichkeit von Carl Schmitt, also gerade von den Feinden der liberalen Demokratie. Aber es sind nicht nur ideenpolitische Skrupel, die zögerlich machen. Feindverleugnung ist auch bequem. Es wäre schön, wenn Donald Trump, Viktor Orban oder der neue polnische Nationalismus nur temporäre Ausschläge darstellten. Auch bei der jahrelangen Verharmlosung Putins war der Wunsch der Vater des Gedankens. Man wollte nicht sehen, was man hätte sehen müssen.

Vor allem das an ökonomischen Modellen geschulte Denken lässt sich leicht dazu verführen, so etwas wie eine Tendenz zu Mittelwerten anzunehmen. So kennt man das aus der Ökonomie: Preise, Angebote, ja selbst Börsenwerte streben trotz heftiger Ausschläge langfristig auf so etwas wie ausgeglichene Mittelwerte zu. Der Trend werde schon irgendwann wieder umschlagen, so war lange zu hören. Das Pendel werde auch wieder in die andere Richtung schwingen.

Aber ökonomische Modelle lassen sich nicht so einfach auf die Politik übertragen. Nichts gibt Anlass zu der Vermutung, dass sich die repräsentativen, liberalen Demokratien wie durch Naturgesetze oder eine unsichtbare Hand des politischen Marktes selbst stabilisieren werden. Die Leitmetapher des Pendels ist in dieser Hinsicht verführerisch. Es suggeriert, es gäbe so etwas wie eine natürliche Schwerkraft, die die Dinge wieder ins Lot bringen werde.

Ein zweiter Denkfehler besteht in der Bildung falscher historischer Analogien. Es stimmt natürlich, dass zahlreiche Phänomene der Gegenwart auch schon früher zu beobachten waren. Was heute *echo-chamber* heißt, war früher die Parteizeitung. Immer schon gab es Polarisierung, selbst politische Gewalt. Vor allem in den USA ist vor diesem Hintergrund zu hören, die Verfassung habe schon viel schlimmere Dinge überlebt: einen Bürgerkrieg, zwei Weltkriege, Präsidentenmorde, Vietnam, selbst Nixon, Reagan und George W. Bush. Das Demokratiegefühl der Amerikaner sei stärker denn je, die Institutionen wehrfähig, die Öffentlichkeit wach.

Aber diese historischen Analogien drücken keine logische Notwendigkeit aus. Dass eine Notlandung bei Sturm und ohne Sicht bereits fünf Mal geklappt hat, besagt nicht, dass es auch beim nächsten Mal gutgehen wird. Aus deutscher Sicht müsste gerade die Formulierung »immer schon« hellhörig machen: Immer schon gab es *fake news*, Verleumdung, Hetze, Antisemitismus, Verschwörungstheorien. Aber vor dem Hintergrund historischer Erfahrung wird man ergänzen müssen: Immer schon gab es massenhafte politische Gewalt, den Kollaps politischer Systeme, verheerende Kriege. Dass die heutigen *fake news* in den »Protokollen der Weisen von Zion« einen historischen Vorläufer haben, wäre dann gerade alles andere als beruhigend. Es gibt gute Gründe, alarmiert zu sein.

Eine verharmlosende Einschätzung der Lage ist folglich gefährlich, selbst wenn man nicht, wie Barbara F. Walther, die Bedingungen für einen amerikanischen Bürgerkrieg als gegeben betrachtet.[4] Wenn Demokratie vor allem durch Rechtspopulisten und Rechtsextreme bedroht wird, ist es für konservative Parteien verführerisch, diesen Umstand zu verharmlosen. Dort versucht man sich einzureden, Donald Trump sei vielleicht gar nicht so schlimm, ein bisschen nationalistische und populistische Töne vielleicht unschön, aber im Kampf gegen die verhasste Linke durchaus nützlich. In den USA sind es vor allem evangelikale Gruppen, die so argumentieren: Im Kampf gegen Homo-Ehe und Abtreibung seien alle Mittel recht, selbst Trump, der alle christlichen und konservativen Moralvorstellungen öffentlich verhöhnt, für den jede Schwäche ein Makel darstellt. Man muss es in dieser Härte sagen: Donald Trump dürfte Jesus wohl nur als *loser* betrachten – und die Evangelikalen wissen es. Es ist ihnen egal, denn im Kampf gegen den Satan ist der Beelzebub ein willkommener Verbündeter. Nur so ist zu erklären, dass rund 80 Prozent der evangelikalen Christen in den USA für eine Person als Präsidenten stimmten, dem konservative Werte wie Bescheidenheit, Zurückhaltung, Höflichkeit und Respekt vollkommen wesensfremd sind.

Historische Vergleiche sind immer heikel, wie wir gesehen haben. Vor allem vor Vergleichen mit der NS-Zeit wird zu Recht gewarnt. Und doch: Bestand nicht genau darin der Denkfehler des deutschen Konservativismus? Hitler sei zwar dumm, unmoralisch, unbürgerlich – aber immer noch besser als die Kommunisten. Man werde ihn schon einbinden und zivilisieren können, so lautete das Kalkül. Auch dies war eine Feindverleugnung, die viele im deutschen Konservativismus bitter bereut haben. Vor allem konservative Parteien stehen in der Gefahr, sich zum Steigbügelhalter explizit antidemokratischer Kräfte zu werden. Im November 2020 gewann Donald Trump wohlgemerkt Stimmen hinzu. Damit sinkt die Wahrscheinlichkeit, dass sich Republikaner und Trumpisten wieder trennen werden. Auch in Osteuropa sehen wir solche Bündnisse.

Diese Gefahr ist vor allem deshalb akut, weil die neuen Feinde der Demokratie sich selbst als Demokraten bezeichnen. Der neue Nationalismus, Populismus und Autoritarismus sehen anders aus als der Nationalsozialismus. Die neuen Feinde der Demokratie kommen fröhlicher, professioneller, meist, wenn auch nicht immer, weniger plebejisch daher. Man gibt sich bürgerlich oder gar postmodern, als rechte Hipster, vielleicht gar intellektuell. Einige zusammengerührte Theorieversatzstücke aus dem ideengeschichtlichen Proseminar zur Zwischenkriegszeit werden wie Puderzucker über die Propaganda des Hasses gestreut.

Doch die antidemokratische Ausrichtung ist unbestreitbar. Was soll ein von der neuen Rechten verbreitetes Wort wie »Remigration« am Ende anderes bezeichnen als eine sanftere oder unsanftere Form der ethnischen Säuberung? Was soll ein Wort wie »Ethnopluralismus« anderes kaschieren als ein durch und durch völkisches Denken, das Menschen auf ihre Herkunft reduziert und Individuen durch Stammeszugehörigkeit ordnet? In den USA lässt sich beobachten, was geschieht, wenn konservative Kreise dies verkennen, wenn sie wie die evangelikalen Christen glauben, ein Bündnis zwischen Wertkonservativen und Populisten eingehen zu können. Konservativen, die glauben, Populisten als nützliche Idioten instrumentalisieren zu können, droht ein schreckliches Erwachen. Sie selbst enden als die benutzten Idioten der neuen populistischen Regierungen.

Der Mann, der sich damit brüstete, Frauen jederzeit an die »Pussy« greifen zu können, diffamierte den republikanischen Kriegshelden John McCain als Feigling. Er biederte sich bei Feinden der USA wie Wladimir Putin an (warum auch immer) und hofierte Autokraten wie Erdoğan.

In diesem Sinne ist Putins offene Aggression zwar militärisch der gefährlichste Gegner der Demokratie, aber ideologisch besteht die größte Herausforderung in der internen Aushöhlung der Demokratie – die oft im Namen der Demokratie betrieben wird. Zwar mag es für einen Moment so scheinen, als führe die Aggression von außen alle Demokratinnen und Demokraten im Inneren zusammen. Doch dem ist nicht so. Ein äußerer Feind allein wird die Brüche in den demokratischen Gesellschaften nicht heilen können. Die Demokratie muss auch nach innen gestärkt werden.

Mögliche Erklärungen: Die große Entfremdung

Feindverleugnung kann träge machen. Und doch folgt aus der Anerkennung einer ernsten Lage noch nichts über mögliche Handlungsoptionen. Dazu müsste man eine präzise Theorie darüber haben, was eigentlich in die Krise der Demokratie geführt hat. Interessanter als die Populisten und Demagogen sind dabei ihre Wählerinnen und Wähler. Ein Konsens ist hier kaum zu erwarten, weder in der Politik noch in der Politikwissenschaft. Und doch gibt es so etwas wie dominante Erklärungen, Narrative, die die große Entfremdung erklären sollen.

Aber was genau bedeutet in diesem Kontext »Entfremdung«?[5] Sind sich hier zwei Partner »fremd« geworden, die eigentlich zusammengehören? Oder handelt es sich um eine Form von Fremdheit, die unvermeidlich ist, die vielleicht gerade durch Differenz produktiv werden kann? Meist scheint das erste Bild zu dominieren. Schnell ist man versucht, fragwürdige Kontrastfolien einer vermeintlich besseren Vergangenheit zu verwenden. Meist wird der Begriff der »Entfremdung« diffus benutzt, um eine Unzufriedenheit, einen Groll, eine systematische Frustration zu beschreiben.

Eine weit verbreitete Erklärung für diese Gefühlslage in der repräsentativen Demokratie lautet, dass es sich um eine Störung des Verhältnisses zwischen Bürgerinnen und Bürgern[6] einerseits und politischen Verantwortungsträgern andererseits handelt.[7] Die Störung dieses Resonanzverhältnisses[8] wird meist als eine mangelnde Responsivität des politischen Systems beschrieben: Interessen und Präferenzen vor allem von ökonomisch schwachen oder kulturell marginalisierten Gruppen würden so lange überhört[9], bis sie sich irgendwann eruptiv in populistischen Bewegungen artikulierten. »Hört uns endlich zu!«, scheinen aus dieser Perspektive diejenigen zu rufen, die zu den Verlierern von Globalisierung, Migration und ökonomischer Dynamisierung gehören oder sich zumindest potenziell davon bedroht sehen. Die Krise der repräsentativen Demokratie ist aus dieser Sicht abzuwenden, indem »die Politik« auf den Anspruch der Bürgerinnen und Bürger möglichst genau und schnell, ja womöglich gar »unvermittelt« antwortet.

Genau dies – eine *unvermittelte* Umsetzung des Volkwillens – versprechen bekanntlich die Populisten, Nationalisten und autoritären Führer.[10] Dies würde erklären, warum Donald Trump im Herbst 2020 weitere Stimmen hinzugewinnen konnte – trotz einer katastrophalen Amtszeit.

Aber besteht das Problem tatsächlich ausschließlich in mangelnder Responsivität? Bisweilen scheint es, als sei die Kommunikation nicht nur bezogen auf Sachfragen wie die Migrationspolitik gestört. Es gibt eine Entfremdung zwischen den Bürgerinnen und Bürgern einerseits und *ihrem* Staat andererseits. Gerade das Possessivpronomen kommt nur noch wenigen über die Lippen. Wer redet heute noch von »meinem Staat«, »meiner Bundeskanzlerin«, »meinem Bundespräsidenten«? Viele erleben diesen Staat nicht als »ihren« Staat. Manche lehnen ihn offen ab, Rechtsextreme, Linksextreme, »Reichsbürger«. Andere haben innerlich gekündigt, interessieren sich nicht mehr für Politik, wollen mit »all dem« nichts mehr zu tun haben. Sie beobachten die Politik voller Wut und Groll, skeptisch gegenüber denen »da oben«. Und in der mildesten Form besteht die Entfremdung darin, aus dem politischen Gemeinwesen möglichst viel herauszuholen und zugleich möglichst wenig hineinzustecken: ökonomischer Opportunismus.

In Deutschland und der Schweiz mögen diese Krisensymptome nicht gefährlich erscheinen. Aber wie sieht es in anderen Ländern aus? In den USA, Brasilien, Österreich, Ungarn, Polen?

Obwohl viele dieser Trends global ähnlich zu verlaufen scheinen, gibt es jedoch große nationale Unterschiede. In Frankreich beispielsweise ist die Entfremdung besonders groß. Die politische Kultur oszilliert hier zwischen überhöhten Erwartungen an einen Staat, der alles und jedes leisten soll einerseits, und dem Groll gegen »die da oben«, deren oft malträtierte Inkarnation der normale Polizist, Sanitäter oder Feuerwehrmann (oder -frau) darstellt, der in den Hochhaussiedlungen mit Verachtung und Steinen ›begrüßt‹

wird. Von einer »Entfremdung« zu sprechen, scheint da schon euphemistisch. Auch in Deutschland werden immer öfter Beamte angepöbelt, bespuckt, bedroht. Die Stimmung schaukelt sich seit Jahren hoch. Es gibt Gewalt in beide Richtungen. Als im November 2020 drei Polizisten in Paris einen schwarzen Musikproduzenten über zwanzig Minuten malträtierten, konnte man, dank einer Videokamera, einen Blick in den Abgrund werfen.

Angegriffen werden in Frankreich jedoch nicht nur Polizisten, nicht nur massenhaft stationäre Radarstationen, die währen der Proteste der Gelbwesten flächendeckend zerstört wurden, sondern auch die Symbole der Republik selbst. In Deutschland wenig bekannt ist beispielweise, dass in Frankreich zu dutzenden die öffentlichen Bibliotheken in kleinen Gemeinden zum Opfer des Vandalismus werden besprüht oder schlicht niedergebrannt. Wie groß muss eine Enttäuschung sein, wie weit der Weg in die Entzivilisierung gegangen, um eine Bibliothek anzuzünden? Die Zerstörung der Bibliothek von Leuven durch die Deutschen ist aus guten Gründen in unserem kollektiven Gedächtnis als barbarischer Akt eingebrannt.

Und am anderen Ende des Spektrums? Am Genfer See ist der Weg nicht weit in eine recht andere soziale Wirklichkeit. Ja, auch in der Schweiz gibt es bisweilen Frustration über Politik. Basel war lange bekannt für seine Hooligan-Szene. Doch Angriffe auf Feuerwehrmänner sind hier vollends unbekannt. Dass Sanitäter flächendeckend mit Stichwesten ausgerüstet werden wie in Niedersachsen, wäre hier undenkbar. Auch in der Eidgenossenschaft ist nicht alles so schön, wie es im Licht des Alpenglühens aussehen mag. Und doch: Das Verhältnis von Bürgerinnen und Bürgern einerseits und Staat andererseits ist ein ganz anderes.

Gerade in diesen Unterschieden zwischen Ländern keimt also eine Hoffnung: Die Krise der Demokratie ist kein Schicksal. Wenn es manchen Ländern besser geht als anderen, dann doch wohl deshalb, weil man dort manche Sachen anders macht, offenbar besser. Es gibt Handlungsoptionen. Aber welche?

Wege aus der Entfremdung

Der vorliegende Essay versucht, diese Entfremdung genauer zu verstehen und einen anderen Weg aus dieser Sackgasse aufzuzeigen. Was hier vorgeschlagen wird, ist eine Art kopernikanische Wende in der Art und Weise, das Verhältnis von Bürgerinnen und Bürgern einerseits und »dem Staat« oder »der Politik« zu denken. Für gewöhnlich ist zu hören, »die Politik« solle »liefern«. Bürgerinnen und Bürger stellen Ansprüche an die Demokratie – und diese hat zu reagieren. Die Formel vom *Anspruch der Demokratie* wird in der Regel so aufgefasst, dass »wir« einen Anspruch haben auf Demokratie. Demokratie ist etwas, das den Menschen oder zumindest den Bürgerinnen und Bürgern zusteht, etwas, worauf wir Anspruch erheben können.

Diese Sichtweise ist richtig. Schon in den Menschenrechten steckt potenziell ein Anspruch auf demokratische Mitbestimmung. Und doch ist diese Sichtweise, wenn man sich die Geschichte der Demokratie ansieht, relativ neu. Und relativ einseitig. Denn es gibt auch einen umgekehrten Anspruch: einen Anspruch, den die Demokratie an Bürgerinnen und Bürger stellt. Etwas gestelzt formuliert: Die Demokratie nimmt uns in Anspruch. Sie ist immer auch eine Zumutung.

Diese Einsicht ist wie gesagt nicht neu. Im Gegenteil: Dass Demokratie auch mit Pflichten einhergeht, ist eine Trivialität. Aber die Idee des Anspruchs und der Zumutung geht weiter. Er besagt nicht nur, dass Personen Pflichten haben, sondern dass es Personen verändert, in Anspruch genommen zu werden, dass Antworten und Haltungen entstehen, je nachdem ob und wie man in Anspruch genommen wird, je nachdem wie man angesprochen wird.

Dieser Essay schlägt daher versuchshalber einen Perspektivwechsel vor, der die Bemühungen um eine Ausweitung der Partizipation weder kritisieren noch gar konterkarieren, aber doch wesentlich *ergänzen* soll. Könnte die Rede vom Anspruch *auf* Beteiligung nicht auch anders gelesen werden, als ein Anspruch *der* Demokratie, ein Anspruch, den nicht die Bürger gegenüber »der Politik« formulieren, sondern den die Demokratie an die Bürger stellt? Diese Umkehrung der Perspektive geht von der Hypothese aus, dass in gestörten Beziehungen stets beide Seiten das jeweilige Verhalten überdenken müssen. Neben der Frustration von Bürgerinnen und Bürgern, die sich nicht »gehört« fühlen, gibt es auch eine Ermüdung von Verantwortungsträgern, die sich einem unspezifischen politischen Unmut ausgesetzt sehen, der bisweilen mit politischem Desinteresse und mangelndem Engagement einhergeht.[11] Selbst auf kommunaler Ebene werden heute Politikerinnen und Politiker immer öfter angefeindet.

Versteht man Demokratie als ein Resonanzverhältnis zwischen Bürgerinnen und Bürgern einerseits und politischen Verantwortungsträgern andererseits, so muss dieses Verhältnis als ein Dialog gedacht werden, in dem keineswegs nur die eine Seite auf die andere zu hören hat. Resonanzverweigerung findet nicht nur durch jene politischen Eliten statt, die keine Kultur des Zuhörens pflegen; sie kann auch bei Bürgerinnen und Bürgern beobachtet werden, die glauben, dem politischen Gemeinwesen nichts zu schulden, ihm voller Rechte aber ohne Pflichten gegenüberzustehen. Demokratie ist jedoch eine Regierungsform, die uns nicht nur erlaubt, unsere Ansprüche zu formulieren, sondern die uns auch *in Anspruch nimmt*.[12] Sie formuliert – mit Christoph Möllers gesprochen – nicht nur Versprechen, sondern auch Zumutungen.[13]

Dies würde aber voraussetzen, dass man Demokratie wieder als das wahrnimmt, was sie historisch immer schon war: ein sehr anstrengendes Geschäft. Dies wird besonders deutlich in den antiken Formen von Demokratie, die wir heute wohl kaum als solche bezeichnen würden. Beteiligung war hier nicht so sehr etwas, was einem zustand, sondern etwas, das wie ein Frondienst für die Allgemeinheit abzuleisten war. Schon in Athen gab es konkrete Techniken, mit denen die Beteiligung an Ratsversammlungen regelrecht erzwungen wurde. *Demokratie als Zumutung* – dies würde bedeuten, dass man ein *Framing* überwindet, indem eine Demokratie vorrangig darin besteht, Ansprüche zu artikulieren und Forderungen zu stellen. Demokratie würde dann bedeuten, auch gefordert zu werden.

Der Begriff der Zumutung enthält zwei Bedeutungsfacetten. Eine Zumutung kann unangenehm, belastend, lästig sein. Dies meinen wir, wenn davon die Rede ist, die Feinstaubbelastung an einer Ausfallstraße sei »unzumutbar«.

Eine solche Zumutung verfolgt keinen höheren Zweck, sie wird nicht durch einen Sinn gerechtfertigt. Dann aber gibt es auch Dinge, die wir uns selbst zumuten. Wer zu Fuß die Alpen überquert, mutet sich durchaus auch etwas zu – das Ganze ist schließlich auch eine Strapaze. Aber in diesem zweiten Fall handelt es sich um eine Zumutung, die wir uns *aus guten Gründen* antun. In der Zumutung steckt dann auch der Mut. Wer in München losläuft und bis Venedig gehen will, mutet sich im Doppelsinn etwas zu: Er oder sie traut sich auch etwas zu. Es besteht die Hoffnung, dass durch die Zumutung etwas zum Vorschein kommt, sich eine Haltung entwickelt, ein Charakterzug zeigt, der ohne Zumutung vielleicht verschüttet bliebe.

In diesem zweiten Sinne ließe sich die Demokratie als eine Zumutung lesen, die wir uns selbst antun. Nicht behelligt zu werden, sich nicht interessieren zu müssen, sich auf die bloße Beobachtung zurückzuziehen wäre vielleicht einfacher. Aber eine echte Demokratie ist eben mehr als eine solche Service-Einheit. Sie ist vor allem nicht eine Zumutung, die den Bürgerinnen und Bürgern *von anderen*, von »denen da oben« angetan wird, sondern etwas, das sich eine demokratische Gemeinschaft von Bürgerinnen und Bürgern im besten Falle selbst auferlegt. Demokratie ist dann nicht etwas, auf das »wir« Bürgerinnen und Bürger Anspruch haben, sondern etwas, das uns in Anspruch nimmt.

Eine solche kopernikanische Wende impliziert eine Umkehr oder zumindest Gleichverteilung der Problemzuschreibung. Dem einseitigen Vorwurf, »die Politik« sei zu wenig responsiv, kommt nun eine ergänzende Diagnose hinzu: Es gibt auch so etwas wie eine Krise des Bürgersinns. Was ist damit gemeint?

Ein wichtiger Schritt besteht zunächst darin, *Bürgerlich-keit als Haltung* zu verstehen.[14] Bürgerlichkeit ist kein sozialer Status, sondern eine Disposition zu einem bestimmten Handeln. Eine solche »andere Bürgerlichkeit« wird noch genauer zu bestimmen sein. Vorausschickend lässt sich schon einmal sagen, dass sie nicht naturwüchsig mit den sogenannten »bürgerlichen Parteien« zusammenhängt. Die »andere Bürgerlichkeit« ist auch keineswegs neu – im Gegenteil. Ich versuche zu zeigen, dass in anderen Konstellationen die Bereitschaft zu finden war, sich für das politische Gemeinwesen viel mehr zuzumuten, als es uns heute angemessen erscheint. Im Umkehrschluss lassen sich ausgehend von einem begrifflich klar bestimmten Ideal von Bürgerlichkeit gewisse »Haltungsfehler« beschreiben, die die Krise der Demokratie begünstigen. Wie es dazu kommt, wird uns in Kapitel 2 noch genauer beschäftigen.

In jedem Fall soll diese Diagnose keine moralische Schuldzuschreibung darstellen. Die Alternative zu einer Anspruchshaltung ist nicht ein bloßer Pflichtbegriff, sondern die Umkehrung des Akts des »Anspruchs«, das Zulassen von Zumutung. In diesem Sinne ist das hier verfolgte Projekt auch nicht als konservativ zu begreifen. Es geht nicht um individuelles Fehlverhalten, um einen Appell an moralische Werte oder eine Verfallsdiagnose, die abstrakt den modernen Individualismus zum Problem erklärt. Dass viele Bürgerinnen und Bürger sich so verhalten, wie sie sich verhalten, ist gerade aus Perspektive einer Theorie, die den Menschen als responsives Wesen versteht, nur allzu verständlich. In diesem Sinne handelt dieses Buch von Institutionen und Routinen und appelliert nicht an einzelne Personen.

Eine solche Umkehrung der Perspektive, weg von der

Frage, was die Bürgerinnen und Bürger von der Demokratie erwarten dürfen, hin zu der Frage, was ein demokratischer Staat den Bürgerinnen und Bürgern aus guten Gründen zumuten darf, gewinnt im Moment äußerer Bedrohung an Relevanz. Als am 24. Februar 2022 der Angriff Putins auf die Ukraine begann, waren viele Stimmen zu hören, die Solidarität mit den Opfern russischer Aggression forderten und vorlebten. Aber es gab auch viele Stimmen, die lediglich nach den Konsequenzen für die eigene Situation fragten: Was bedeutet der Krieg für meine Sicherheit, für mein Aktienportfolio, für die Konjunktur und die Inflation in Deutschland? Wird nun das Gas teuer? Wie hoch steigt der Benzinpreis?

Der Angriff stellt alle Demokratinnen und Demokraten vor die Frage, was ihnen das Leben in Freiheit eigentlich wert ist, wie es um die Solidarität wirklich steht. Ist die Demokratie nur ein Mechanismus, der es erlaubt, persönliche Selbstentfaltung, ökonomischen Wohlstand und ein individuelles »Streben nach Glück« zu ermöglichen? Oder geht es doch um mehr? Um ein Leben in Würde, ein Leben ohne Angst, ein Leben in Freiheit? Was wollen wir uns zumuten, um diese Errungenschaften zu verteidigen, rhetorisch und politisch im Inneren, notfalls militärisch nach außen? Haben wir überhaupt noch jene Vorverständnisse, die nötig sind, um zu verstehen, dass Demokratie immer auch eine Zumutung darstellt?

Diese Frage ist leider offen. Die Wahl Trumps hat gezeigt, dass selbst und vor allem im Herzen des »Westens« grundlegende Normen der Demokratie für viele Menschen irrelevant geworden sind. Am Phänomen Trump ist nicht die Person erschreckend, sondern der Umstand, dass so viele Menschen nicht zu verstehen scheinen, was sein Verhalten tatsächlich bedeutet. Als am 6. Januar 2022 bei einer Gedenkminute im Repräsentantenhaus jenen Personen gedacht wurde, die ein Jahr zuvor bei der Verteidigung des Kapitols gegen den von Trump aufgehetzten Mob ihr Leben verloren hatten, waren nur zwei Republikaner anwesend. Nur Dick Cheney und seine Tochter Liz Cheney waren gekommen.

Zum Aufbau des Buches

In einem ersten Schritt werde ich verschiedene Diagnosen vergleichen, die eine politikwissenschaftlich gestützte Antwort auf die Frage nach den Ursachen einer Krise der Demokratie leisten. Konkurrierende Angebote erweisen sich in der Rekonstruktion als ergänzend und schließen sich nicht unbedingt gegenseitig aus (Kapitel 2). Wer das Gefühl hat, in den vergangenen Jahren genug (oder vielleicht schon zu viel) über die Krise der Demokratie gelesen und gehört zu haben, kann dieses Kapitel auch überspringen. Das folgende Kapitel wird eine kritische Auseinandersetzung mit einem Antwortversuch leisten, der vor allem darauf setzt, »mehr Angebote« zu machen. Partizipation und Deliberation sind zu den zentralen Hoffnungen bei der Suche nach einer Überwindung der Krise geworden. Aber halten sie dieses Versprechen tatsächlich? (Kapitel 3) Eine kritische Perspektivierung der Partizipationswelle rückt ein gewisses Paradox ins Zentrum: Partizipation kann die Form von Konsum annehmen. Interessen zu artikulieren ist legitim, aber eine Gefahr des Partizipations- und Deliberationsparadigmas besteht in der Perpetuierung eines ökonomischen *framing*. Im schlimmsten Fall besteht die Partizipation nur darin, eine möglichst präzise Bestellung aufzugeben und dann darüber frustriert zu sein, dass »die Politik« nicht »liefert«.

Vor diesem Hintergrund wird das folgende Kapitel die These entfalten, dass es sich lohnt, den *citoyen* und die *citoyenne* als responsives Wesen wiederzuentdecken. Demokratien sind an sich unbequemer als autoritäre Regime, die zumindest in vielen Fällen das Biotop ungestörter Privatheit anbieten. Zumindest republikanisch verstandene Demokratien fordern etwas – und verändern damit jene, an die sich diese Forderungen richten (Kapitel 4).

Wie das im Einzelnen aussehen kann, historisch ausgesehen hat und auch heute in manchen Ländern noch aussieht, zeigen die folgenden Kapitel, die sich mit den Wehr- und Bürgerdiensten, der Wahlpflicht, der Rekuritierung durch Losverfahren und der verpflichtenden Mitarbeit am Justizwesen beschäftigen. Lassen sich daraus konkrete Vorschläge ableiten? Wie könnte heute eine politische Praxis aussehen, die Bürgerinnen und Bürger nicht nur als Konsumenten anspricht? Zumindest behutsame Schritte in diese Richtung scheinen möglich. Der Ausblick wird abschließend noch einmal die Frage nach den Grenzen des demokratischen Anspruchs diskutieren. Gibt es auch Fälle, in denen man der Demokratie die Antwort verweigern darf? Der Begriff der Freiheit steht dabei im Zentrum; er beinhaltet im Falle politischer Freiheit gänzlich andere Intuitionen und Denkbilder als im Falle ökonomischer Freiheit. In der Demokratie gibt es nicht nur Wahlfreiheit, sondern auch die Freiheit, sich gegenseitig in Anspruch zu nehmen.

2

Krisendiagnosen
im Vergleich

Im Juni 2016 veranstaltete ich eine deutsch-französische Tagung mit britischer Beteiligung. Das Thema lautete: *Konstellationen der Souveränität in Europa.* Wir hatten uns vorgenommen, der Wiederkehr einer Rhetorik der Souveränität nachzugehen. Nicht nur in Frankreich forderte Marine Le Pen, ihr Land müsse endlich wieder souverän werden. Auch in Großbritannien war im Rahmen der Brexit-Kampagne beständig der Verweis auf Souveränität zu hören. *Take Back control!*

Seit 2015 war auch in Deutschland der Ruf nach nationaler Souveränität lauter geworden. In einem interdisziplinären Setting wollten wir nachvollziehen, welche ideengeschichtlichen Topoi hier verwendet, welche staatsrechtlichen Fragen hier aufgeworfen und welche Konstruktionsprobleme in der EU damit zu Recht thematisiert wurden. Denn meist war die Rede von der »Souveränität« vor allem gegen die EU gerichtet: Sie zerstöre die nationale Souveränität und damit die nationalstaatliche Demokratie. Wir hörten Beiträge aus dem Staatsrecht und den Medienwissenschaften. Hat die EU wirklich ein Demokratiedefizit? Worin genau besteht es? Wie verhalten sich verschiedene Ansprüche auf Souveränität zueinander? Ist die EU ein Mechanismus, der Nationalstaaten die Ausübung von Souveränität in einer globalisierten Welt allererst ermöglicht? Wie plausibel ist der Begriff überhaupt noch? Das waren unsere Fragen.

In den Kaffeepausen war das anstehende britische Referendum Thema. *That's not going to happen*, war man sich einig. »Mit der EU im Rücken können die Briten in Hongkong vielleicht noch ein Wörtchen mitreden, ohne EU sind sie ein Zwerg.« »So blöd sind die Briten nicht.« Doch eine britische Teilnehmerin war vorsichtiger. »Wer weiß, was alles passiert.« Die Unzufriedenheit in ihrer Heimat sei groß. Wer immer nur nach London reise, mache sich keine Vorstellung davon, wie perspektivlos die Lage in manchen Regionen Englands sei, wie tief der englische Nationalismus sitze.

Wenige Tage später kam der große Knall. Boris Johnson feierte seinen *Independence Day*. Nigel Farage triumphierte. Über Jahre als Spinner verhöhnt, hatte er es allen gezeigt. Die Briten waren raus, und die EU stand da wie ein Verein von Trotteln. Aber auch die Politikwissenschaft hatte Grund für Selbstzweifel. Kaum jemand hatte den Brexit kommen sehen. Und als rund ein halbes Jahr später Donald Trump gewählt wurde, ging die zweite kalte Dusche auf das Haupt der politikwissenschaftlichen Expertinnen und Experten nieder. Niemand hatte dies für möglich gehalten, nicht nur aufgrund der Umfrageergebnisse, sondern weil die Phantasie schlicht nicht ausreichte, sich Trump tatsächlich als Präsidenten auszumalen.

Verantwortlich für diesen Mangel an Phantasie war wohl eine gewisse universitäre Betriebsblindheit. Welcher Akademiker kennt schon die Reality-Show »The Donald«? Selbst der Besitz eines Fernsehers gilt in manchen akade

mischen Kreisen bereits als untrügliches Zeichen einer gefährlichen Verlotterung. Eine größere Gefahr ist die Projek-
tion rationalen Verhaltens auf eine Wählerschaft, die nach
ganz anderen, viel stärker erratischen Kriterien urteilt. Die
»Wissenschaft« möchte gerne einen Gegenstand haben, der
sich auch für eine rationale Untersuchung eignet: rationale
Wähler, strategisch denkende Eliten, langfristige Pläne.
Dass viele Wählerinnen und Wähler gar nicht wissen, wen
sie wählen, dass Entscheidungen auf Stimmungen und Bildern, nicht auf abgewogenen Präferenzen beruhen, weiß
man zwar irgendwie, aber es ist schwer die Konsequenzen
zu ziehen.

Sollte man also öfter die *BILD*-Zeitung, die *Gala*, das
Goldene Blatt lesen, um die Krise der Demokratie zu verstehen? Müssen wir auf die medialen Misthaufen dieser Welt
steigen, zu *FoxNews*, ins deutsche Privatfernsehen, in die
Facebook-Gruppen und Chats der Rechtsextremen, um zu
verstehen, was geschieht? Mit welchen Mitteln, aus welcher
Perspektive, mit welchen begrifflichen, wissenschaftlichen,
statistischen Mitteln lässt sich die Krise der Demokratie angemessen beschreiben?

Der Politikwissenschaftler Yascha Mounk stellte 2016 in
einem immer noch bemerkenswerten Artikel dem eigenen
Fach ein schlechtes Zeugnis aus: Verliebt in die eigenen Methoden, die Korrelationsanalysen und Rationalitätsmodelle,
sei seine Disziplin betriebsblind geworden.[1] Nicht zu wenig,
zu viel komplizierte Methodik sei das Problem.

Diese Verunsicherung über die angemessene Arbeits-
weise des Faches muss man im Hinterkopf behalten, wenn
man die politikwissenschaftliche Debatte über die Krise
der Demokratie rekonstruieren will: In vielen Fällen unter-

scheiden sich nicht erst die Folgerungen und Ergebnisse, sondern bereits die Werkzeuge fundamental. Wer Zahlen sehen will, wird anderes finden als jene, die auf Symbole, Gefühle, politische Phantasien, das sogenannte »politische Imaginäre« blicken. Die Tatsache, dass der Aufstieg Trumps weite Teile des Fachs so kalt erwischt hat, sollte durchaus Anlass dazu geben, das wissenschaftliche Instrumentarium in Frage zu stellen, mit dem in der Regel über Demokratie geforscht wird.

Die Anfeindung von innen

Januar 2020. Der Blick in die Nachrichten bietet ein nahezu apokalyptisches Bild. Soeben ist der iranische General Soleimani in Bagdad durch eine amerikanische Drohne getötet worden. Der Iran kündigt Vergeltungsmaßnahmen an. Auf den Straßen Teherans und Kermans, der Heimatstadt des Generals Soleimani, schwören Hunderttausende Anhänger den Amerikanern Rache. Doch damit nicht genug. Der amerikanische Präsident droht dem Iran, als Reaktion auf mögliche Angriffe kulturelle Ziele anzugreifen. 52 sollen es sein – genau die Anzahl der amerikanischen Geiseln, die einst in der Botschaft in Teheran festgehalten wurden und deren Demütigung im Nachgang der iranischen Revolution wie eine offene Rechnung zwischen den beiden Regierungen steht.

Vor dem inneren Auge stehen die Bilder der berühmten Moscheen von Isfahan, die Ruinen von Persepolis, die Wüstenstadt Yazd. Die Welt horcht auf. Könnte das eine Falschmeldung gewesen sein? Oder hat tatsächlich der Präsident der USA, der, so wird stets gesagt, ältesten Demokratie der Welt, mit Taten gedroht, die unzweifelhaft als Kriegsverbrechen zu werten wären? Taten, die die USA auf dieselbe Stufe wie die Taliban stellen würden, deren Zerstörung der Buddha-Statuen von Bamiyan 2001 ihren Ruf als Barbaren nährten, auf dieselbe Stufe wie den IS, der mit der Zerstörung vom Palmyra einen weiteren Mosaikstein in ein Schreckensbild legte?

August 2020. Dieses Mal befinden wir uns nicht in den USA, sondern in Deutschland, in Berlin, auf der Treppe des Reichstagsgebäudes. Ein Samstag, der 29. August. Soeben wurde eine Demonstration gegen die Corona-Maßnahmen aufgelöst. Plötzlich überwinden rund 400 Rechtsextreme mit Reichsflaggen die behelfsmäßigen Absperrungen vor dem Reichstagsgebäude und stürmen die Treppe. Die Polizei ist nicht nur überrumpelt, sondern vor allem unterbesetzt. Mit großem Mut stellen sich einige wenige Beamte der Meute in den Weg. Später wird sich herausstellen, dass es sich bei dieser Attacke keineswegs um eine spontane Aktion handelte. Gegen die Heilpraktikerin Tamara K. werden Ermittlungen wegen »aufwieglerischen Landfriedensbruchs« eingeleitet. Sie stand kurz zuvor vor der russischen Botschaft zwischen Reichskriegsflaggen und Neonazis am Mikrophon. Sie wähnt sich offenbar im Kampf gegen eine kommende Corona-Diktatur und hatte im Milieu der »Reichsbürger« für den Sturm des Parlaments plädiert. Fotos zeigen eine junge Frau aus der Eifel mit Meditationsarmband und langen Rastafari-Haaren. Nun heizt sie dem Mob ein und ruft dazu auf, sich das »Hausrecht« »zurückzuholen«. Die Bilder aus Berlin gehen um die Welt. Selbst der Bundespräsident äußert sich: »Reichsflaggen, sogar Reichskriegsflaggen darunter, auf den Stufen des frei gewählten deutschen Parlaments, das Herz unserer Demokratie – das ist nicht nur verabscheuungswürdig, sondern angesichts der Geschichte dieses Ortes geradezu unerträglich.« Was ist bloß los in dieser Welt? Lange vor Putins Angriff auf die Ukraine war sie aus den Fugen.

Zwei Hauptstraßen,
viele Nebenwege

Diese Frage nach den Ursachen scheint unendlich schwer. Und doch gibt es zwei klassische, man könnte auch sagen idealtypische Antworten auf die Frage nach der Ursache der Krise: Ökonomie oder Kultur. Die eine dürfte wohl eher eine »linke« Erklärung, die andere eher eine »rechte« sein. Da diese Krisendiagnosen in den vergangenen Jahren enorm breit diskutiert wurden, werde ich mich im Folgenden auf eine sehr kursorische Rekapitulation beschränken.[2] Mir geht es dabei vor allem darum, diesen Diagnosen einen neuen »spin« zu geben.

Die erste Erklärung verweist auf eine wachsende ökonomische Ungleichheit, wofür vor allem die neoliberalen Reformen verantwortlich gemacht werden, die Ronald Reagan und Margret Thatcher, zeitlich versetzt Tony Blair und Gerhard Schröder durchgesetzt haben. Die neoliberale Wende, so die These, hatte zwei zentrale Auswirkungen: Zum einen wurde die Vermögensentwicklung der Reichsten vom Rest der Gesellschaft entkoppelt. Es entstand eine neue Klasse der Superreichen, die sich der Besteuerung systematisch entzog oder aber durch »Steueroptimierung« nur ein Minimum abführte. Für die Steueroasen in der Karibik, aber auch für so manchen Schweizer Kanton war diese Entwicklung vorteilhaft – für den Rest der Gesellschaft indes fatal.

Parallel zur Spreizung von Einkommen und vor allem Vermögen schwand jedoch die Möglichkeit, diesem Trend politisch entgegenzuarbeiten. Es entstand eine »Postdemokratie«, in der, wie der Politikwissenschaftler Colin Crouch ausführte, nur die vermeintlich alternativlosen Sachzwänge des globalisierten Marktes durchgesetzt werden konnten und politische Alternativen gar keine Chance hatten. Die EU spielte dabei aus Sicht der Kritiker eine negative Rolle, denn sie schützte nicht etwa das Modell des europäischen Sozialstaats vor der Konkurrenz aus Niedriglohnländern, sondern fungierte als eine Art Vasallenorganisation, um lediglich die Imperative der institutionellen Anleger in politische Programme zu übersetzen: Flexibilisierung, Lohndumping, »Niedriglohnsektor« bei sinkender Kaufkraft und explodierenden Mieten waren die Folge.

Da die daraus entstehende Frustration keine erkennbaren Akteure adressieren konnte – institutionelle Anleger und Superreiche sind ja, dies ist ihr Privileg, quasi unsichtbar – suchte sich die Wut eine andere, eine sichtbare Hassfigur: Migranten, später Mitglieder der LGBTQ+-Community, das »dekadente Europa«, das »links-grün versiffte Milieu«. Alter, verfestigter Rassismus vermengt sich dann mit einer diffusen Angst vor dem Fremden, dessen Prekarität und Haltlosigkeit der eigenen Frage eine Gestalt gibt.

Die konservative Gegenerzählung nimmt einen anderen Ausgangspunkt. Sie beginnt mit der These, dass funktionierende Demokratien eine »Leitkultur« brauchen, also kulturell mehr oder weniger homogen sein müssen, um all die anderen Widersprüche überhaupt aushalten zu können. Aus dieser Perspektive sind es nicht in erster Linie die ökonomischen Ungleichheiten, sondern die kulturellen Konflikte, die die etablierten Demokratien an den Rand des Kollapses führen. Vor allem der Multikulturalismus, der (so zumindest die Kritiker!) die grundsätzliche Gleichheit *aller* Kulturen behauptet, ist demnach für einen latenten Bürgerkrieg verantwortlich.

Diese Lesart gibt es in blank rassistischen, xenophoben, homophoben und islamophoben Varianten. Von der bisweilen gezielt abgemilderten Rhetorik sollte man sich keineswegs täuschen lassen: Es gibt auch Krisendiagnosen, die schlicht eine »weiße Vorherrschaft« und die »Reinheit« eines Volkes »schützen« wollen. Diejenigen, die von sich behaupten, das »Abendland« verteidigen zu wollen, fallen meist durch große Unkenntnis über den hybriden Charakter dieser Kultur auf. Leibniz' Beschäftigung mit der chinesischen Sprache, Schopenhauers Auseinandersetzung mit dem Buddhismus, Nietzsches Entdeckung der Psychologie bei Dostojewskij? Die selbsternannten »Verteidiger des Abendlandes« kennen gar nicht, was sie verteidigen, sie wissen nicht um den hybriden Charakter der europäischen Kultur.

Aber nicht jede mit dem Begriff der »Kultur« operierende Krisendiagnose ist *a priori* bereits rassistisch. Natürlich ist Multikulturalismus nicht nur eine Bereicherung, sondern auch eine Herausforderung. Das war jenen, die den Begriff in den 1980er Jahren bekannt machten, durchaus bewusst, zum Beispiel Claus Leggewie und Daniel Cohn-Bendit. Man wird einer Grundschullehrerin keinen Rassismus vorwerfen wollen, wenn sie darauf hinweist, wie schwierig es ist, eine Klasse zu unterrichten, in der zwar zehn verschiedene Muttersprachen, aber kaum Deutsch gesprochen wird.

Eine ernstzunehmende Krisendiagnose, die im weitesten Sinne auf »Kultur« referiert, geht von der Erosion des Selbstverständlichen aus. Migration ist hier nur eine Ursache unter vielen, die dazu beitragen, dass moderne, ausdifferenzierte Gesellschaften gerade durch den Pluralismus dazu tendieren, eine immer höhere Regelungsdichte zu implementieren, um so den Schwund des Sich-von-selbst-Verstehenden zu kompensieren.

Der fortschrittliche Impuls, alles, was »sich gehört«, auch in Frage zu stellen, hat einen Preis: Interaktionen werden stärker norm- und weniger wertebasiert. Selbst die Frage, wer mit welchen Personalpronomina angesprochen werden muss, wird dann plötzlich zu einer Frage, die kollektiv verbindlich geregelt und explizit ausformuliert werden muss. Nicht nur Verwaltungen, sondern auch Universitäten, ja in Fällen wie Kanada ganze Bundesstaaten, schreiben dann vor, welches Binnen-I oder Sternchen wo zu setzen ist. »Politisierung« bedeutet eben auch, dass immer weniger selbstverständlich ist. Und das ist anstrengend.

Unabhängig davon, wie man zu diesen sprachpolitischen Fragen steht, drängt sich der Eindruck eines »Normenhungers« auf: Die explizite Regelung macht zugleich notwendig, auch die Sanktionen explizit zu regeln. Wo man sich nicht mehr auf einen »gesunden Menschenverstand« berufen kann (den man aus guten Gründen in Frage stellt), zieht jede Norm weitere Normen nach sich. Denn auch die Anwendung von Normen muss wieder normiert werden. Damit wird jede Kommunikation zähflüssig, soziale Interaktion verliert ihren spielerischen Charakter.

An jeder Ecke stehen Menschen, deren Meinung uns gefällt

Eine solche Verkomplizierung der Kommunikation durch einen Mangel an implizit geteiltem Wissen und nicht-thematischen Codes provoziert Gegenreaktionen. Nicht nur Groll und Hass sind demokratietheoretisch bedenkliche Reaktionen. Auch der Rückzug in Blasen, in denen eine jeweilige »Leitkultur« herrscht, ist fragwürdig. Genau eine solche Bildung von je spezifischen sozio-ökonomischen und vor allem kulturellen Milieus beobachten wir jedoch. In Frankreich verwendet man hierfür den Begriff des *communautarisme*; in den USA spricht man eher von *tribalism*. Die Kommunikations- und Lebensstilblasen bilden sich aber nicht nur in den Echokammern des Internets, sondern auch in der realen Welt. Unter dem Titel *The big sort* beschreibt der amerikanische Journalist Bill Bishop, wie sich Milieus auch ganz konkret im Stadtbild sortieren.[3] Auch in Deutschland gibt es, wenn auch in weniger dramatischer Form, solche Formen der räumlichen Segregation: das eher konservativ-bürgerliche Milieu in Charlottenburg, die linke *Wokeria* in Kreuzberg. Die Expertinnen und Experten aus der Stadtplanung versuchen mit den verschiedensten Mitteln, diesen Trends entgegenzuarbeiten. Wirklich gebrochen ist der Trend jedoch nicht.

Die Band *Tocotronic* bringt in einem ihrer Songs diesen Effekt auf die Formel »An jeder Ecke stehen Menschen, deren Meinung uns gefällt«. Ist nicht genau dies der Fall in den hippen Stadtteilen in Wien, Zürich, Köln, Hamburg oder Berlin? Hier muss man niemanden über die Vorteile der veganen Ernährung oder die Notwendigkeit von Gender-

Sternchen ins Bild setzen. Die Wahrscheinlichkeit ist sehr hoch, dass uns die Meinung eines jeden Menschen, der hier an einer Ecke steht, gefällt. Was multikulturell sein soll, ist eigentlich eine intellektuelle Monokultur.

Was sich im föderalen Deutschland eher innerhalb von Städten abspielt, ist in Frankreich und den USA eher auf der Achse zwischen Zentrum und Peripherie zu beobachten. In Frankreich ist es die *France profonde*, die sich »abgehängt« fühlt, in den USA sind es die Menschen in den *fly-over-states*, die sich kulturell gedemütigt fühlen. Der französische Geograph Christoph Guilluy hat in seinem Buch über das »periphere Frankreich« (*La France périphérique*) gezeigt, dass man sich diese Spaltung nicht naiv zwischen Stadt und Land vorstellen muss. Der Graben verläuft zwischen dynamischen Zentren und einer Peripherie, die nicht immer sofort als solche erkennbar ist: Man kann in Paris an der »Peripherie« wohnen und in Toulouse im »Zentrum«.[4]

Nicht zuletzt die Digitalisierung der Kultur trägt dazu bei, diese »Sortierung« weiter zu verstärken. Längst ist der Kulturkonsum stark digitalisiert. Nicht nur der Nachrichtenkonsum, auch der Serienkonsum lässt sich so den individuellen Präferenzen anpassen. Der Journalist Josh Katz entwickelte für die *New York Times* eine Reihe von Karten, in denen unter anderem der Serienkonsum auf *Netflix* abgebildet war.[5] Wenig überraschend korreliert das Wahlverhalten stark mit den kulturellen Präferenzen der Bevölkerung: An den Küsten schaut man Serien mit Patchwork-Familien, schwulen Eltern und Transpersonen; im Stammland der Trump-Wähler präferiert man Serien, in denen bärtige Väter ihren Söhnen das Jagen beibringen. Nicht mal ein vermeintlich natürlicher Begriff wie »Familie« hat dann noch

eine gemeinsame Bedeutung. Für eine gelingende Demokratie fehlt dann endgültig eine geteilte Sprache. Was in der
Schweiz zwischen Deutschschweizern, Welschen, Tessi-
nern und Rätoromanen gelingt, wird dann unmöglich: Man
kann gar nicht mehr über eine geteilte Realität sprechen, ja
man lebt wie auf verschiedenen Planeten, auf denen verschiedene Naturgesetze gelten. Es ist das Ende der »sozialen
Promiskuität«, der sozialen Durchmischung.

Die Philosophin Hannah Arendt war der Ansicht, dass
eine Demokratie ohne eine solche »geteilte Realität« nicht
funktionieren kann. Unter dem Titel der »Weltlosigkeit«
beschreibt sie eine Kultur, in der im Strudel des Konsums
zwar viel Zeug produziert, konsumiert und weggeschmis-
sen wird, aber keine bleibenden, tragenden Dinge, die (Kon-
sum-)Gesellschaften zusammenhalten.[6] Aus Europa kom-
mend war sie in den USA mit einer Kultur konfrontiert,
die sie als oberflächlich und trügerisch empfand. Doch auch
wenn ihre Analysen heute etwas nostalgisch klingen, so
verweisen sie doch auf einen entscheidenden Punkt: Wenn
der Multikulturalismus zu Tribalismus wird, endet die Demokratie, weil die Bürgerinnen und Bürger sich nicht mehr
auf eine »geteilte« Realität beziehen können.

In den USA wird besonders eindrücklich deutlich, wie
das konkret aussieht. Die fatale Wirkung eines »Realtitäts-
verlustes« muss hier nicht noch einmal nachgezeichnet werden. Sie ist sowohl in der Pandemiebekämpfung wie in der
Klimapolitik völlig offensichtlich. Wichtiger scheint mir die
Frage zu sein, wie denn ein erneuter Realitätskontakt möglich wird. Ohne den später folgenden Überlegungen vor-
greifen zu wollen, möchte ich einen Gedanken vorausschi-
cken, der weiter unten zentral wird: Kontakt mit der Realität

entsteht am nachhaltigsten in der Praxis, nicht in der theoretischen oder wissenschaftlichen Einstellung.

In diesem weitesten Sinne wären unsere Gesellschaften längt »pragmatisch« geprägt: Es ist die praktische Relevanz, die den Wahrheitswert definiert: »The proof of the pudding is in the eating.« Es sind nicht mehr religiöse Autoritäten, sondern die nachvollziehbare Erfahrung, die in heutigen Gesellschaften überzeugen. »Nicht glauben, ausprobieren!«, ist so ein Motto, das die implizite Erkenntnistheorie der Gegenwart formuliert. Und damit ist zugleich eine Erkenntnis aus der Sozialpsychologie Ausdruck gegeben: Konkrete Erfahrungen sind einprägsamer als theoretisches Wissen.

Aber genau darin besteht ein Problem: Weder ein Corona-Virus noch der Klimawandel eignen sich besonders für konkrete, praktische Erfahrung. Man kann sie eben nicht sehen, nicht »ausprobieren« wie einen Hammer, nicht »erfahren«. Die Skepsis, die in der Auseinandersetzung mit religiösen Autoritäten seit dem Beginn der Aufklärung auf der Seite des Fortschritts und der Wissenschaft stand, wird dann durch Überdosierung problematisch: Die Forderung danach, wissenschaftliche Thesen selbst überprüfen, selbst praktisch nachvollziehen zu können, wird dann zum Problem. Man kann nicht, wie Galileo, durch das Fernrohr blicken und dort die Monde des Jupiter entdecken.

Aber diese Überlegung hat auch eine andere Implikation, die festzuhalten lohnt: Auch sozialer Zusammenhalt, »Demokratie« in einem emphatischen Sinne, wird *durch Praxis* plausibel, nicht durch Predigten, theoretische Diskurse, Belehrung. Und (nur) in der Praxis kann dann auch so etwas wie eine gemeinsame Realität entstehen.

Aber hängen die beiden zentralen Kategorien nicht zusammen? Sind Ökonomie und Kultur nicht so tief verbunden, ja verwoben, dass beide Perspektivierungen irgendwie zusammengeführt werden müssten? Dann aber würden sich »linke« Verweise auf ökonomische Ungleichheit und »rechte« Verweise auf eine kulturelle Überdiversifizierung nicht mehr systematisch ausschließen.

Versuche, die beiden Sichtweisen zu verknüpfen, gibt es viele. Mit David Goodhart könnte man erklären, warum und inwiefern beides zusammenhängt: Wer die Globalisierung und damit die Zeit gegen sich hat, wird sowohl ökonomisch als auch kulturell und symbolisch verlieren.[7] Der bulgarische Politikwissenschaftler Ivan Krastev hat sehr eindrücklich gezeigt, dass es vor allem die *Emi*gration ist, die sowohl eine ökonomische als auch eine kulturelle Entwertung von Regionen produziert: Wer in Bulgarien, der Lausitz oder dem *rust belt* lebt, dem wird mit jedem Nachbarn, der die Region verlässt, gesagt, dass sein Lebensmittelpunkt keine Zukunft hat, seine Lebenswelt *verlassenswert* ist.[8] Ohne sich zu bewegen, steigt man sozial ab, zumindest symbolisch.

Folgt man Goodhart in der Begrifflichkeit, so ergibt sich zugleich eine Aufgabenbeschreibung. Eine Antwort auf die Erosion der Demokratie bestünde dann darin, die *anywheres* – also diejenigen, die *überall* unterwegs, aber nirgends zuhause sind – wieder an einen Ort zu binden (zum Beispiel, aber nicht nur finanztechnisch und steuerpolitisch) und andererseits die *somewheres*, die *an einem Ort* gelandet sind, an den Vorteilen der Globalisierung partizipieren zu lassen. Etwas umständlich formuliert könnte man sagen: Es geht um die »*Somewherisierung* der Anywheres« und die »*Anywheresierung* der Somewheres«. Beides stellt, so meine These, eine Zumutung dar.

Damit hätten wir aber nur das Problem genauer beschrieben, aber noch keine originelle Antwort gefunden. Aber vielleicht gibt es ja gerade nicht die *eine* Antwort? Wir hatten beim kursorischen Überblick über die Literatur zur Krise der Demokratie gesehen, dass sich ganz verschiedene Phänomene überlagern: Ökonomische Ungleichheit, kulturelle Segregation, digitale Blasenbildung, Beschleunigung, Klimakrise, Repräsentationskrise, Vertrauenskrise. Vor Analogien zur Medizin wird in den Sozialwissenschaften aus guten Gründen gewarnt. Dennoch liegt der Gedanke nahe, dass wir es eher mit einem »Patienten« zu tun haben, bei dem sich ganz verschiedene Krankheitsursachen auf ungute Weise gegenseitig verstärken.

Krise oder Syndrom?

Der Begriff der Krise impliziert einen Entscheidungsmoment. Eine »Fieberkrise« meint jenen Moment, in dem ein Patient entweder stirbt oder gesundet, das Fieber entweder den Erreger niederkämpft oder aber den Organismus selbst tötet. Eine »Dauerkrise« kann es nach dieser Logik nicht geben. Wolfgang Merkel hat vor diesem Hintergrund bereits vor Jahren dafür plädiert, eher von einer *Erosion der Demokratie* zu sprechen.[9] Wo sich die vorstaatlichen Bedingungen von Demokratie allmählich auflösen, erodiert die Demokratie langsam, wie der Boden auf einem schiefen Hang, auf dem das Wurzelwerk nicht mehr greift.

Wenn man jedoch die verschiedenen Diagnosen nicht als sich gegenseitig ausschließende, sondern als sich ergänzende Problembeschreibungen nimmt, so ergibt sich eher das Bild eines Syndroms. Ein Syndrom ist ein Krankheitsbild, das nicht einen einzigen Grund, eine alleinige Ursache hat. Beim Syndrom kommen verschiedene Dinge zusammen, verstärken sich gegenseitig, bedingen sich. Ökonomische und kulturelle Spaltung schließen sich nicht aus, sie können sich verstärken. Ein Zuviel und ein Zuwenig an Staatsintervention schließen sich ebenfalls nicht aus: Vielleicht interveniert der demokratische Rechtstaat an manchen Stellen zu wenig, an anderen zu stark. Vielleicht sind die gesellschaftlich kommunizierten moralischen Ansprüche an uns selbst in manchen Bereichen zu hoch, in anderen zu niedrig. Und die Digitalisierung wirkt natürlich sowohl auf die ökonomische wie auch auf die kulturelle Ungleichheit wie ein Brandbeschleuniger.

Aber auch Syndrome haben Momente der Eskalation. Probleme können sich unterhalb der Aufmerksamkeitsschwelle aufstauen – und dann schlagartig hervorbrechen. Es scheint hilfreich, zwischen einer latenten und chronischen *Krisenhaftigkeit* der Demokratie einerseits und der akuten *Existenzkrise* von Demokratien andererseits zu unterscheiden. Krisenhaft sind demokratisch organisierte politische Prozesse immer – denn im Sinne von *krisis* gibt es immer etwas zu entscheiden. Auch latente Anfeindungen, die Verwendung von Freund-Feind-Semantiken sind durchaus nicht unüblich. Auch die Tatsache, dass strittig ist, wer überhaupt zum *demos* dazugehören soll oder darf, ist womöglich weniger außergewöhnlich als es zunächst scheint. Selbst populistische Ausfälle sind an sich noch nicht existenzgefährdend. Nie geht es bei demokratischer Politik nur um Politik im engeren Sinne. Immer geht es auch um *das Politische*, um die Regeln, nach denen gespielt wird.

Aber die bloße Krisenhaftigkeit kann zur Existenzkrise werden, wenn demokratische Institutionen angegriffen werden. Dies muss nicht immer in so dramatischer Form geschehen wie beim Sturm auf das Kapitol am 6. Januar 2020 in Washington. Auch die Reform eines Verfassungsgerichts wie in Polen kann – ganz ohne johlenden Mob – eine Demokratie in eine Existenzkrise stürzen. Und dann geht es tatsächlich ums Ganze.

Die latente und die eskalierende Krise

»In Rotterdam schießen Polizisten gezielt auf Menschen.«, meldete die FAZ am 22. November 2021. An den Vortagen war es sowohl in Brüssel als auch in mehreren niederländischen Städten zu den heftigsten Ausschreitungen seit Jahrzehnten gekommen. Seit den Kämpfen um besetzte Häuser in den 1980er Jahren hatte man so etwas nicht mehr erlebt. Ein Mob aus Impfgegnern und Hooligans hatte die Innenstadt verwüstet. Der Bericht des Korrespondenten Thomas Gutschker ist eindrücklich: »Die Demonstranten haben eintreffende Polizeiautos mit Eisenstangen angegriffen und dann auch angezündet. Die Beamten versuchten, in einem Hagel von Feuerwerk, Steinen und Ziegeln die Kontrolle zurückzugewinnen. Auf Videos ist zu sehen, wie sie persönlich angegriffen werden. Und auch das: Sie zücken ihre Waffen, schießen erst in die Luft und dann gezielt auf Menschen.«

Die Niederlande, eines der Mutterländer des neuzeitlichen Liberalismus, in einem Zustand, der an Bürgerkrieg erinnert? Man müsste schon mit blindem Optimismus geschlagen sein, um in diesen Ereignissen nicht das Indiz für eine Eskalation zu erkennen. Was hier aus der Latenz in die Anschaulichkeit tritt, ist ein völlig gestörtes Verhältnis zwischen Bürgern einerseits und dem Staat andererseits. Wenn Anwohner und Demonstranten mit Eisenstangen auf Beamte einschlagen – und diese mit scharfer Munition antworten, weil sie sich anders nicht mehr zu helfen wissen, steht die Demokratie auf der Kippe. Und dies tut sie nicht nur in Rotterdam.

Denn ähnliche Bilder und Szenen kennen wir aus Frankreich. Aber längst auch aus Deutschland. Nicht immer sind die Indizien für die Vertrauenskrise so augenfällig, so schockierend, laut und brutal. Es gibt auch leisere, aber nicht weniger beunruhigende Indizien. Im November 2021 diskutierte das ganze Land über eine mögliche Impfpflicht. Die erstaunlichsten Warnungen in dieser Debatte formulierten den Einwand, eine solche Regelung sei – nicht nur in Teilen Sachsens – gar nicht durchsetzbar.

Das Vertrauensverhältnis zwischen Bürgern und Staat sei in manchen Fällen derart zerrüttet, dass eher mit bürgerkriegsähnlichen Zuständen denn mit einer Rechtsdurchsetzung zu rechnen sei. Einige Wochen zuvor hatte ein militanter Impfgegner einen Tankwart ermordet, als dieser ihn auf die Maskenpflicht aufmerksam gemacht hatte. In der vierten Welle der Corona-Pandemie wirkte Deutschland beinahe unregierbar. Dieses Misstrauen hat sich über Jahrzehnte aufgebaut. Die Staatsfeindlichkeit, die Rede vom »System«, der Hass auf »die da oben« – all das ist nicht neu. Es fand in der Corona-Krise nur neue Ausdrucksformen.

Distanzrepräsentation:
Entfremdung ist nicht nur schlecht

Nun könnte man einwenden, dieses Misstrauen gegenüber dem Staat und der Politik sei gerade ein Zeichen für
eine »gesunde« Demokratie. Sind nicht die Möglichkeiten,
gegen staatliches Handeln Einspruch zu erheben, eine zentrale Errungenschaft der Demokratie? Gegen jeden Verwal-
tungsbescheid kann man sich gerichtlich wehren. Und die
Glaskuppel des Reichstagsgebäudes soll ja nicht nur dem
interessierten, sondern durchaus auch dem misstrauisch-
kontrollierenden Blick des Wahlvolkes die freie Sicht auf das
Parlament ermöglichen.

Der französische Ideenhistoriker Pierre Rosanvallon
nennt diese Mechanismen der Kontrolle und des Einspruchs
durch die Bürgerinnen und Bürger die »Gegen-Demokratie«.
Jede kollektiv bindende Entscheidung, so seine These, kann
wieder durch andere Mechanismen in Frage gestellt werden,
durch Gerichte, Petitionen, den Gang zum EuGH. Demokratie und Gegen-Demokratie gehören immer zusammen.[10]

Und in der Tat scheint es wichtig, als Gegenbegriff einer
grundlegenden Entfremdung nicht so etwas wie Einklang
zu imaginieren: Dass Bürgerinnen und Bürger einerseits
und politische Eliten und staatliche Institutionen sich immer auch fremd sind, ist eher ein Zeichen für eine produktive Spannung. Denn ein vollends, ein ganz und gar zufrie-
denes »Volk« gibt es nur in Autokratien oder Diktaturen.
Die Nationalsozialisten plakatierten Hitler-Bilder mit der
Unterzeile »Denn Du bist Deutschland.« Eine (ja immer
nur imaginierte) Identität von Regierenden und Regierten
ist zweifelsohne brandgefährlich. Denn wo es Identität gibt

oder diese behauptet wird, entfällt die Vermittlung. Dort kann es keine produktive Spannung mehr geben und daher auch keine Fortentwicklung von Argumenten oder Politikansätzen. Überall dort, wo populistische Bewegungen behaupten, der *leader* sei ganz und gar »einer von uns«, ein Mann oder eine Frau »aus dem Volk«, sollte man hellhörig werden.

Eine Spannung zwischen Repräsentierten und Repräsentanten ist also nicht nur erwartbar, sondern sie kann auch produktiv sein. Der Politikwissenschaftler Winfried Thaa spricht in einem sehr einflussreichen Aufsatz von »Differenzrepräsentation«: Es sind gerade die Spannungen, die produktiv sein können, so Thaa.[11] Die populistische Erwartung einer Identität zwischen dem ›authentischen‹ Volk einerseits und den Eliten macht im Umkehrschluss deutlich, worin repräsentative Demokratie auch besteht: aus der Repräsentation von Differenzen.

Der Satz »Ich fühle mich durch die da oben nicht repräsentiert!« wäre aus dieser Sicht zu hinterfragen. Erstens sind Parlamente und Regierungen nicht dazu da, Individuen zu repräsentieren, sondern um eine Vorstellung des Gemeinwohls zu formulieren. Zweitens wäre schon die Erwartung an eine Identität naiv: Entfremdung oder zumindest eine gewisse Fremdheit zwischen Repräsentierten und Repräsentanten besteht nicht nur aus logischen Gründen, sondern ist – in einem gewissen Maße – normativ als Voraussetzung für produktive Spannungen durchaus begrüßenswert.

Dazu müsste man jedoch den Begriff der Entfremdung noch einmal hinterfragen. Normalerweise – und die Schriften von Karl Marx und Georg Lukács haben seit den 1960er Jahren entscheidend dazu beigetragen – wird Entfremdung als Problem betrachtet. Entfremdung entsteht aus marxistischer Perspektive durch eine Lohnarbeit, in der die Arbeitenden mit ihrer Arbeit und ihren Produkten nichts mehr zu tun haben. Ihre eigenen Werke stehen ihnen als etwas Fremdes gegenüber; wie Roboter arbeiten sie am Fließband; ihre Ergebnisse sind ihnen fremd. Entfremdung macht krank, denn irgendwann werden sich die Menschen selbst fremd. Erst die Revolution wird uns aus ihr befreien, so Marx.

Ein anderes Bild von Entfremdung finden wir bei Hegel. Hier ist die Erfahrung der (Selbst-)Entfremdung ein notwendiges Entwicklungsmoment. In der Entwicklungsgeschichte des Subjekts ist der »Gang in die Fremde« unvermeidbar: Der Mensch muss sich erst verlieren, um sich finden zu können. Erst durch Fremdheit entsteht eine Spannung, aus der etwas entstehen kann. Ein Bewusstsein, das immer nur »bei sich« wäre, könnte sich gar nicht weiterentwickeln.

Nun mag man einwenden, Hegels Vorstellung sei prämodern, nicht am Beispiel der Industrialisierung geschult, eine romantisierende Verklärung des Handwerks. Aber der Grundgedanke scheint dennoch überzeugend: Nur wo es eine produktive Spannung gibt, eine Auseinandersetzung mit Fremdem, kann es Entwicklung geben. Dass in Parlamenten nicht genau so gesprochen wird wie am Abendbrottisch oder in der WG-Küche, wäre aus dieser Sicht nicht problematisch. Auch die Hoffnung auf eine verzerrungsfreie Repräsentation muss aus dieser Sicht hinterfragt werden: Fremdheit und Entfremdung sind nicht immer nur schlecht. Dass uns der demokratische Staat auch als etwas Fremdes gegenübertritt, uns etwas zumutet, wäre dann ein Vorteil, kein Problem. Im Gegenteil: Einklang, Nicht-Entfremdung, Konsonanz, verzerrungsfreie Abbildung von Präferenzen – all das sind fragwürdige Forderungen und Sehnsüchte.

Angriffe von außen: Das Ende der Feindlosigkeit

Neben dem gefährlichen Wunsch nach einer »unverzerrten« Repräsentation, nach dem harmonischen Gleichklang, der völligen Konsonanz zwischen Repräsentierten und Repräsentanten, gibt es noch eine weitere gefährliche Illusion, die Demokratien schwächt: den Wunsch danach, keine Feinde zu haben.

Gerade in Deutschland ist dieser Wunsch nur allzu verständlich. Er lässt sich aus einer historischen Erfahrung erklären, die die Suche nach Dialog, Frieden, Verhandlung dominant gemacht hat. Hinzu kommt die spezifisch deutsche Semantik. Der Staatsrechtler Carl Schmitt, der selbst 1933 der NSDAP beitrat und zurecht als antisemitischer Vordenker eines autoritären Führerstaats gilt, hat präzise zwischen »Gegnern« und »Feinden« unterschieden. Während man mit Gegnern verhandeln kann, nach fairen Regeln konkurriert, am Ende vielleicht einen Kompromiss findet, schließt die Kategorie der Feindschaft die Möglichkeit der Vernichtung ein.[12]

Wäre es dann nicht schön, wir lebten in einer »feindlosen Demokratie«? Der Soziologe Ulrich Beck konnte 1995 noch eine Aufsatzsammlung mit diesem Titel versehen.[13] Dann könnte man mit allen Autokraten doch Geschäfte machen, *deals* schließen, sich irgendwie »vernünftig« einigen. Aber hier scheint der bloße Wunsch der Vater des Gedankens zu sein. Eine Demokratie, die sich traut, auch Zumutungen auszusprechen, ist auch deshalb nötig, weil die Demokratie nicht nur Konkurrenten und Gegner hat, sondern echte Feinde. Demokratien, die ihren Bürgerinnen und Bürgern nichts zumuten können, werden sich auch nicht gegen ihre Feinde verteidigen können, nicht in einem Wirtschaftskrieg, nicht in einem Krieg der Ideen – und schon gar nicht in einem militärischen Krieg.

Womöglich wird man im historischen Rückblick den 24. Februar 2022, den Tag des Angriffs auf die Ukraine, gar nicht als epochal bezeichnen. Womöglich wird man feststellen, dass dieser Tag bloß ins Licht rückte, was bereits seit Jahren geschehen war: in Grosny, in Georgien, in Moldawien, in der Ostukraine und auf der Krim, in Hongkong, in Belarus, in Kabul. Es ist nicht so, dass die Demokratie plötzlich wieder Feinde hat. Es ist nur so, dass die Demokraten vor dieser Realität nicht mehr die Augen verschließen können.

Suchrichtung, nicht Antwort

Neu über die Demokratie als Zumutung nachzudenken, ist natürlich kein *quick fix*, keine schnelle Lösung, weder für die Bedrohungen im Inneren, noch für die Gefährdung von außen. Dies ergibt sich bereits aus der Beschreibung der Krise als Syndrom: Die Demokratie nicht nur als *Angebot*, sondern als *Aufgabe* zu beschreiben, kann nur *ein* Element unter vielen sein: Syndromen kann man nur dann erfolgreich begegnen, indem man alle Problemquellen parallel adressiert. Dieser Essay will eine Suchrichtung angeben, keine Antwort formulieren.

Eine solche Perspektive impliziert, dass die Frage nach der Demokratie als Zumutung nur einen Aspekt unter anderen thematisiert. Gegen die These, Demokratie müsse auch als Zumutung verstanden werden, ließe sich einwenden, dass vielen Menschen schon zu viel zugemutet werde: prekäre Beschäftigungsverhältnisse, Perspektivlosigkeit, die Arbeit im Niedriglohnsektor, ein erdrückender Beschleunigungs- und Effizienzdruck. Will man diesen Zumutungen nun wirklich noch politische Zumutungen an die Seite stellen? Wie will man sicherstellen, dass die Zumutungen der Demokratie auch wirklich gerecht verteilt werden? Diese Einwände dürfen nicht vom Tisch gewischt werden.

Aber vielleicht kann man ihnen begegnen, indem man die Bedeutung des formulierten Vorschlags adäquat verortet: Versteht man die Krise der repräsentativen Demokratie als Syndrom, dann stehen ganz verschiedene Faktoren in einem Wechselverhältnis zueinander. Dass jedoch eine Wiederentdeckung der Demokratie als Zumutung allein die Probleme nicht lösen wird, ist kein intelligenter Einwand.

Sätze der Bauart »X ist keine Lösung« können aus meiner Sicht nur falsch sein: Erstens implizieren sie, es gäbe so etwas wie Lösungen. Realistischer scheint indessen, dass man auf echte Probleme mit mehr oder weniger erfolgreichen Strategien des Umgangs reagiert. Kein echtes Problem wurde je ein für alle Mal »gelöst«. Echte Probleme erlauben es bestenfalls, geschickt mit ihnen zu Rande zu kommen, also das zu betreiben, was im Englischen als *coping* bezeichnet wird. Gerade unsere Ansprüche an Demokratie sind so widersprüchlich, dass wir bestenfalls hoffen können, eine erfolgreiche Strategie der Kompensation gefunden zu haben.

Zweitens schließt die These »X ist keine Lösung« nicht aus, das X zumindest hilfreich sein kann. Und in diesem Sinne ist auch die hier vorgeschlagene Wiederentdeckung eines anderen Demokratiebegriffs nur ein Element unter anderen – aber natürlich keine »Lösung«.

3

»Angebote machen« – Demokratie als Konsum

Deutschland, 26. September 2021, 18 Uhr. Die Wahlen zum Deutschen Bundestag gehen zu Ende. Pünktlich um 18 Uhr kommen die ersten Hochrechnungen. Millionen Menschen beobachten, wie sich die Balken der aktuellen Umfragen verändern. Die ersten Hochrechnungen werden veröffentlicht. Freude hier, Enttäuschung dort. In den Fernsehstudios wird schnell hin- und her geschaltet, man moderiert professionell durch einen Abend, der viele Fragen aufwirft. Wer stellt nun die Regierung? Für welche Koalition reicht es, für welche nicht?

Aber eine Frage bleibt seltsam unerwähnt: Wie ist die Zahl der Nichtwählerinnen und Nichtwähler zu verstehen? Rund 25 Prozent der Wahlberechtigten haben sich einfach gar nicht an der Wahl beteiligt. Kam kurzfristig etwas dazwischen, haben sie es schlicht verschusselt? Oder soll die Wahlenthaltung tatsächlich etwas ausdrücken? Die alten Volksparteien CDU und SPD liegen beide irgendwo bei 26 Prozent. Würden die Nichtwäher eine Partei gründen, wären sie mit einem Schlag ebenfalls eine neue, kleine Volkspartei, würden auf Augenhöhe mit den einstmals »großen« Parteien spielen.

Man muss Wahlenthaltung nicht automatisch für ein großes Problem halten. Viele sind der Ansicht, dass es auch das Recht geben muss, sich nicht für Politik zu interessieren. Vielleicht trainieren die Menschen lieber für einen Triathlon, komponieren Opern, grillen im Garten oder schreiben Gedichte. Aber vor dem Hintergrund einer großen politischen Unzufriedenheit lässt sich das Phänomen auch anders lesen: als Kritik am Mechanismus der Wahl.

Zudem muss man bedenken, dass die Wahlenthaltung bei anderen Wahlen noch viel höher ist. Notorisch hoch ist sie bei den Wahlen zum Europäischen Parlament, aber auch bei Landtags- und Kommunalwahlen sind die Zahlen erschreckend. In manchen Fällen gibt es mehr Nichtwähler als Wähler. Wie soll man sich da noch auf die Legitimation durch »das Volk« berufen? Ist die Wahl dann tatsächlich noch der richtige Mechanismus für eine demokratische Willensbildung?

Der belgische Ethnologe David Van Reybrouck beantwortet diese Frage ganz offensiv mit Nein. In seinem Buch *Gegen Wahlen: Warum Abstimmen nicht demokratisch ist* plädiert er für die Einsetzung von Bürgerräten, die per Losverfahren besetzt werden sollen.[1] Wahlen erscheinen aus dieser Sicht schlicht historisch überholt. Immer wieder sind solche Äußerungen zu hören: Man gebe bei der Wahl seine Stimme nicht nur metaphorisch, sondern wortwörtlich »ab«. Alle vier Jahre ein Kreuzchen zu machen, reiche nicht. Dadurch würden die politischen Eliten nur wieder in eine Verantwortungslosigkeit entlassen: Vier Jahre machen sie, was sie wollen, dann gibt es drei Monate Wahlkampfzirkus und alles beginnt wieder von vorne.

Diese negative Sicht auf den Mechanismus der Wahl ist nicht nur in der Bevölkerung zu finden. Es gibt auch ernstzunehmende Stimmen in der Wissenschaft, die die Frage formulieren, ob ein Mechanismus aus dem 18. und 19. Jahrhundert heute noch angemessen ist. Eine weit verbreitete These lautet, die Wahl distanziere Repräsentanten und Repräsentierten voneinander. Die Wahl festigt dann die Aufteilung in aktive und passive Bürger, in Gewählte und Wählende, in die »da oben« und »wir hier unten«. Zumindest symbolisch.

Damit wäre durch die Wahl genau das Gegenteil von dem erreicht, was ursprünglich beabsichtigt war. Denn nach liberalem Verständnis ermöglicht der Wahlakt Verbindung durch Feedback: Sie eröffnet den Bürgerinnen und Bürgern, die Gewählten nur Rechenschaft zu ziehen, sie abzustrafen, sie abzuwählen, ja sie regelrecht in die Wüste zu schicken. Nach einem ökonomischen Modell der Demokratie ist die Wahl so etwas wie der Zahltag. An ihm wird »abgerechnet«. Wer das beste Angebot macht, gewinnt, und wer versagt hat, wird gefeuert.

Die Frustration bei Bürgerinnen und Bürgern wäre aus dieser Perspektive vor allem damit zu erklären, dass ihre Präferenzen nicht genau genug und vielleicht auch nicht schnell genug gehört werden. Nicht der Wahlmechanismus ist das Problem, sondern der Umstand, dass alles so lange dauert, dass jede Entscheidung in Koalitionen und einer föderal verflochtenen Struktur zu Staub zermahlen wird.

Die Bundestagswahl vom September 2021 wäre in dieser Hinsicht in der Tat eine Zäsur. Erstmals sind drei Partien nötig (wenn wir zur Vereinfachung die CSU kurzerhand der »Union« zurechnen), um eine Regierung zu bilden. Da wird das wählen schon allein spieltheoretisch schwierig. Man entscheidet sich ja nicht nur *für* eine Partei, sondern auch *gegen* eine oder mehrere andere Parteien. Wer die Grünen hasst, wählt womöglich die CDU – riskiert dann aber, eine schwarz-grüne Koalition vor die Nase gesetzt zu bekommen. Und umgekehrt: Wer die FDP hasst, wählt vielleicht die Grünen – und bekommt am Ende eine Ampel.

Auch in anderen Ländern stellen sich ähnliche Probleme. Erneut lohnt der Blick nach Frankreich. Hier gleicht vor allem die Präsidentschaftswahl spieltheoretisch einem 3D-Schach. Denn hier wird der Präsident in zwei Wahlgängen gewählt. Wer den zweiten Wahlgang gewinnt, hängt also stark davon ab, wer im ersten Wahlgang auf Platz zwei landet. Gemäßigte Kandidaten haben grundsätzlich mehr Chancen als extreme. Wer also eine gemäßigt rechte Regierung verhindern will, könnte im ersten Wahlgang einen rechtsextremen Kandidaten wählen – der dann im zweiten Wahlgang gegen einen gemäßigten linken Kandidaten mit Sicherheit verliert. Wer also Macron als Präsident haben will, müsste im ersten Wahlgang Eric Zemmour wählen, um Bruno Le Maire oder Valérie Pécresse zu verhindern. Das ist so, als würde man in Deutschland für Alexander Gauland stimmen, um zu vermeiden, dass Armin Laschet gegen Olaf Scholz gewinnt. So etwas kann schrecklich schiefgehen, denn man weiß ja nie, wie sich die anderen Wähler verhalten werden. Eine ganze Kaskade von komplizierten Wenn-Dann-Beziehungen ist zu berücksichtigen.

Analoge taktische Fragen werfen in den USA bekanntlich die Vorwahlen auf. Auch hier gilt: Man muss um die Ecke denken, wenn man seinen politischen Präferenzen tatsächlich zum Erfolg verhelfen will. Wer Kamala Harris helfen möchte, sollte sie in den Vorwahlen nicht wählen, denn nur Biden konnte die Mitte gewinnen, die man braucht, um Harris zur Vizepräsidentin zu machen.

Die politische Theorie hat über derartige Aporien und Paradoxien in Wahl- und Abstimmungsverfahren schon lange nachgedacht. Der Marquis de Condorcet beschrieb bereits Ende des 18. Jahrhunderts ein nach ihm benanntes Paradoxon. Dieses besagt, dass die Reihenfolge von Abstimmungen das Ergebnis mitbestimmen kann: Wenn durch einen ersten Wahlgang eine erste Alternative eliminiert wird, kanalisieren sich die Stimmen in einem zweiten Wahlgang anders. Wahlen können Präferenzen nie perfekt abbilden.

Eine singularisierte Wählerschaft?

Aber die beschriebenen Schwierigkeiten sind dabei noch nicht einmal das größte Problem. Schwerer wiegt wohl der Einwand, dass eine einzelne Stimme (oder selbst zwei wie bei der Wahl zum Deutschen Bundestag) die Komplexität unserer Einstellungen nicht angemessen ausdrücken kann. Politische Präferenzen sind heute nicht mehr so eng mit dem sozialen Milieu verbunden, in dem wir leben. Parteien (in parlamentarischen Systemen) und Personen (in präsidentiellen und semi-präsidentiellen Systemen) können aber immer nur ein ganzes Paket anbieten. In einer stark individualisierten Gesellschaft ist es aber sehr gut möglich, dass Menschen sehr konservativ denken und fühlen – und gleichzeitig homosexuell sind. Oder Klimaschutz für zentral halten, aber in Sachen Abtreibungslegalisierung und Cannabis-Freigabe sehr skeptisch sind. Vielleicht denkt man aber auch gesellschaftspolitisch extrem progressiv, will aber trotzdem möglichst niedrige Steuern. Der Soziologe Andreas Reckwitz hat unter dem Begriff der *Singularisierung* versucht, diesen Anspruch auf ganz individuelle, ja *einzigartige* singuläre Präferenzen zu beschreiben.

Laut Reckwitz ist das aus der Wirtschaft stammende Prinzip der Einzigartigkeit zu einem Paradigma unserer Gesellschaft geworden: Nicht nur sind maßgeschneiderte Anzüge heute erschwinglich geworden; nicht nur im Konsum wollen die Menschen ihre Einzigartigkeit ausdrücken.[2] Auch in politischer Hinsicht entziehen sich die Menschen der Clusterbildung: Vielleicht denkt man wirtschaftspolitisch liberal, einwanderungspolitisch konservativ, umweltpolitisch grün und gesellschaftspolitisch libertär. Maßgeschneiderte Parteien, die singuläre *policy*-Pakete anbieten, kann es aber nicht geben: Parteien müssen Mittelwerte abbilden.

Neue Input-Kanäle

Die politikwissenschaftliche und gesellschaftliche Debatte kreist vor dem Hintergrund dieser Prämisse um eine Belebung der Teilhabe, um »democratic innovation« im weitesten Sinne. Gemeint sind damit mögliche Erweiterungen und Ergänzungen des politischen Systems, die den Input-Kanal, der von der Gesellschaft in die Politik fließt, durchlässiger machen sollen. Beteiligungsverfahren, direktdemokratische Elemente, »mini-publics« und andere Verfahren werden breit diskutiert und umfassend erforscht. In vielen Ländern, Regionen und Kommunen werden sie erprobt oder bereits routinemäßig eingesetzt.[3]

Die einzelnen, sehr verschiedenen Ansätze, die es hier

gibt, werden wir noch genauer betrachten. Zunächst gilt es festzuhalten, dass alle Formen der »democratic innovation« als neue Formen *der Beteiligung* beschrieben werden. Sowohl bei der Ausweitung direktdemokratischer Elemente als auch bei deliberativen Verfahren, also organisierten Bürgerbeteiligungen, und erst recht bei den Bürgerräten, deren Mitglieder per Losverfahren rekrutiert werden, geht es darum, »dem Volk« eine Stimme zu geben.

Alle drei genannten Ansätze haben Vor- und Nachteile. Die direkten Abstimmungen, für die vor allem die Schweiz berühmt ist, machen die politische Gleichheit erfahrbar: Jede und Jeder hat genau eine Stimme. Das Modell des Berufspolitikers, der sein gesamtes Arbeitsleben in der Politik verbringt, wird damit aufgebrochen. Im Moment der Abstimmung ist es, als säßen alle in einem gigantischen Parlament. Als problematisch wird in der politikwissenschaftlichen Diskussion in der Regel beschrieben, was vor der Abstimmung geschieht: Findet wirklich ein deliberativer Austausch von Argumenten statt? Wer finanziert welche Kampagnen? Kann man sich mediale Aufmerksamkeit kaufen? Die direkte Abstimmung, so lässt sich die Diskussion zusammenfassen, ist nur sinnvoll, wenn vorher auch eine faire und nicht manipulierte öffentliche Debatte stattgefunden hat. Das Brexit-Votum steht hier als Menetekel an der Wand: Bekanntlich begannen unzählige Briten, erst *nach der Abstimmung* sich über die EU zu informieren.

Die sogenannten deliberativen Verfahren versuchen genau diese Lücke zu schließen. Der Austausch von Argumenten *in organisierten Verfahren* steht hier im Zentrum. In der Hoffnung, dass auf diese Weise mehr Menschen nicht nur mehr Argumente und Perspektiven einbringen, sondern auch fachlich bessere Entscheidungen treffen. In der Politikwissenschaft bezeichnet man das als »epistemische Dimension« der Deliberation: Der freie Austausch von Argumenten soll nicht nur Interessen aggregieren, sondern echte Erkenntnis (griechisch: *episteme*) hervorbringen. Vor allem Jürgen Habermas hat für dieses Modell von Demokratie geworben. Eine funktionierende kritische Öffentlichkeit wäre aus dieser Perspektive das eigentliche Gravitationszentrum der Demokratie.

Aber nicht nur die Blasenbildung in der postredaktionellen digitalen Öffentlichkeit stellt dieses Paradigma vor Probleme. Wenn man Beteiligungsverfahren offen gestaltet, bilden sich selbst auf lokaler Ebene schnell sogenannte »Beteiligungseliten«. Es sind dann eben nicht die alleinerziehenden Mütter, sondern die pensionierten Ingenieure, die ihre Meinung zu einem Infrastrukturprojekt einbringen. Die empirische Beteiligungsforschung hat klar gezeigt, dass es in offenen Formaten immer wieder Personen mit ähnlichem Hintergrund sind, die sich in besonderem Maße engagieren – und damit aber zugleich neue Verzerrungen bewirken.

Besonders relevant sind diese Beteiligungseliten, wenn es um sogenannte Bürgerhaushalte geht, bei denen auf kommunaler Ebene direkt über die Vergabe von Geldern entschieden wird. Hier ist die Gefahr besonders groß, dass sich bestimmte privilegierte Gruppen für die eigenen Belange einsetzen. Das neue Freibad landet am Ende in jenem Stadtviertel, wo es gar nicht gebraucht wird, weil beinahe jede Villa einen eigenen Pool hat.

Das dritte große Paradigma geht dagegen mit einem radikalen Mittel vor: Per Losverfahren werden in Bürgerräten exakt repräsentative *samples* der Bevölkerung rekrutiert. In Frankreich geschah dies in der *Convention citoyenne pour le climat*, in Deutschland geschieht es im *Bürgerrat*. Auch in Kanada und Irland hat man seit Jahrzehnten entsprechende Erfahrungen gesammelt. Der bereits genannte David Van Reybrouck sieht in ihnen die Lösung.

Diese Erfahrungen sind größtenteils positiv und ermutigend. Im Austausch mit Expertinnen und Experten werden hier oft erstaunlich präzise und innovative Vorschläge erarbeitet. Fraglich bleibt an diesem Paradigma vor allem das Verhältnis der neuen »Konsultativen« (so der Begriff von Patrizia Nanz und Claus Leggewie) zur alten Legislativen.[4] Bürgerräte sollen Parlamente beraten, nicht übertrumpfen. Das sehen auch die meisten Bürgerinnen und Bürger so. Aber untergräbt ihre Arbeit nicht langfristig die Legitimation der Parlamente? Mit welchem Recht dürften Parlamente die Vorschläge von Bürgerräten ignorieren?

Ein in der demokratietheoretischen Debatte verwendeter Begriff bringt die Ambivalenzen dieser *democratic innovation* zum Ausdruck: *blended democracy,* bei der die verschiedenen Verfahren miteinander kombiniert werden. Dazu zählen klassische Wahlen, direktdemokratische Abstimmungen, deliberative Beteiligung und Bürgerräte. Verfassungsgerichte fungieren als letztes Bollwerk gegen Menschenrechtsverletzungen. *Blended democray* bestünde in einer möglichst intelligenten Kombination, einer sachgemäßen Anwendung aller Werkzeuge aus der demokratischen Werkzeugkiste.

Aber die Metapher vom *blending* hat auch eine negative Konnotation: Im Gegensatz zum *single malt* ist der *blended whisky* (und natürlich auch ein irischer *blended whiskey*!) ein bloßer Verschnitt. Es ist auch denkbar, dass die Kombination verschiedenster Verfahren ein gigantisches Durcheinander produziert, eine Konkurrenz zwischen verschiedenen Legitimationsquellen, die am Ende die Verantwortlichkeit, die *accountability*, verschwinden lässt. Eine solche Verwischung von Verantwortung sagt man seit langer Zeit der sogenannten »Politikverflechtung« im bundesdeutschen Föderalismus nach. Auch in der Corona-Krise trug das Kompetenzgerangel zu den suboptimalen Ergebnisse bei.

Man stelle sich probehalber vor, in der Bundesrepublik Deutschland würde auf Bundes- und Länderebene eine Konsultative eingeführt, also per Losverfahren repräsentativ besetzte Bürgerkammern, die (unverbindliche!) Vorschläge zu verschiedenen Politikfeldern erarbeiten. Parallel würde vermehrt auf kommunaler und regionaler Ebene über Entscheidungen direkt abgestimmt, nach dem Vorbild der Eidgenossen. Und diese Praxis würde in einem europäischen Mehrebenen-System, in dem auch der EuGH und der Europäische Gerichtshof für Menschenrechte ein Wörtchen mitzureden haben, implementiert. Wie und wem wollte man in diesem Netz aus Legitimationen, Zwischenentscheiden, Vorlagen und Beratungen noch Verantwortung zuschreiben? Aus zahlreichen konkurrierenden Legitimationsketten würde eine Art Knäuel. Mehr Beteiligung bedeutet nicht automatisch mehr Demokratie.

Aporien demokratischer Angebotspolitik

Aber vielleicht besteht das strukturelle Problem der klassischen Ansätze in der *democratic innovation* gar nicht so sehr in ihrer Komplexität und der am Ende diffundierenden Verantwortung? Problematisch scheint mir an der Debatte viel grundlegender der Umstand, dass Beteiligung als ein Anspruch, ja beinahe als ein zu verteilendes Konsumgut konzipiert wird. Beteiligung ist etwas, das »man« haben will, worauf man ein Anrecht hat, was der Staat möglichst »niedrigschwellig« anzubieten hat. Mehr Beteiligung scheint hier *a priori* besser als weniger.

Dies geht nicht nur an den Bedürfnissen der Menschen vorbei. Nicht alle brennen für Politik. Im schlimmsten Fall führt dieses *Framing* jedoch dazu, dass Beteiligung als eine Art Konsumobjekt gedacht wird: Man will »ein Wörtchen mitreden« – aber ohne verantwortlich zu sein. Entsprechend geht es in der gesamten Debatte um demokratische Innovationen, die die Input-Kanäle ins politische System ausweiten sollen. Wahlen reichen nicht, und daher sollen Abstimmungen, Deliberationsverfahren und Bürgerräte die Artikulation von Interessen erleichtern.

Aber krankt unsere Demokratie wirklich daran, dass zu wenig Interessen artikuliert werden? Die Debatte um die Corona-Politik hat gezeigt, dass demokratisches Handeln nur möglich ist, wenn die Menschen mitmachen. Die Frage ist nicht so sehr, ob es genug Möglichkeiten gibt, Wünsche zu artikulieren, sondern ob die Bürgerinnen und Bürger bereit sind, sich den Zumutungen zu stellen, die die Umsetzung von Entscheidungen impliziert. Bezogen auf die Klimakrise stellt sich diese Herausforderung in viel größerem Maßstab.

Problematisch erscheint aus dieser Perspektive eine gewisse Tendenz in der Debatte über die Fortentwicklung der Demokratie. Es wird der Eindruck vermittelt, es gehe ausschließlich darum die Präferenzen der Bürgerinnen und Bürger noch präziser abzubilden, ihnen durch staatliches Handeln noch genauer, »unvermittelter« zu entsprechen. Damit wird aber eine Vorstellung bedient, wonach eine Demokratie eine Art Supermarkt darstellt, in dem Kunden möglichst schnell das bekommen sollen, was sie wünschen.

Beteiligung als Konsum

Demokratie ist kein Supermarkt – das ist eine Trivialität. Aber wer sich einzelne Projekte der Bürgerbeteiligung ansieht, kann sich des Eindrucks nicht erwehren, dass eine ökonomische Beschreibung des demokratischen Prozesses längst Eingang in jene technischen Dispositive gefunden hat, die Bürgerbeteiligung ermöglichen sollen. Der Bürgerhaushalt der Landeshauptstadt Stuttgart operierte in der Vergangenheit beispielsweise über eine Internetplattform, in der Vorschläge durch Wischen auf dem Smartphone durchgeblättert und bewertet werden konnten. Schon in der ästhetischen Anmutung hatte sich die Demokratie hier den Vorbildern der Internet-Konzerne angepasst: Beteiligung als Konsum.

Der Wunsch politischer Eliten, die Beteiligung möglichst einfach, möglichst »niedrigschwellig« zu machen, hat dann eine gefährliche Nebenwirkung: Aus der Einladung zur Beteiligung, droht eine Werbung zu werden. Und damit entsteht ein fataler *frame:* Die Werbung für demokratische Beteiligung steht dann neben anderer Werbung.

Der Begriff der *Beteiligungselite* gewinnt dann einen neuen Sinn: Wenn Beteiligung als Konsum erlebt wird, bestehen Beteiligungseliten aus jenen Menschen, die sich diese Beteiligung leisten können. Was mehr Demokratie ermöglichen soll, schafft dann plötzlich neue Ungleichheiten. An die Stelle transparenter Verfahren in Parlamenten drohen weniger transparente Prozesse in anderen Gremien zu treten.

Die einleitend beschriebene Entfremdung zwischen den Bürgerinnen und Bürgern einerseits und dem Staat und seinen Repräsentanten andererseits würde aus dieser Perspektive an einem falschen Rollenverständnis kranken. Meist wird vor allem das Rollenverständnis von Repräsentanten als reformbedürftig beschrieben – und dafür gibt es auch gute Gründe. Wer sich als Bundestagsabgeordneter Provisionen für die Vermittlung von Maskendeals in die Tasche steckt, hat etwas sehr Grundlegendes nicht verstanden. Dass Abgeordnete, Minister, Ministerpräsidentinnen und Kanzlerinnen kommunikativer sein sollen, ist zugleich eine wohlfeile Forderung. Sie sind immer konkurrierenden Ansprüchen ausgesetzt: Sie sollen zackig entscheiden *und gleichzeitig* zuhören und alle Aspekte bedenken.[5]

Interessanter scheint es daher, die Rollenverständnisse, Selbstbilder, Erwartungen und Gewohnheiten von Bürgerinnen und Bürgern zu hinterfragen – also von uns allen. Auch hier gibt es eine Art Henne und Ei-Problem: Natürlich entstehen in der Kommunikation Spiralen. Repräsentanten wecken Erwartungen, Bürgerinnen und Bürger artikulieren diese Erwartungen – und dann müssen Repräsentanten diese wieder erfüllen. Wer hier für die Entfremdung »ursprünglich« verantwortlich ist, scheint weder entscheidbar noch wirklich relevant. Man muss sich das Verhältnis zwischen den Bürgerinne und Bürgern einerseits und den politischen Eliten andererseits als einen Tanz vorstellen. Raus kommt man aus der Spirale nur, indem beide Seiten ihr Verhalten verändern.

Damit aber eine solche Veränderung möglich wird, brauchen wir zunächst ein klares Bild davon, was kommunikativ zwischen den Bürgerinnen und Bürgern einerseits und »dem Staat« andererseits schiefläuft. Beide Elemente dieser Gleichung sind genaugenommen Unbekannte: Weder gibt es »die« Bürgerinnen und Bürger, noch gibt es »den« Staat als unabhängige Entitäten. Die Wechselwirkungen zwischen beiden Seiten müssen wir folglich genauer in den Blick nehmen.

4

Die falsche Ansprache

Oktober 2010. Wir befinden uns in Wien. Es stehen Land-
tags- und Gemeinderatswahlen an. Eigentlich ist so etwas
eine recht dröge Angelegenheit, aber nicht dieses Mal. Ein
gewisser Sebastian Kurz zieht im Wahlkampf neue Seiten
auf, ganz neue, muss man wohl sagen. In einem riesigen
»Hummer«, einem amerikanischen Militärfahrzeug, fährt
er mit seinen Parteigenossen durch die Stadt. Das schwarze
Riesen-SUV haben sie »Geilomobil« genannt. Sie verteilen
Kondome, auf den zu lesen ist »Schwarz macht geil«. Auf
der Kühlerhaube räkeln sich leicht bekleidete Frauen, und
Sebastian Kurz grinst dazu. Willkommen beim Startschuss
einer Politikerkarriere. Ein halbes Jahr später wird er Staats-
sekretär, dann Minister, schließlich Kanzler. Ganz offenbar
spricht er die Bürgerinnen und Bürger erfolgreich an.

Aber was genau sehen wir, wenn wir Sebastian Kurz auf
dem »Geilomobil« sehen? Ist das eine lässliche Jugend-
sünde? Eine spätpubertäre Flause? Ist das einfach primitiv
und sexistisch? Oder sagt dieser Fall etwas aus über die Art
und Weise, wie Bürgerinnen und Bürger heute angesprochen werden *wollen?* Könnte es sein, dass am »Geilomobil«
etwas beispielhaft sichtbar wird? Wie sprechen Demokratien heute ihre Bürgerinnen und Bürger eigentlich konkret
an? Wie tun es Bundesländer, Städte und Gemeinden? Gibt

es hier noch Momente, in denen das Gemeinwesen als solches, als politische Einheit adressiert wird, gibt es einen Vokativ der Form »Bürger Roms!«? Oder nur die mehr oder wenige offensichtliche Form des »Geilomobils«?

Zu den regelmäßig wiederkehrenden, ja ritualisierten Formen des kollektiven Ansprechens gehören in Deutschland die Weihnachts- und Neujahrsansprache durch den Bundespräsidenten und Bundeskanzler. Sie strahlen in der Regel eine behäbige Gemütlichkeit aus. Auffallend ist an diesen Ansprachen vor allem die völlige Abwesenheit von Imperativen. Es wird ein schönes Fest gewünscht, alles Gute im Neuen Jahr! Fast scheint es bisweilen, als wolle man das Publikum durch Fernhypnose in eine Art Tiefschlaf versetzen. Die Phrasenhaftigkeit dieser Texte und Reden ist natürlich dem Genre geschuldet. Wer würde schon erwarten, dass hier etwas Originelles oder auch nur Bedeutsames gesagt würde? Derartige Ansprachen dürfen niemanden ausschließen, also niemandem wehtun, also nichts behaupten, was man auch anders sehen könnte. Hier werden wir also wenig über tatsächlich bedeutsame Trends erfahren. Wo aber dann?

Ökonomisierung: *liefern*

Blicken wir stattdessen in die politische Alltagskommunikation. Interessant ist hier nicht so sehr, *was* in der politischen Kommunikation gesagt und versprochen wird, sondern eher *wie*. Nicht die einzelnen Spielzüge in diesem Sprachspiel sind interessant, sondern die Regeln des Spiels. Ein Schlüsselbegriff hat dabei seit rund fünfzehn Jahren Dauerkonjunktur: *liefern. Die Politik muss liefern.* Nicht nur in Deutschland ist diese Formel in beinahe allen Kontexten zu hören, auch Boris Johnson kündigte unentwegt an, er werde den Brexit *liefern* (*deliver Brexit*). Das Votum war eindeutig, die Bestellung klar, es fehlt die Lieferung, so das Argument.

Aber das Wortfeld *liefern* ist nicht die einzige Leihgabe aus dem Feld der Ökonomie. Auch die Formel *ein Angebot machen* stammt aus dem wirtschaftlichen Metaphernfeld. Parteien und Politiker werden hier als konkurrierende Akteure auf einem Markt betrachtet, Bürgerinnen als Kundinnen. Die einen *machen ein Angebot*, die anderen entscheiden, was *geliefert* werden soll. Mit diesem Metaphernnetz entsteht ein fragwürdiges Bild von demokratischer Politik: Politik als eine Art Supermarkt oder Online-Bestell-Service. Die einen sind Produzenten, die anderen Konsumenten. So lautet die Ansprache.

Es ist nicht schwer, darin eine Ökonomisierung des politischen Feldes zu sehen. Dabei geht es noch gar nicht um den Einfluss von tatsächlichem Geld, tatsächlichen Lobby-Gruppen. Auch über den unmittelbaren Einfluss der Wirtschaft wäre viel zu sagen, über die Macht von institutionellen Anlegern, multinationalen Konzernen oder sehr reichen Einzelpersonen. Interessanter scheint mir indes, die mittelbare, die vermittelte, die »metaphorische« Macht ökonomischen Denkens. Es geht dann um die Imperative, Narrative und Analogien, mit denen die politische Kommunikation strukturiert wird, über dasjenige, was wir für denkbar und sagbar halten. Wenn wir uns Politik vorstellen als einen Liefer-Service, der uns Angebote macht, werden wir schon vom *citoyen* zum *bourgeois*.

Besonders deutlich lässt sich diese Hintergrundmetaphorik an der *Fünf-Sterne Bewegung* in Italien ablesen. Genaugenommen müsste man hier beinahe von einer »Vordergrundmetaphorik« sprechen, denn die Sichtweise der Akteure wird ganz explizit ausgesprochen. Die ursprünglich linkspopulistische, irgendwann immer mehr rechtspopulistische Bewegung hat ihren Namen nämlich aus der Tourismus-Branche. Mit den *cinque stelle*, den »fünf Sternen«, ist ursprünglich die Gütebezeichnung für Hotels gemeint. Die fragwürdige Bewegung um den ehemaligen Clown Beppe Grillo kanalisierte den verständlichen Frust über die politischen Zustände in Italien in eine Bewegung, die ganz offen erklärte, die Politikerinnen und Politiker analog zur Bewertung von Hotels betrachten zu wollen: Politik ist ein Service, und ob dieser gut geleistet wird, muss sich quantifizieren lassen. Wo sich Angestellte den lieben langen Tag lang in *Ranking*- und Bewertungsumfeldern bewegen müssen, will man die politischen Eliten demselben Stress aussetzen. Beppe Grillos Formel *Tutti fuori!* (»Alle raus!«) ist nur die italienische Variante von Donald Trumps *You're fired!*

Es ist vielleicht kein Zufall, dass auch diesbezüglich Italien zur globalen Avantgarde gehört. Anfang der 1990er Jahre war dies schon einmal der Fall. Damals machte Silvio Berlusconi von sich reden. Auch er war Teil einer Avantgarde. Er versprach Politik ohne Politik – nämlich Politik als Unternehmer. Er ließ sich explizit als *capo*, als »Chef« ansprechen. Der ehemalige Chansonnier und Barpianist wollte Italien so dynamisch und professionell aus der Krise führen, wie man sonst ein Unternehmen führt. Dass er darin geschickt war, ließ sich am Erfolg seines Firmennetzes aus Privatsendern und Fußballvereinen ablesen. *Forza Italia* stammt aus der Fankultur und bedeutet so viel wie »Italien vor, noch ein

Tor!«. Berlusconi versprach das Land zu managen wie eine Mannschaft. Auch dieses *framing* ist natürlich eine Art von Ökonomisierung: Das Land als Unternehmen, der Regierungschef als Manager, die Bürgerinnen und Bürger als Belegschaft.

Schon bald wurde klar, dass der neue Chef offenbar der Ansicht war, der Laden gehöre ihm. Die Serie von Skandalen und Strafverfahren rund um Berlusconi riss nie ab. Irgendwann war es aussichtslos, noch den Überblick behalten zu wollen, so zahlreich waren Anklagen, Skandale und Bunga-Bunga-Partys. Doch viele Italiener verziehen ihm. Warum? Vielleicht weil er den Eindruck vermittelte, sich wie ein wohlwollender Unternehmenspatriarch um seine Schäfchen zu kümmern. Aus den Bürgern waren da schon dankbare Arbeitnehmer geworden. Wer wagt es schon, dem Erben des Familienunternehmens lässliche Eskapaden vorzuwerfen?

Italien illustriert nur besonders deutlich, was man auch andernorts beobachten kann: Wenn Bürgerinnen und Bürger als Konsumenten angesprochen werden, gerät die Demokratie auf die schiefe Bahn. Und zwar aus mehreren Gründen.

Der einfachste Grund liegt wohl *erstens* darin, dass Bewertungskategorien aus der Wirtschaft auf die Politik übertragen werden. *Amazon* soll liefern, und die Politik soll auch liefern. Es ist keine Überraschung, dass *Amazon* schneller liefert. Gegen die »Angebote« des Turbokapitalismus kommt Politik *a priori* nicht an. Kein politisches »Angebot« kann so professionell, so innovativ, so »sexy« sein wie die neusten Produkte aus dem Silicon Valley. Es ist, als würde man von einer Milchkuh verlangen, zu klettern wie ein Eichhörnchen. Demokratische Politik kann nicht so schillernd, so ästhetisch, so unterhaltsam und vor allem so schnell sein wie die Welt der Konsumprodukte. Das Einzige, was Politik dann wirklich *liefern* kann, sind Versprechen und professionell gemachte Werbeplakate. Die FDP in Deutschland hat diesbezüglich unter Christian Lindner ein neues Maximum an Annäherung erreicht: die Ästhetisierung der Politik bis zum Punkt der unfreiwilligen Selbstsatire. Aber es geht nicht um Personen oder einzelne Parteien, sondern um Ideen: Welche mentalen Infrastrukturen müssen in einer Partei herrschen, damit eine solche Wahlwerbung plausibel erscheinen kann?

Die Annäherung an die Ästhetik der Warenwelt kann fatale Wirkungen haben. In direkter Konkurrenz mit ökonomischen Angeboten, kann die Politik nur verlieren oder sich eben lächerlich machen. Denn alles, was über Versprechen und Werbung hinausgeht, muss in der Politik äußerst mühsam erarbeitet werden. Das kennt man dann so aber gar nicht mehr – und beginnt mit »der Politik« zu fremdeln.

Diese strukturell bedingte Unzufriedenheit, die durch den Vergleich mit Interaktionen in der Wirtschaft beinahe unvermeidlich ist, erweist sich als nur eine problematische Folge unter vielen. Mindestens genauso verheerend ist *zweitens* der Umstand, dass die Rolle des Konsumenten die Rolle des (Co-)Produzenten ersetzt: Wer beliefert wird, muss nicht selbst produzieren. Eine Politik, die *für uns* agiert, ist eine Politik, bei der wir im Wesentlichen zuschauen. Nur die Ergebnisse sollen wir bewerten, ganz wie ein Kunde, der den bestellten Einbauschrank gut oder schlecht finden kann, aber noch nie einen Hobel oder eine Säge in der Hand gehalten hat. Die Ökonomisierung unseres politischen Imaginären treibt die Rollen »Bürger« und »Politiker« immer weiter auseinander. Politik wird zum Teil des Dienstleistungssektors, dessen Ergebnisse wir aus der Distanz bewerten sollen, außerhalb des Produktionszusammenhangs.

Diese Tendenz wird *drittens* verschärft durch den Trend zur Singularisierung. Der Begriff stammt aus der Konsumforschung: Produkte werden für einen völlig individuellen Anspruch ausgerichtet und produziert. Wir kaufen nicht mehr von der Stange, sondern wollen passgenaue Produkte. In diesem Sinne streben wir alle in die *Savile Row*, die berühmte Straße der edlen Herrenausstatter in London, wo die Anzüge *bespoke* sind, also vollkommen einmalig. Hier wird Maß genommen, der Stoff, die Farbe, die Knöpfe, der Schnitt, einfach alles auf das Individuum angepasst.

Aber demokratische Politik ist nun mal kein Wunschkonzert, und der Bundestag liegt nicht in der *Savile Row*. Eine Politik, die liefern soll, steht vor dem Problem, *für alle* liefern zu müssen – aber für jeden etwas anders. Gesetze müssen für alle gelten. Wer glaubt, in der Politik dieselben Ansprüche stellen zu können wie in einer Welt singularisierter Produkte, neigt leicht dazu, über »die da oben« zu klagen. Ist die hohe Zahl an Nicht-Wählern vielleicht auch dadurch zu erklären, dass ihnen keine Partei ganz »passgenau« erscheint?

Die *vierte* Folge ist aber wohl am gravierendsten: ein ökonomisierter Staatsbegriff. Staaten erscheinen in diesem Weltbild wie Unternehmen: Sie machen Angebot, verlangen Preise und bedienen Kunden. Ihre Dienstleistungen mögen etwas umfassender sein – innere Sicherheit, Rechtsstaatlichkeit, Investitionsmöglichkeiten –, aber im Prinzip sind auch sie nur Akteure auf einem Markt. Ihre »Kunden«, also Bürgerinnen und Bürger können sie auf einem globalen Markt anwerben. So macht es Kanada, das sich die geeignetsten Migranten in einer Art Casting-Verfahren aussucht. Die Preise versuchen diese Akteure möglichst gering zu halten: Sie locken mit niedrigen Steuern und Abgaben. Und vor allem mit der Abwesenheit von Zumutungen. Vermeintlich harmlose ökonomische Metaphern können eine derartige verquere Vorstellung von Staatlichkeit und Demokratie transportieren.

Emotionalisierung: Das Bauchgefühl

Nicht einmal Sebastian Kurz konnte mit dem »Geilomobil« eine singularisierte politische Kommunikation leisten. Er schlug auf die große Trommel und nahm in Kauf, dass sich so manche gerne die Ohren zugehalten hätten. Diese Trommel war eine Werbetrommel und den Gesetzen des Marketings entsprechend kalkulierte er drauf, besser eine schlechte Presse zu haben als gar keine. Die Werbewirtschaft war der eigentliche politische Lehrer von Sebastian Kurz. Und er war nicht der einzige Schüler.

Bekanntlich hat die Wirtschaft in den vergangenen einhundert Jahren eine fundamentale Transformation durchlaufen, vom ersten zum zweiten Sektor bis schließlich zum Aufstieg des sogenannten dritten Sektors: Aus einer landwirtschaftlich geprägten Weltwirtschaft wurde im 19. Jahrhundert eine industriell geprägte Wirtschaft und in der zweiten Hälfte des 20. Jahrhunderts schließlich eine Wirtschaft, in der Dienstleistungen und Kommunikation von zentraler Bedeutung sind. Heute entscheiden oft die Marketingabteilungen, welche Produkte entwickelt werden sollen, und nicht mehr die Entwicklungsabteilungen, welche Produkte vermarktet werden. Hund und Schwanz agieren gleichberechtigt, und nie kann man wissen, wer gerade mit wem wedelt. Das hat wesentlich damit zu tun, dass viele Produkte mit einem symbolischen und kulturellen Mehrwert aufgeladen werden müssen, um attraktiv zu sein.

Daher ist es nicht nur notwendige Kommunikation (in Versicherungen, Banken oder dem Gesundheitssektor), die hier produziert wird, sondern auch sehr viel »unnötige«. Die Werbewirtschaft ist zu einem zentralen Motor der ökonomischen Innovationsdynamik geworden. Die extrem hohen Ausgaben der Pharmaindustrie für Werbung werden seit Jahrzehnten kritisiert. Und was macht diese Werbung? Informiert sie uns? Nein, sie emotionalisiert uns. Und mit dieser emotionalisierenden In-Anspruchnahme steht sie in direkter Konkurrenz zur Politik.[1]

Eine weit verbreitete These lautet, dass die Politik auf diese massive Konkurrenz mit mehr Emotionalisierung reagiert. Doch die Quantifizierung scheint hier schwierig. Ist ein Komparativ – »mehr als früher« – hier wirklich angemessen? Immer schon, so wird man feststellen müssen, hatte Politik auch mit Emotionen zu tun. Die Geschichte der politischen Ideen ist von Anfang an auch ein Nachdenken über die angemessene Rolle von Emotionen in der Politik. Natürlich zielen Redner und Rednerinnen in der Rhetorik auf die Affekte der Zuhörer. Die entsprechenden Techniken und Kniffe hat Aristoteles in seiner *Rhetorik* schon vor rund 2500 Jahren beschrieben. Machiavelli beschreibt die emotionale Steuerung (und Selbststeuerung) des Fürsten in seinem klassischen Buch *Il Principe*. Dass eine Politik, die mit Menschen zu tun hat, immer auch mit menschlichen Gefühlen zu tun hat, sollte niemanden überraschen. Mehr Emotionalisierung als früher also?

Man muss den Fokus wohl enger stellen, um tatsächlich so etwas wie einen Trend zur Emotionalisierung festzustellen. Man bräuchte so etwas wie *Vorher/Nachher*-Vergleiche an konkreten Fällen, um zu belegen, dass der Staat seine Bürgerinnen heute stärker emotional anspricht als noch vor vierzig Jahren. Begeben wir uns dazu dorthin, wo so sich die Deutschen angeblich am wohlsten fühlen, auf die Autobahn.

Hier sind seit einiger Zeit Schilder zu finden, die die Emotionalisierung sehr gut illustrieren. Für die Einhaltung von Höchstgeschwindigkeiten wird hier nämlich *geworben*. Das ist ein entscheidender Punkt: Höchstgeschwindigkeiten werden nicht durch Verkehrsschilder angewiesen, sondern sie werden – ganz im Sinne der Werbewirtschaft – *beworben*. Und zwar so, wie man das eben in der Werbewirtschaft macht: Man zielt nicht auf den Neocortex, sondern auf das limbische System, nicht auf den Verstand, sondern aufs Gefühl.

Die Varianten sind vielfältig. Mal vermissen weinende Kinder ihre verstorbenen Väter, mal leiden Familienangehörige am Krankenbett eines Schwerverletzten. Immer aber ist klar: Der Staat kommuniziert nicht mit Geboten, sondern mit Gefühlen. »Runter vom Gas« (so der Titel der Initiative) gehen wir nicht, weil es die Straßenverkehrsordnung vorschreibt, sondern weil wir nicht wollen, dass dieses arme Kind weinen muss.

Müssen diese Schilder für echte Angehörige von Verkehrsopfern nicht buchstäblich re-traumatisierend sein? Eigentlich drängt sich diese Frage auf. In der Regel sieht man darin wohl nur einen netten Versuch, die Menschen zur Vernunft zu verleiten. Aber sind sie nicht beispielhaft für einen viel breiteren Trend? Ein allgemeines Tempolimit in Form einer klaren Norm gibt es in Deutschland nicht. Stattdessen stellen wir Plakate auf, die wie die schäbigste Form von Werbung mit Kindern arbeiten.

Neben den Mitleidsbildern auf Autobahnen gibt es auch die sogenannten Schockbilder in den Supermärkten. Man kann an keiner Kasse stehen, ohne auf schwarze Lungentumore, absterbende Raucherbeine, verwesende Gebisse und sterbende Lungenkrebspatienten zu blicken. Durch die Einführung der Schockbilder auf Zigarettenschachteln sollte der Tabakkonsum zurückgedrängt werden. Und das hat auch funktioniert. Nur entsteht dadurch eine fragwürdige Dissonanz: Man kann Zigaretten überall kaufen, soll aber beim Kauf in Angst und Schrecken versetzt werden. Offenbar will uns der Staat mitteilen, dass wir allein durch Ekel, nicht durch Vernunft zum gesunden Handeln gebracht werden können.

Längst sind diese Strategien der Veranschaulichung, des *Nudgings* und emotionalen *Framings* aus der Werbewirtschaft auch in andere Bereiche der Politik eingewandert. Ein interessanter Fall von Emotionalisierung und Infantilisierung ist wohl in den Bildern zu sehen, die der damalige Minister Sigmar Gabriel im Berliner Zoo produzierte. Der 2006 geborene Eisbär Knut wurde damals zum Maskottchen der Artenschutzkonferenz erklärt. »Ohne Eis kein Eisbär«, erklärte der Minister. Der knopfäugige Tollpatsch (gemeint ist der Eisbär, nicht der Minister) sollte so das anspruchsvolle Problem der Klimaerwärmung emotional erfahrbar machen.

Ist das nun der legitime Einsatz kluger kommunikativer Mittel zu einem hehren Ziel oder die manipulative Instrumentalisierung von Emotionen? Um zu verstehen, worin genau das Problem dieser Form von Ansprache besteht, müssen wir zunächst genauer verstehen, inwiefern hier eine Art *vicious circle*, ein teuflischer Kreislauf, in Gang gesetzt werden kann. Dazu aber müssen wir uns noch einem ganz anderen, sehr viel gefährlicheren Gefühl zuwenden, der Angst.

Welche Furcht wem zumuten?

Neben Mitleid, Ekel und Schrecken ist natürlich vor allem Angst ein relevantes politisches Gefühl. Vielleicht ist es auch das komplizierteste politische Gefühl, denn es kann zwei Formen annehmen: eine irrationale, emotionalisierte, phantasiegesteuerte *Angst* oder aber eine realistische, durch die Techniken des Risiko-*assessments* informierte *Furcht*. Angst richtet sich, nach Sigmund Freud, auf das Unheimliche, auf Projektionen, auf Ausgeburten unserer Phantasie. Furcht hingegen hat ein Korrelat in der Realität. Vor einem Gespenst haben wir Angst, vor einem Autounfall haben wir Furcht.

Kompliziert wird die Sache dadurch, dass wir meist nur sehr schwer entscheiden können, ob wir Furcht haben oder Angst. Ist die Straßenkriminalität durch junge Männer mit Migrationshintergrund eine bloße Ausgeburt unserer Phantasie oder ein reales Problem? Und in welchem Umfang genau hat die Gewaltkriminalität mit Messern seit 2015 zugenommen? Ist das Gefühl, durch einen zu hohen Zuckeranteil in der Nahrung in Krankheit und Tod getrieben zu werden, eine krankhafte Phantasie, ein Fall von Orthorexie, also dem neurotischen Bestreben, sich perfekt zu ernähren, oder richtet es sich auf eine real existierende Epidemie von Diabetes 2?

In all diesen Fällen geraten wir in das komplexe Feld des Verhältnisses von Emotionen und Realitäten. Emotionen können uns ja nicht nur den Blick auf die Realität verstellen, sie können uns durchaus auch auf Realitäten hinweisen, sozusagen als Indikatoren oder Messinstrumente dienen. Politische Gefühle sind daher in der Demokratie nicht an sich problematisch. Sie werden erst dann problematisch, wenn sie sich vor die Realität stellen, wenn sie die Suche nach den Gründen für Furcht verhindern, weil sie beispielweise Angst befeuern.

Unter »Emotionalisierung« könnte man daher einen spezifischen *Umgang mit Emotionen* verstehen, nicht so sehr die Existenz von politischen Gefühlen an sich. Dieser Umgang besteht darin, Gefühle per se für authentisch zu erklären und sie daher als dogmatische Setzungen zu betrachten. Gefühle lassen sich nach dieser Logik nicht widerlegen. Sie können bestenfalls »verletzt« werden, und diese Verletzung der Gefühle lässt sich nur mit Groll, nicht mit Argumenten beantworten. Dann werden Gefühle unhinterfragbar: Die Forschung zu den Impfwirkungen mag das eine sagen – mein Bauchgefühl aber sagt etwas anderes. Und im Zweifel hat das Gefühl recht. Das ist der wirklich demokratiegefährdende Mechanismus politischer Emotionen: Sie werden als Abschlusspunkt von Diskussionen genommen, nicht mehr als deren Ausgangspunkt.[2]

Eine emotionalisierende Weise der Inanspruchnahme

durch den Staat bedient und verstärkt diese Einstellung. Denn nun werden Gefühle nicht mehr in Frage gestellt, sondern als absolute Größen genommen. Wir sollen nicht aus rationaler Überlegung die Höchstgeschwindigkeit einhalten, sondern weil wir angesichts der Kindertränen irgendwie so ein Gefühl haben. Und Gefühle haben natürlich recht. Das ist die gefährliche Botschaft der neuen Autobahnschilder.

Infantisilierung: der große Spaß

September 2021. Der AfD-Vorsitzende Tino Chrupalla befindet sich im Wahlkampf. Dafür sind alle Kanäle recht, sogar die Kanäle des verhassten »Staatsfernsehens«. In der ZDF-Kindersendung *logo* wird er von einem Kind nach seinem Lieblingsgedicht gefragt. Seine Partei fordere doch, es solle mehr auswendig gelernt werden. Also: Was kann er eigentlich so auswendig?

Chrupallas Augen kreisen suchend. »Da muss ich jetzt mal überlegen. Da fällt mir jetzt gar keins ein.« Ganz Deutschland, nein fast ganz Deutschland hielt sich den Bauch vor Lachen. Die Verteidiger des Abendlandes kennen gar nicht, was sie verteidigen wollen. Hatte man nicht auch schon PEGIDA-Anhänger Weihnachtslieder mit Textkopien in der Hand singen sehen?

Erstaunlich an dieser Interaktion ist wohl weniger, dass sich hinter den Worthülsen von Tino Chrupalla ein Abgrund auftut. Dieser Abgrund überrascht wohl niemanden. Nein, erstaunlich ist, wer diesen Abgrund ausleuchtet: ein Kind. Und es war nicht die einzige Szene, in der »Kinderreporter« die Elite der deutschen Politik ins Schwitzen brachten. Auch Armin Laschet wurde von Kindern vorgeführt.

Aber wie kommen wir überhaupt auf die Idee, den Ministerpräsidenten eines wichtigen Bundeslandes und immerhin Kanzlerkandidaten von Kindern befragen zu lassen? Wollen wir uns wirklich weismachen, Politik sei »kinderleicht«? Oder glauben wir, Kinder sollten »an die Macht«, wie einst Herbert Grönemeyer sang? Wie kann es sein, dass die Interaktionen mit Kindern zu wichtigen Nachrichten in einem Bundestagswahlkampf werden?

Dies wird wohl nur verständlich, wenn man einen größeren Trend zur Infantilisierung mitberücksichtigt. Dieser Trend wird nicht nur von den Medien befeuert; er zieht sich durch die ganze Gesellschaft. Kinder werden wie Erwachsene behandelt – und Erwachsene benehmen sich wie Kinder. Klassische *rites de passage*, Übergangsriten wie die Konfirmation, die Kommunion oder die Bar Mizva spielen in einer säkularisierten Gesellschaft eine immer geringere Rolle. Wir sollen ewig jung bleiben, am besten sogar jugendlich.

Auch die Partei *Bündnis90/Die Grünen* fielen mit einem Trend zur kindgerechten Ansprache auf. In ihrem Wahlwerbespot wurde das Lied »Kein schöner Land« gesungen. Das sollte wohl postmodern-ironisch und multi-inklusiv wirken. Aber will man ernsthaft mit einem Wiegenlied für Politik werben? Im Berliner Wahlkampf wurde ernsthaft gefordert, Berlin solle sich mehr dem »Modell Bullerbü« annähern. Gegen Kindergärten in der Hauptstadt, bessere, kinderfreundlichere, schönere, wird niemand etwas einwenden. Aber die ganze Stadt als Kindergarten? Das klingt schlicht nach einem Kategorienfehler.

Andere Beispiel ließen sich anführen. Die Kandidatin für das Amt der Bundeskanzlerin, Annalena Baerbock, hatte ihre Ambitionen auf durchaus bemerkenswerte Weise kundgetan. In der Reihe »Sagen Sie jetzt nichts« des Magazins der *Süddeutschen Zeitung* müssen prominente Personen durch Grimassen oder Körperhaltungen auf Fragen reagieren. Auf die Frage, ob sie sich vorstellen könne, Bundeskanzlerin zu werden, antwortete Baerbock, indem sie ein Rad schlug und damit mit den Beinen ein »Y« bildete: *Yes.*

1 Annalena Baerbock tanzt ein »Y« – Yes, sie will Kanzlerin werden.

Erstaunlich ist gar nicht so sehr das Verhalten einer einzelnen Person, sondern der Umstand, dass es eine Gesellschaft normal findet, über derartig wichtige Fragen dadurch zu kommunizieren, dass man vor einer Kamera herumhopst.

Wer soll diese Politik, diese Politikerinnen und Politiker ernst nehmen?

Die Eigentümlichkeit dieser Form politischer Kommunikation wird dann besonders deutlich, wenn man eine historische Kontrastfolie anlegt. Man versuche für eine Sekunde sich vorzustellen, Helmut Schmidt wäre 1975 mit dem Vorschlag konfrontiert worden, durch Grimassen oder Gehüpfe auf politische Fragen zu antworten. Er hätte zweifellos vermutet, es müsse sich um ein akustisches Missverständnis halten. Wir aber finden es normal.

Der Sozialpsychologie Harald Welzer erklärt derartige Prozesse sehr plausibel mit dem Verweis auf die Forschungen zu den *shifting baselines:* Gesellschaften verändern sich auch dadurch, dass Referenzgrößen allmählich, ja bisweilen unmerklich verändert werden. Er hat hierfür den Begriff der »mentalen Infrastrukturen« vorgeschlagen.[3] Unsere politische Kommunikation hat einen Grad an Infantilisierung erreicht, der Einzelereignisse gar nicht mehr als bemerkenswert erkennbar werden lässt. Auch die Podcasts angesehener Wochenzeitungen kommen heute nicht mehr ohne Spielchen mit launigen Hitlisten aus; selbst wenn es um Krieg und Frieden geht, wird gekichert wie unter Schülern der Mittelstufe.

Die Infantilisierungsimperative der Medien werden – in vielen Fällen zweifellos zögernd – bedient, weil Politikerinnen und Politiker die Sichtbarkeit in der Öffentlichkeit brauchen. In unserem Denken und in unserer Sprache sind dann die entsprechenden Formeln fest verankert, unhinterfragt, vermeintlich natürlich.

Neben der Formel von der Politik, die *liefern* soll, ist eine zweite metaphorische Selbstbeschreibung politischer Kommunikation im Aufruf zu sehen, man müsse die Menschen *abholen.* Auch in dieser Formel drückt sich eine fragwürdige Konzeption demokratischer In-Anspruchnahme aus. Wer Menschen abholt, will ihnen zu Diensten sein, will sie gerade nicht in Anspruch nehmen, sondern sie vom Anspruch, den Heimweg allein zu finden, entlasten. *Abgeholt* werden sonst eigentlich Kinder im Kindergarten. Spätestens mit dem Wechsel zur Grundschule muss niemand mehr abgeholt werden, sollte man meinen.

Die Paradoxie besteht hier darin, dass die Formel vom »Abholen« gerade das Gegenteil will, nämlich so etwas wie Augenhöhe ausdrücken, eine angemessene Ansprache, das Vermeiden von Arroganz. Die Formel ist selbst schon Ausdruck eines klaren Bewusstseins um die Entfremdung zwischen Politik und den Bürgerinnen und Bürgern.

Aber auch schon die Rede von der »Augenhöhe« hat fragwürdige Obertöne. Fast klingt es so, also müsse »die Politik« erst in die Hocke gehen, um mit den Bürgerinnen und Bürgern auf Augenhöhe zu kommen, um sie dort abzuholen, wo sie nun mal stehen. Oder werden hier die Kinder hochgehoben, auf Augenhöhe? Wer von Augenhöhe spricht, impliziert damit bereits, dass diese erst künstlich hergestellt werden muss.

Ein ähnliches Wortfeld, das vor allem in Ostdeutschland dominant ist, lautet »Kümmern«. Die Politik solle sich kümmern, die Linke oder die AfD sei die Partei, die sich »kümmert«. Aber kommt »kümmern« nicht von Kummer? Irgendwie wird hier vorausgesetzt, dass die Politik den Menschen den Kummer nehmen kann, indem sie sich kümmert. Gegen einen weitsichtigen Sozialstaat ist nichts zu sagen. Natürlich gibt es Menschen, um die sich auch der Staat in der Tat kümmern muss. Aber demokratische Politik kann nicht darin aufgehen. Ein *citoyen* ist jemand, der für das Gemeinwesen Sorge trägt. Dieses »Sorge tragen« (*cura*) ist das Gegenteil von einer Haltung, die erwartet, der Staat solle sich um die Bürgerinnen und Bürger kümmern. Um Kinder muss man sich kümmern, um Bürgerinnen und Bürger nicht.

Infantilisierung und Pädagogisierung

Zwei Dimensionen dieses Trends gilt es analytisch sauber zu trennen. Es gibt zum einen eine Infantilisierung, und zum anderen eine Pädagogisierung. Beides hängt miteinander zusammen, ist aber nicht dasselbe. Die Infantilisierung verstrahlt die gesamte politische Kommunikation mit regressiven Tendenzen. Sie macht Politik insgesamt spaßig, spielerisch, unernst. Vor allem aber soll uns Politik jede Anstrengung und jede Zumutung ersparen. Donald Trump kann in diesem Sinne als Meister der Infantilisierung gelten. Er benahm sich nicht nur selbst wie ein Kind ohne Impulskontrolle, sondern formulierte zugleich das Versprechen, dass alle Amerikaner in diesem Modus durchs Leben kommen würden. Sorglosigkeit, die Abwesenheit von *cura*, von Sorge tragen, war das Programm. Alles Unangenehme, Anstrengende, Komplexe erklärte er zu *fake news*.

Die Pädagogisierung hingegen stellt eine kommunikative Asymmetrie her. Hier ist nur eine Seite infantil, die andere aber erziehungsberechtigt. Die Schockbilder auf den Zigarettenschachteln können in diesem Sinne gelesen werden: Hier spricht ein erwachsener Staat mit Unmündigen. Sie werden nicht einfach informiert oder über die Gesetzeslage ins Bild gesetzt, sondern geängstigt. Man sagt den Kindern, wo die Keksschachtel steht, kündigt aber zugleich an, dass der Nikolaus sehr enttäuscht sein wird, wenn sie sich selbst bedienen. Warum dann nicht einfach eine kollektiv bindende Entscheidung über das Ende der Tabakindustrie, ein Tempolimit?

Gewisse Aspekte dieses doppelten Trends von Infantilisierung und Pädagogisierung haben sicher mit deutschen Besonderheiten zu tun. Der erste Trend ist besonders deutlich im außenpolitischen Diskurs. Hier besteht die Infantilisierung vor allem darin, die Ernsthaftigkeit von Konflikten zu leugnen. Zu den klassischen infantilen Topoi kann beispielsweise die Forderung werden, mit diesem oder jenem Diktator zu »reden«. Dass es auch Feinde der Demokratie gibt, die ganz bewusst und mit größtem Vergnügen fremde Territorien annektieren, Oppositionelle vergiften oder in einem Konsulat ermorden lassen, kann in diesem kindlichen Weltbild nicht vorkommen. »Eigentlich«, so wird dann suggeriert, müssen es doch alle gut meinen. Mehr »Verständnis«, mehr »Dialog« wird den Konflikt aus der Welt räumen. Infantil kann es sein, die Welt so zu sehen, wie man sie sich wünscht, nicht wie sie ist. Von außen betrachtet ist so manche sicherheits- und verteidigungspolitische Debatte in Deutschland schlicht infantil gewesen. Nach Putins Angriff auf die Ukraine im Februar 2022 ist diese Zeit kindlicher Unschuld endgültig vorbei.

Andere Formen der Infantilisierung sind wiederum den verschiedenen Demokratien gemeinsam und nicht im selben Maße von deutschen Besonderheiten abhängig. Sie hängen eng mit dem Thema Konsumkapitalismus und Ökonomisierung zusammen. Kinder zeichnen sich vor allem durch eine geringere Frustrationstoleranz aus. Sie wollen ein Eis – und zwar nicht Ende der Woche oder im kommenden Frühling, sondern *jetzt*. Man nennt das *instant gratification*, die sofortige Befriedigung. Eine Wirtschaft, die verspricht, ein beliebiges Produkt binnen weniger Stunden an die Haustür zu liefern, erzieht zu genau dieser regressiven Haltung. Für demokratische Politik ist es fatal, wenn Bedürfnisse sofort befriedigt werden sollen.

Infantilisierung kann auch darin bestehen, vor Zumutungen zurückzuschrecken. Die Reife eines Kindes lässt sich daran erkennen, dass beim Arzt der Satz »Jetzt tut es gleich ein bisschen weh« gesagt werden darf und von einem tapferen Kinderblick beantwortet wird. Eine unehrliche Form der Kommunikation ist es hingegen, einem Kind zu sagen, die Spritze werde »gar nicht« wehtun. Sie tut durchaus weh, aber das ist auch völlig normal und in Ordnung. Anzukündigen, man werde den Klimawandel abwenden, ohne auch nur den geringsten Abstrich bei »unserem Wohlstand« in Kauf nehmen zu müssen, ist nicht nur infantilisierend, sondern schlicht verantwortungslos. Es ist wie in der Arztpraxis: Wer lügt, dem glaubt man nicht.

Eine solche Form der infantilisierenden Ansprache kann sehr verschiedene Reaktionen provozieren. Manche mögen sich in der Rolle des unmündigen Kindes wohlfühlen. Sie werden bekannten Politikerinnen vertrauen, die ihnen versprechen »Sie kennen mich«. Und damit suggerieren, man müsse sich keine Gedanken machen. Viele Menschen freuen sich, dass sie die komplizierten Dinge nicht verstehen müssen. In einer extrem komplexen und beschleunigten Welt ist die Komplexitätsreduktion äußerst angenehm.

Andere aber werden sich in ihrer Intelligenz beleidigt fühlen. Wer das Gefühl hat, vom Gegenüber nicht ernst genommen zu werden, kann auch seinerseits das Gegenüber nicht mehr ernst nehmen. Und daher treibt auch die Infantilisierung die Entfremdung voran.

Ökonomisierung, Emotionalisierung und Infantilisierung der Inanspruchnahme – damit ist ein recht pessimistisches Bild gezeichnet. Man könnte einwenden, so schlimm stünden die Dinge ja noch nicht. Den raunenden Ton konservativer Kulturkritik gilt es in der Tat zu meiden. Zweifellos war früher nicht alles besser. Zudem scheint das Niveau der öffentlichen Debatte in Deutschland im internationalen Vergleich noch sehr gut. Noch haben sich diese Trends in Deutschland nicht vollends durchgesetzt. Aber es reicht ein Blick in andere Länder wie die USA, Brasilien oder Großbritannien, um zu sehen, welche Wirkung diese Trends entfalten können.

Die Kombination der Trends kann nämlich eine Art Syndrom hervorrufen, die aus meiner Sicht das gestörte Verhältnis zwischen Bürgerinnen und Bürgern einerseits und politischen Eliten andererseits verständlich macht. In allen drei Trends steckt eine Verengung des Kommunikationsprozesses: Wo bestellt und geliefert wird, wird nur instrumentell kommuniziert. Es werden Befehle gegeben und es wird Vollzug gemeldet. »Ihre Bestellung wurde ausgeliefert.« Wo emotionalisiert wird, müssen sich sachbezogene Argumentationen gegen die Übermacht emotional aufgeladener Meinungen behaupten. Und wo die Infantilisierung um sich greift, müssen die Bürgerinnen geschont oder erzogen werden. In Anspruch nehmen kann man sie aber nicht mehr, von Zumutungen wollen sie nichts hören.

Rollen spielen – und zugleich
ernst nehmen

Die demokratiegefährdenden Wirkungen der Paradigmen politischer Inanspruchnahme, die ich soeben rekonstruiert habe, ließen sich auch rollentheoretisch deuten: Die Form einer jeweiligen In-Anspruchnahme provoziert eine Reaktion, die einer bestimmten sozialen Rolle entspricht. Wer als Konsument angesprochen wird, wird als Konsument antworten; wo wir emotional angesprochen werden, werden wir unserem Bauchgefühl vertrauen; und wer uns wie Kinder behandelt, muss sich nicht wundern, wenn wir uns wie Kinder benehmen.

Obwohl mir aus verschiedenen Gründen das Paradigma der »Subjektivierung«, welches ich im folgenden Kapitel genauer vorstellen werde, fruchtbarer erscheint, will ich kurz die Perspektive einer Rollentheorie einnehmen. Die Gesellschaft insgesamt erweist sich aus dieser Sicht als eine Art Bühne, auf der wir verschiedene Rollen einnehmen. Wir sind Eltern, Arbeitnehmer, Nachbarn, Vereinsmitglieder, Ehepartner – und je nach Kontext verhalten wir uns anders, reagieren anders, halten andere Dinge für normal. Die im Eingangskapitel konstatierte Kommunikationsstörung zwischen »der Politik« und »den Bürgerinnen und Bürgern« könnte dann auch als Krise der Rollenfähigkeit gelesen werden.

Denn die beschriebene Fähigkeit, verschiedene Rollen in verschiedenen Kontexten zu spielen, setzt eine sehr subtile Kompetenz voraus. Oft begegnen wir den identischen Personen in verschiedenen Rollen. Selbst am Arbeitsplatz ist man im Büro Kollege und in der Mittagspause oder beim

Feierabendbier eher Freund oder Bekannter. Die Übergänge und Abgrenzungen muss man sehr genau verstehen.

Wo das nicht gelingt, haben wir es mit einer ersten typischen Art der kollabierenden Rollenverteilung zu tun, der sogenannten Rollendiffusion. Eine Rollendiffusion erfolgt dann, wenn soziale Rollen auf unzulässige Weise vermischt werden, also beispielsweise der Vorgesetzte zugleich Liebhaber ist, der Prüfling zugleich Kumpel, die Kanzlerin zugleich »Mutti«.

Ob und in welchem Maße solche Rollendiffusion empirisch messbar zunimmt, ist schwer zu sagen. Denn Rollen werden beständig neu ausgehandelt. Was in der Theater- und Filmwelt der 1970er Jahre völlig normal gewesen sein mag, wird heute strafrechtlich verfolgt. Hier werden endlich die Rollen sauber definiert. In manchen Bereichen der Gesellschaft erleben wir zweifellos eher einen Trend zur Rollendiffusion, während in anderen Bereichen einstmals überkommen geglaubte Rollenbilder zurückkehren, beispielsweise in hierarchischen Arbeitsbeziehungen.

Dass Rollendiffusion eine Gefahr für die Demokratie darstellt, ist leicht einsehbar. Am deutlichsten zeigt sich dies dort, wo Regierungschefs nicht mehr zwischen Amt und Person unterscheiden und sich beispielsweise an der Staatskasse bereichern. Aber selbst wo Ehepartner eines Außenministers private Interessen auf einer Dienstreise fördern, leuchtet aus guten Gründen unsere Alarmlampe. Guido Westerwelle wurde zurecht dafür kritisiert, das sein Ehemann auf Staatsbesuchen offenbar Akquise betrieb. Als »begleitender Ehegatte«, also händeschüttelnder Grüß-August, hätte er eine klar umrissene Rolle gehabt, die ins Skript gepasst hätte; als Geschäftsreisender nicht. Der Ehemann der

Bundeskanzlerin Angela Merkel, Joachim Sauer, hingegen verstand seine Rolle: Lächeln, Hände schütteln, und bloß keine originellen Thesen zum politischen Weltgeschehen äußern.

Aber unklare Rollenverteilungen sind auch am anderen Ende der Hierarchie ein Problem: Auch Bürgerinnen und Bürgern fehlt bisweilen das Wissen um die spezifische Rolle. Warum? Weil ihnen diese Rolle gar nicht ausreichend durch Mechanismen der Inanspruchnahme vermittelt wird. Rollen füllt man am besten dort trittsicher aus, wo ein institutionelles Korsett die möglichen (und unmöglichen) Schritte vordefiniert. Am deutlichsten wird dies wohl im Falle der britischen Königin. Sie fällt nicht aus der Rolle, weil sie es gar nicht kann. Das »Protokoll« führt sie wohlbehütet durch den Tag.

Aber die Rollendiffusion ist nur eine mögliche Problemlage. Interessanter und zugleich beunruhigender ist wohl eine grundlegende Skepsis – oder ist es schon Unkenntnis? – über den Mechanismus der Rolle. Es gibt auch ein fragwürdiges Streben nach Authentizität. Es äußerst sich in dem infantilen Wunsch, man solle keine Rolle spielen.

Die amerikanische Komödiantin Sarah Silverman ist für ihren bisweilen feingeistigen, bisweilen auch äußerst derben Humor bekannt. Rassismus, Sexismus Antisemitismus – alles wird von ihr durch den Fleischwolf eines harten Humors gedreht. Doch im Oktober 2021 machte sie plötzlich mit nachdenklichen Tönen auf sich aufmerksam. Als bekannt wurde, dass eine nicht-jüdische Schauspielerin die Rolle einer jüdischen Frau spielen sollte, monierte sie »Jewfacing«: »Hollywood hat eine lange Tradition, Juden von Nichtjuden spielen zu lassen. Das gilt nicht nur für Leute, die zufällig jüdisch sind, sondern auch für Leute, deren Jüdischsein sie ausmacht«.

Nun gibt es in der Tat eine rassistische Praxis des Black-Facing, bei dem sich weiße Personen rassistischer Klischees bedienten, um Afro-Amerikaner oder *People of Colour* zu spielen. Aber will man wirklich fordern, nur Juden dürften Juden spielen? Eine analoge Debatte wird über die Frage geführt, ob queere Charaktere nur von Personen aus der LGBTQ+-Community gespielt werden dürfen. Aber besteht nicht die ganze Idee der Schauspielerei darin, etwas oder jemanden zu spielen, der man eben nicht *wirklich* ist?

Der Anspruch auf Authentizität herangetragen ausgerechnet an den Beruf des Schauspielers, lässt sich leicht ad absurdum führen. Will man behaupten, nur noch Menschen aus North Dakota dürften Personen aus North Dakota spielen? Schon die Rollenbesetzung in Quentin Tarantino's *Inglorious basterds* erscheint vor diesem Hintergrund fragwürdig: Deutsche Nazis mussten hier von Deutschen gespielt werden. Nicht einmal in der Kunst scheint unsere Gesellschaft noch rollenfähig zu sein. Will man Dustin Hofmann ernstlich vorwerfen, in *Tootsie* die Rolle eines Transvestiten gespielt zu haben, ohne selbst Transvestit zu sein?

Die Rolle des Bürgers
und der Bürgerin

Der naive Wunsch nach Authentizität hat zweifellos mit dazu beigetragen, dass die Rolle des Bürgers (wie viele andere Rollen auch) erodiert ist. Die Demonstranten bei den PEGIDA-Aufmärschen oder den »Spaziergängen« der

Querdenker-Bewegung geben sich explizit nicht als Bürger. Sie wollen sich so zeigen, wie sich »eigentlich« sind, »ganz offen« und »unverstellt«, eben »authentisch«. Sie sagen »geradeheraus«, was sie denken. Man könnte diese Ablehnung einer sozialen Rolle auch als Kritik an der Zivilisation insgesamt deuten: Wer sich »natürlich« gibt, »verstellt« sich nicht.

Beim Sturm auf das Kapitol am 6. Januar 2021 konnte man sehen, welche Ausmaße diese unverstellte Ursprünglichkeit im schlimmsten Fall annehmen kann. Vergleicht man diese Form der politischen Beteiligung mit den Demonstrationen eines Martin Luther King, so erkennt man, dass die Rolle des Bürgers bedroht ist. Martin Luther King trug Anzug und Krawatte, redete zu seinen Zuhörern in »hohem Ton«, wählte seine Worte mit Bedacht, begrüßte höflich, verabschiedete sich förmlich. Immer wieder sehen wir ihn, sich die Krawatte zurechtrücken. Er ist ein Staatsbürger, der auf seine durch die Verfassung gegebenen Rechte pocht. Und ja: Natürlich spielt er auch eine soziale Rolle.

Beim Sturm des Kapitols hingegen hörten wir Gebrüll, sahen wir Büffelhörner und Baseball-Mützen, erblickten aber vor allem: keine Bürger. Wir sahen Menschen, die erkennbar nicht in der Lage waren, soziale Situationen zu lesen und ihr Verhalten den Rollenerwartungen anzupassen. Extremfälle könnte man einwenden – aber sie waren paradigmatisch für eine Gesellschaft der Rollendiffusion.

Diese Rollendiffusion ist – das sollte die Analyse von Ökonomisierung, Emotionalisierung und Infantilisierung zeigen – ein allgemeines Problem, kein Problem von Links oder Rechts. Populistische Punkte zu sammeln, indem man »aus der Rolle« fällt, diese Strategie finden wir quer durch das politische Spektrum. Die Dekonstruktion von Rollenerwartungen ist seit jeher ein Mittel des Humors, das auch in der Politik eingesetzt wird. Schon in Shakespeares Theater gab es dieses kurze Sprechen zur Seite, der begleitende Kommentar für das Publikum. In geringer Dosis hat dieses Stilmittel seinen Reiz. Seine Überdosierung hat aber dazu geführt, dass wir heute Gefahr laufen, die Rolle des Bürgers und der Bürgerin gar nicht mehr zu kennen. Viele verstehen gar nicht mehr, wenn sie in der Rolle der Bürgerin oder des Bürgers angesprochen werden. Und es wird ihnen auch immer seltener zuteil.

Zu den Zumutungen der Demokratie gehört es aus dieser Perspektive auch, den individuellen Anspruch auf Authentizität und Identität zu relativieren. Die Demokratie zwingt uns die Rolle als Bürgerin und Bürger auf – und pulverisiert damit zumindest zeitweise alle anderen Rollen, Inszenierungen und Identitäten, an die wir uns klammern. Sie mutet uns eine besondere Art Abstraktion zu.

5

Eine Demokratie,
die in Anspruch nimmt

Im Herbst 2021 sorgt in Berlin ein hochschulpolitischer Vorgang für Furore. Der »Referent_innenrat«, wie an der Humboldt-Universität die Studierendenvertretung AStA genannt wird, hat eine Stelle für die »Antidiskriminierungsberatung« des studentischen Sozialberatungssystems ausgeschrieben. Die gesuchte Person soll Studierenden zur Seite stehen, die sich diskriminiert fühlen. In der Ausschreibung heißt es, die beratende Person solle »einen Raum« schaffen, »in dem sich Betroffene von rassistischer Diskriminierung wohlfühlen und ihre Erfahrungen teilen können«. Das gelänge am besten, »wenn der_die Berater_in Schwarz oder als *People of Color* positioniert« sei: »Wir bitten daher weiße Menschen, von einer Bewerbung für diese Beratungsstelle abzusehen.«

Prompt standen die Berliner Boulevardmedien Kopf. »Die Studentenvertretung AStA an der Humboldt-Universität dreht durch! Der AStA will Diskriminierung jetzt bekämpfen, indem er selber Menschen diskriminiert«, so die lokale »B. Z.«. Und der CDU-Fraktionschef im Berliner Abgeordnetenhaus, Burkard Dregger, schlussfolgerte: »Solche Vorgänge geben einen Vorgeschmack auf zukünftige rot-rot-grüne Projekte in der Hauptstadt.«

Haben wir Identitäten
oder Erfahrungen?

Schon zu viel Tinte ist geflossen über das Thema »Identitätspolitik«, so könnte man seufzend einwenden. Aus gutem Grund will man nicht noch mal jene Stücke auf der Bühne sehen, deren Figuren meist klischeehaft sind, überzeichnet. Linke *Wokeria* auf der einen Seite, rechts nur alte weiße Männer, die ihre Privilegien gefährdet sehen. Gerade wenn Debatten in vorgezeichneten Bahnen verlaufen, wenn reflexhaft reagiert wird und alle Argumente bekannt scheinen, ist die politische Theorie gefordert. Könnte es sein, dass die Demokratie uns auch identitätspolitisch einiges zumutet? Aber was genau?

Herkunft als Argument – diese Gedankenfigur stößt aus gutem Grund auf Skepsis. Dass wir uns gegenseitig danach bewerten, was wir *tun*, nicht wer wir »wesensmäßig« *sind*, wo wir *hingehen*, nicht wo wir *herkommen*, ist eine große Errungenschaft der Moderne. Die eigene Herkunft als Quelle von Anspruchsrechten geltend zu machen – diese Figur findet man wohl noch in wenigen Residuen der Feudalgesellschaft, im Adel und Geldadel, beim leistungslosen Einkommen von Vermietern und jenen Erben, die »das Geld« – also andere – für sich arbeiten lassen. Wie ein vormoderner Überhang ragen diese Strukturen ererbter Anrechte in die Gegenwart.

Auch die Vorstellung, Parlamentssitze könnten nach Geschlecht, Ethnie oder Religionszugehörigkeit vergeben werden, erscheint unter den modernen Vorzeichen einer Individualisierung und Leistungsorientierung fremd. Eine solche, nach dem feudalen Ständewesen organisierte politische

Repräsentation findet man heute noch in der Islamischen Republik Iran, dessen Parlament den Christen, Zoroastriern und Juden Parlamentssitze vorhält: Alle anerkannten Religionen sollen vertreten sein.

Diese Praxis mag als Kuriosum interessant sein, aber unser Erstaunen zeigt auch, dass uns eine politische Topologie, die Personen als Vertreter von Gruppen oder Religionen behandelt und ihnen einen Ort zuweist, so fremd ist wie die Theokratie, die im »Gottesstaat« Iran herrscht. Was dort zunächst wie ein Privileg aussieht, ist zugleich eine Machtdemonstration, denn man sagt den Minderheiten damit auch: Bleibt, wo ihr hingehört!

Die Geschichte der Demokratisierung ist im Kontrast hierzu als eine Abfolge von Abstraktionsprozessen lesbar. Wenn wir als Träger von subjektiven Rechten adressiert werden, darf sich der Staat gerade nicht dafür interessieren, wer wir im Einzelnen sind. In Frankreich wird die Religionszugehörigkeit nicht staatlich erfasst. Dass wir diese in Deutschland überhaupt angeben können, ist wiederum aus französischer Sicht kurios. Doch auch wir bekommen unsere Wahlbenachrichtigung *wie alle anderen auch*, nicht als Christen, Juden oder Zoroastrier. Selbst der Bundespräsident hat eine Nummer in seinem Pass. Gerade in dieser Abstraktion besteht eine zentrale Zumutung der Demokratie: Jede und jeder wird unter das Joch der algebraischen Abstraktion gespannt. Pierre Rosanvallon hat diese Metrisierung historisch untersucht: Die Demokratie macht uns alle zu einer kleinen Nummer.

In modernen Gesellschaften wird man folglich einerseits ent-individualisiert, aus sozialen Kontexten herausgelöst – und erhält paradoxerweise dadurch den Freiraum, sich nach eigenem Gutdünken wieder zu individualisieren. Darin könnte man genau die Ambivalenz der Zumutung sehen: Die ent-individualisierende Abstraktion eröffnet zugleich den Freiraum für Individualisierung. Die Schule beispielsweise löst uns (zu einem gewissen Grad) aus unseren ethischen Gemeinschaften. Wer aus einem religiösen Haushalt stammt, muss sich dort Feuerbachs, Marx', Nietzsches, Freuds Argumente anhören.

Der Staat sagt damit zugleich: Wir trauen Dir zu, mit dieser Irritation produktiv umzugehen! Und wir können Dir keine staatliche Ansprache bieten, die auf Deine ganz spezifische Individualität eingeht. Du wirst als Bürgerin und Bürger angesprochen, nicht als religiös familiär oder kulturell gebundener Mensch. Wir ignorieren Deine Identität, und geben Dir dadurch die Freiheit, diese Identität frei(er) zu gestalten.

Erfahrungen statt Identität

Aber auch wenn *Herkunft als Argument* problematisch erscheint, so gilt dies nicht für die Denkfigur der Form *Erfahrung als Argument*. Evidentermaßen gibt es Erfahrungen, die Sprecherinnen und Sprecher mit besonderer Glaubwürdigkeit ausstatten. In diesem Fall ist es denn eben nicht egal, wer ein Argument formuliert, ob man die Lage in Afghanistan auf der Basis von Zeitungslektüre oder durch längere Aufenthalte vor Ort, Gespräche oder ausführliche Forschungen einschätzt.

Dabei geht es nicht nur um kognitive, sondern auch um emotionale Erfahrungen. Wer Diskriminierung und Exklusion am eigenen Leib erfahren hat (und es ist letztlich immer eine »einschneidende« leibliche Erfahrung), wird das Spektrum der Argumente durch seine Berichte erweitern. Demokratie besteht in diesem Sinne immer auch darin, bisher ungehörte Stimmen zu Gehör zu bringen.

Dass diese Erfahrungen eine »Identität« ausmachen können, lässt sich formal erst einmal als eine Art Sedimentierung, Verdichtung, Habitualisierung von Erlebtem verstehen. Wer jahrelang Tennis spielt, ist irgendwann »ein Tennisspieler«. Manche Erfahrungen sind dann nicht mehr akzidentiell, sondern habituell und somit konstitutiv, weil sie Personen bestimmen. In diesem Sinne trifft der Satz zu: Roger Federer *ist* Tennisspieler.

In der Identitätspolitik geht es jedoch um weniger harmlose »Identitäten«, nämlich um zugeschriebene Rollen. Identitäten sind eben nicht Kleider, die wir uns nach Belieben anlegen und abstreifen können: Wir kriegen sie auch umgehängt, mit mehr oder weniger starkem Nachdruck. Genau dies thematisiert und problematisiert eine nicht-identitäre »Identitätspolitik«, die Rollenmuster und Stereotype hinterfragt. Wer es unangenehm findet, als »alter weißer Mann« adressiert zu werden, hat damit zumindest den Hauch eines Vorgeschmacks darauf, was es heißen könnte, mit den N-Wort angesprochen zu werden. Eine Reflexion über »Identitäten« bedeutet dann zunächst, dass der Satz »Den Schuh zieh' ich mir nicht an!« bereitsteht, um Identifizierungen abwehren oder zumindest hinterfragen zu können.

Neben dieser Problematisierung von Identitäten gibt es aber auch das affirmative Aufgreifen von Zuschreibungen. Paradigmatisch steht dafür der Bedeutungswandel des Wortes »schwul«, vom Schimpfwort zum stolz getragenen – *und das ist auch gut so!* – Adjektiv. Hannah Arendt schrieb einmal: »Wenn man als Jude angegriffen wird, muss man sich als Jude verteidigen«. Aus einer defensiven Lage heraus wird dann die soziale Identifizierung als Identität reklamiert, affirmiert, ja sogar eingeklagt. Ein Begriff wie »Afro-Deutsch« enthält diese seltsame Doppelung aus sprachlicher Exklusion (gibt es denn auch Euro-Deutsche?) und stolzer Selbstbehauptung. Das mutet von außen womöglich seltsam an, weil fragwürdige Unterscheidungen affirmiert werden, ganz so als gäbe es Rassen oder »Afro-Deutsche« tatsächlich, jenseits sozialer Zuschreibung. Die Denkbewegung lässt sich aber auch als rhetorische Aikido-Technik verstehen, als Umlenkung der Energie von Aggressoren.

Damit kehrt der Begriff der Identität über einen Umweg zurück, und Menschen sprechen von »meiner Identität als …«, nicht selten, um sich mit dieser Identität Gehör zu verschaffen. Sprechakten eine besondere Autorität durch die Charakterisierung des Sprechers zuzuweisen, ist uns tendenziell fremd geworden. Herausragende Sprecherpositionen kennen wir aus der Religion (»Ich aber sage Euch …«) oder der mittelalterlichen Philosophie (*philosophus dixit*), aber in einer demokratischen Öffentlichkeit sollten Argumente, nicht Identitäten zählen. Selbst öffentliche Intellektuelle, deren »Wort etwas zählt«, gibt es heute eigentlich nicht mehr.

Entsprechend stehen Identitätsbehauptungen im Kontrast mit einer Denkbewegung, die mit der genetischen Phänomenologie Husserls, der Kritischen Theorie und dem Poststrukturalismus ihren Ausgangspunkt gerade in der Kritik an Essentialisierungen nahm. Von Jean Luc Nancy stammt die schöne Formel: »Niemals Identität, immer

Identifizierungen.« Differenz, nicht Identität war der philosophische Zentralbegriff der vergangenen 60 Jahre. Jede Identität ist hier erst einmal eine zweifelhafte Behauptung. Und selbst die analytische Philosophie hat längst einen Weg eingeschlagen, der mit einer buddhistischen Skepsis gegenüber personaler Identität konvergiert. Einer der berühmtesten Aufsätze des als Genie gehandelten Derek Parfit trägt den Titel »The unimportance of identity«. Schon der Titel klingt heute, als wolle hier jemand provozieren.

Anders als der Begriff der Identität umschifft der Begriff der Erfahrung eine gewisse Tendenz zur Verhärtung. Erfahrungen gibt es immer im Plural; sie können gruppenspezifisch sein, aber auch individuell, vielschichtig, widersprüchlich. Vor allem aber sind Erfahrungen immer interpretationsbedürftig. Eine Identität »hat« man, aus Erfahrungen aber muss man etwas machen. Mehr Diversität in Arbeitszusammenhänge zu bringen wäre dann ein Ziel, dass man nicht zum Zweck einer neo-feudal gedachten, ständemäßigen Repräsentation von Gruppen betreibt, sondern weil man an den Erfahrungen verschiedener Menschen interessiert ist. Mehr Diversität wollen wir im Parlament, nicht um die Bevölkerung verzerrungsfrei abzubilden und in einen blank geputzten Spiegel zu blicken, sondern weil wir davon ausgehen, dass Menschen mit verschiedenen Erfahrungen mehr voneinander lernen, mehr kreative Ideen entwickeln und mehr Aspekte berücksichtigen können. Identitätspolitische Forderungen nach »gerechter Repräsentation« würden damit den Beigeschmack einer vormodernen Ständeordnung verlieren. Es geht nicht um Anrechte, um *entitlement*, um ein »Das steht mir aufgrund meines Geschlechts, meiner Herkunft, meiner Religion, meiner sexuellen Orientierung zu!«.

Demokratische Anrechte gibt es nur ent-individualisert: Als Mensch, als Bürgerin und Bürger, als Menschen- und Bürgerrechte. Von der »Identität« der einzelnen Bürger und Bürgerinnen sollte der Staat abstrahieren, aber ihre spezifischen Erfahrungen können ihn – beispielsweise bei der Rekrutierung für den öffentlichen Dienst – durchaus interessieren.

Den Begriff der Identität durch den Begriff der Erfahrung zu ersetzen hätte zudem den Charme, das Ineinander von ererbten und erarbeiteten Positionen leichter thematisierbar zu machen. Identitäten wie »weiß« oder »mit Migrationshintergrund« scheinen gegeben, sie wirken schicksalhaft, im negativen wie im positiven Sinne, als ererbter Fluch oder ebenso ererbtes Privileg. Auch diese Bewertungskontexte können sich aber verändern. Der Begriff »Migrationsdefizit« thematisiert beispielsweise den Umstand, dass ein »Migrationshintergrund« auch ein Privileg sein kann, inklusive Mehrsprachigkeit, einem Hauch Exotik und doppelter Staatsbürgerschaft.

Erfahrungen ist man also ebenfalls ausgesetzt, man ist ihnen unterworfen, aber man kann sie auch suchen, ja sie sich unter Umständen verdienen. Vor allem aber kann man Erfahrungen – anders als Identität – auch teilen, ohne dass sie weniger werden. Erfahrungen schieben sich nicht trennend und polarisierend zwischen uns wie »Identitäten«, sondern können durch Thematisierung auch dazu beitragen, unseren jeweiligen Horizont zu erweitern. Eine junge afro-deutsche Frau in einer Großstadt und ein schlecht qualifizierter heterosexueller weißer Paketbote oder Rentner in der Provinz mögen sehr verschiedene »Identitäten« haben, teilen aber womöglich die Erfahrung einer verweigerten Anerkennung, einer sozialen Missachtung, einer symbolischen wie ökonomischen Exklusion. Diese Einsicht muss den Blick auf Unterschiede in der strukturellen Diskriminierung nicht verstellen, sie eröffnet aber mehr Kommunikationsangebote als ein Beharren auf Identität.

Eine Demokratie, die sich auch als Zumutung versteht, meidet folglich das Sprechen in Identitäten, interessiert sich aber durchaus für Erfahrungen. Auch dort, wo wir im demokratischen Raum von unseren ganz individuellen Erfahrungen sprechen, mutet uns die Demokratie zu, diese als *allgemein* relevant darzustellen, als über-individuell bedeutsam. Selbst wenn wir Verletzbarkeit und Verletzungen zur Sprache bringen, mutet der demokratische Raum der und dem Einzelnen zu, die eigenen Erfahrungen zu hinterfragen, sie durch verständliche Artikulation zu teilen, sie nicht absolut zu setzen, sie nicht als Schlusspunkt einer Debatte zu benutzen, sondern als Ausgangspunkt.

Die maximale Zumutung

Noch einmal der 24. Februar 2022. Der Präsident der Ukraine Wolodymyr Selenskyj spricht im Fernsehen. Sein Land wird angegriffen. Er wendet sich an die Bürgerinnen und Bürger, nicht nur an diejenigen seines eigenen Landes, sondern an die Bürgerinnen und Bürger der Russischen Föderation:

> »Ich wende mich heute nicht als Präsident an Sie, sondern als Bürger der Ukraine.«

Die Versuche, Wladimir Putin zu erreichen seien gescheitert. Und dann fährt er fort:

>Wir wissen ganz genau, dass wir diesen Krieg nicht brauchen. Keinen Kalten Krieg, keinen Heißen Krieg. Keinen hybriden Krieg. Aber wenn wir von feindlichen Truppen angegriffen werden, wenn man versucht, uns unser Land zu nehmen, unsere Freiheit, unser Leben, das Leben unserer Kinder, dann werden wir uns verteidigen. Nicht angreifen, aber uns verteidigen. Wenn ihr uns angreift, werdet ihr unsere Gesichter sehen, nicht unsere Rücken, sondern unsere Gesichter.«

In den folgenden Tagen wird Selenskyj zu einer Art Ikone der freien Welt. Niemand bezweifelt, dass Putin ihn töten lassen will. Aber immer wieder gelingt es ihm, die Kampfmoral der Ukrainerinnen und Ukrainer durch seine Auftritte zu retten.

Man kann Selenskyjs Rede nicht hören, ohne eine andere Stimme im Ohr zu haben. Jeder kennt die Formel *Blood, sweat and tears.* Und die allermeisten werden sich auch erinnern, wie sie berühmt geworden ist: durch Winston Churchills legendäre kurze Ansprache im Unterhaus am 13. Mai 1940. Hier fällt der berühmte Satz: »I have nothing to offer but blood, toil, tears and sweat.« Aber es lohnt sich, nachzulesen, wie die Rede weitergeht:

>Uns steht eine Prüfung von allerschwerster Art bevor. Wir haben viele. viele lange Monate des Kämpfens und Leidens vor uns. Sie werden fragen: Was ist unsere Politik? Ich erwidere: Unsere Politik ist es, Krieg zu führen,

zu Wasser, zu Lande und in der Luft, mit all unserer
Macht und mit aller Kraft, die Gott uns verleihen kann;
Krieg zu führen gegen eine ungeheuerliche Tyrannei, die
in dem finsteren, trübseligen Katalog des Verbrechens
unübertroffen bleibt. Das ist unsere Politik. Sie fragen:
Was ist unser Ziel? Ich kann es in einem Wort sagen:
Sieg – Sieg um jeden Preis, Sieg trotz allem Schrecken,
Sieg, wie lang und beschwerlich der Weg dahin auch
sein mag; denn ohne Sieg gibt es kein Weiterleben.«[1]

Großbritannien steht zu diesem Zeitpunkt mit dem Rücken
zur Wand. Drei Tage zuvor, am 10. Mai 1940, hat Hitler den
»Fall Gelb« ausgerufen. Unter diesem Codenamen waren
Pläne für einen Angriff auf Frankreich ausgearbeitet worden.
Mit 136 Divisionen fallen die Deutschen über die neutralen
Länder Niederlande, Belgien und Luxemburg her. Dass die
deutschen Soldaten mit Pervitin, der »Panzerschokolade«,
vollgepumpt sind, wissen die Verteidiger damals noch
nicht. Die Amphetamine unterdrücken die Müdigkeit, und
die Deutschen kämpfen einfach drei Tage durch, ohne Un-
terlass und Pause. Hitlers »Blitzkrieg« scheint unaufhaltbar,
der Kontinent verloren. Das *British Empire* hingegen wirkt
overstretched, überdehnt und überfordert. Churchills Rede
wird auf einem Staatsschiff gehalten, das mitten im Sturm
steht. Und dieser Sturm hat, wie Churchill klar voraussieht,
gerade erst begonnen.

Churchills Formel hat sich in das kollektive Gedächtnis
der westlichen Demokratien eingebrannt. Blut bedeutet
Verletzung und Tod, Schweiß bezeichnet die Arbeit und
Schinderei und mit den Tränen kündigt der Premierminister
an, dass man Angehörige und Freunde verlieren wird. Die

Formel stellt so etwas wie einen Grenzbegriff einer demokratischen Ansprache dar: Eine extremere Form eines demokratischen Aufrufs zur Opferbereitschaft kann man sich nicht vorstellen. Angekündigt wird ein Krieg auf allen Ebenen, »by sea, land and air«, die maximale Zumutung.

Heute blicken wir kritischer auf Churchill, auf die Vorgeschichte des Helden, dem es gelang, Hitler zu besiegen. Natürlich war Churchill mit dem britischen Kolonialismus verbunden, selbst Teil eines imperialen Projekts. Und natürlich war Churchill auch ein gnadenloser Kriegsherr, der beispielsweise den Tod von französischen Matrosen in Kauf nahm, als er die französische Mittelmeerflotte unter Beschuss nehmen ließ, um zu verhindern, dass die den Deutschen in die Hände fiel. Kann man die Ambivalenz aushalten, dass Churchill alles andere als ein Engel war – und eben doch ein Held?

Und nicht nur das. Churchill gehört wohl zu den wenigen herausragenden Politikern, die auch mit dem Nobel-Preis für Literatur geehrt wurden. Er war aber nicht nur mit dem Stift in der Hand ein Meister der Sprache. Er war auch ein geübter, ja begnadeter Rhetoriker. Legendär sind nicht nur seine sarkastischen Scherze, die schon bald gesammelt wurden. Über den Premierminister der Labour Party Clement Attlee sagte er, dieser sei ein bescheidener Mann – und habe auch allen Grund dazu. Aber neben diesen Bonmots sind es vor allem seine rhetorischen Formeln, die bis heute geblieben sind. »Now this is not the end. It is not even the beginning of the end. But it is, perhaps, the end of the beginning.« Auch diese Formulierung kennt man. Vielleicht braucht man auch kommunikative, sprachliche, rhetorische Fähigkeiten, um Bürgerinnen und Bürger in Anspruch nehmen zu können.

Heute scheint es uns fast undenkbar, dass eine demokratische Regierung den eigenen Wählerinnen und Wählern *blood, sweat and tears* abverlangen könnte. »Unzumutbar« ist wohl ein Wort, das hier in den Sinn kommen würde. In diesem Wort steckt mehr, als es auf den ersten Blick scheint. Denn es suggeriert, dass Demokratie uns eben gerade möglichst wenig zumuten soll und darf.

Churchills Heroismus ist wohl auch deshalb glaubwürdig, weil er nicht selbst gewählt war. Großbritannien wollte keinen Zweiten Weltkrieg. Derartig dunkle Stunden zu vermeiden, ist ein legitimes Ziel von Demokratien, der Weg der Deeskalation daher immer die präferierte Option, die Verrechtlichung internationaler Beziehungen das Mittel der Wahl. Churchills Rede vom 13. Mai 1940 wirkte vor diesem Hintergrund lange wie ein Nachhall aus fernen Zeiten, weil die Strategie der Eskalationsvermeidung erfolgreich schien. Die Demokratien der Gegenwart trennte eine ganze Epoche vom Mai 1940.

Bis zum Krieg in der Ukraine. Die Atemlosigkeit, mit der aus Westen auf die Helden in Kiew geblickt wurde, erklärt sich wohl auch aus dem Erstaunen darüber, dass hier Menschen zu sehen waren, denen es wirklich um etwas ging. Und solche Heldinnen und Helden gab und gibt es auch in Russland. Die Stimme gegen den Krieg zu erheben, war von Anfang gefährlich. Und dennoch haben viel Russinnen und Russen den Mut dazu gefunden.

Aber was ist in den anderen »westlichen« Gesellschaften noch zumutbar? Sind eine ernsthafte Klimapolitik, eine Besteuerung von extrem großen Vermögen, ein Umbau der Wirtschaft zumutbar?

Die Corona-Krise hat gezeigt, dass sehr wohl Einiges zumutbar ist: Ausgangsbeschränkungen, Kontaktverbote, Schulschließungen wurden weithin klaglos hingenommen. Einzig eine Impfpflicht wurde in Deutschland sofort ausgeschlossen und als »unzumutbar« bezeichnet.

Der Körper als absolute Grenze

Die Skepsis gegenüber einer allgemeinen Impflicht ist ideengeschichtlich und verfassungsrechtlich gut erklärbar. Die Vorstellung, dass der Körper so etwas wie eine absolute Grenze darstellt, hat eine lange Tradition. Der Übergang von der feudalen Ordnung hin zur modernen Demokratie ist wesentlich auch durch das Ende der Leibeigenschaft geprägt: Dass unser Leib einem anderen gehören könnte, diesem zur Verfügung stehen könnte, ist für uns nur noch als absoluter Skandal denkbar.

In der Geschichte der politischen Ideen spricht vor diesem Hintergrund auch von der Idee des »self-ownership« oder »Selbsteigentums«: Der Mensch besitzt zunächst einmal sich selbst. Das Ende – oder zumindest die Einschränkung – von Körperstrafen bildet diese »Sakralität der Person« ab.[2] Der menschliche Körper wird, so die These des Soziologen Hans Joas, im Prozess der Modernisierung immer stärker »geheiligt«, er wird »unantastbar«. Die Tatsache, dass die Todesstrafe in vielen Demokratien abgeschafft wurde, wäre hierfür ein Indiz. Noch deutlicher aber wird es, wenn wir Körperstrafen betrachten. Die Folter von Gefangenen erscheint uns als »Sakrileg«. Auch die sogenannte »weiße Folter«, bei der die Gefangenen mit Schlafentzug oder Beschallung gequält werden, erscheint uns als völlig inakzeptabel und inkompatibel mit demokratischen Grundwerten. Dass in Ländern wie Saudi-Arabien immer noch Gliedmaßen amputiert werden, ist nicht zuletzt deshalb vormodern, barbarisch und pervers, weil damit ein menschlicher Leib wie ein Gegenstand behandelt wird.

Im deutschen Grundgesetz wird diese elementare Überzeugung als Grundrecht festgehalten. Dort heißt es: »Jeder hat das Recht auf Leben und körperliche Unversehrtheit.« Doch schon der folgende Satz macht deutlich, dass auch diese »Unversehrtheit« gegen andere Grundgüter abgewogen werden kann: »Die Freiheit der Person ist unverletzlich. In diese Rechte darf nur auf Grund eines Gesetzes eingegriffen werden.« Das Strafrecht darf den »Freiheitsentzug« in Form einer Haftstrafe vorsehen. Auch unser Körper gehört uns nicht in dem Sinne, dass wir mit ihm willkürlich verfahren könnten.

Dies wird noch deutlicher durch andere Regelungen des Strafrechts. So darf man beispielsweise seine Organe nicht verkaufen. Wir haben ein Recht auf die »Unversehrtheit«, aber dies bedeutet eben nicht, dass unser Körper eine reine Verfügungsmasse wäre. Weder dürfen wir unsere Niere verkaufen, noch dürfen wir uns mutwillig verstümmeln. In diesem Sinne »besitzen« wir als Bürgerinnen und Bürger einer Demokratie den eigenen Körper nur sehr eingeschränkt. Der Slogan »My body, my choice!« wirkt doch etwas unterkomplex. Selbst eine Impfung, die für bestimmte Aktivitäten oder an bestimmten Arbeitsplätzen vorausgesetzt wird, widerspricht nicht dem Grundrecht der Unversehrtheit. Die Haut unseres Körpers bildet keine absolute Grenze, die uns von der Gesellschaft trennt. Unsere Körper sind verbunden: Was der eine ausatmet, atmet der andere ein. Die Gesellschaft hat dadurch immer schon Zugriff auf unsere Körper bis in die letzte Zelle.

Fraglich ist nur, ob der Staat diesen Zugriff systematisieren und mit Zwangsgewalt durchsetzen kann. Die Formung, Zurichtung, Gestaltung der Körper im Totalitarismus steht uns als abschreckendes Beispiel vor Augen. Unstrittig ist folglich, dass ein demokratischer Rechtsstaat sehr gute Gründe angeben muss, wenn er auf Körper zugreift. Notwehr ist ein solcher möglicher Grund, der es erlaubt, die quasi heilige Grenze der Haut zu durchdringen. Der »finale Rettungsschuss« wäre aber wohl eine etwas schräge Analogie, um eine Impfpflicht zu legitimieren.

Und doch gefährden ja auch Ungeimpfte ihre Mitmenschen. Wenn sie sich infizieren, ist ihre Virenlast deutlich höher als bei Geimpften. Zudem erhöht die Anzahl von Virusträgern ganz allgemein die Gefahr von Mutationen. Sind freiwillig Ungeimpfte also einfach *Free-Rider*, Menschen, die die Solidarität der Gesellschaft auf Intensivstationen in Anspruch nehmen, aber wie Schwarzfahrer zugleich diese Solidarität verweigern? Zumindest scheint es unplausibel, aus dem Recht auf körperliche Unversehrtheit so etwas wie eine grundsätzliche Unantastbarkeit des Körpers abzuleiten.

Natürlich kann man eine Impfpflicht nicht mit Zwangsgewalt durchsetzen. Niemand wird ernsthaft vorschlagen, Menschen gegen ihre Zustimmung eine Nadel in den Arm zu rammen. Zentral wären in jedem Fall eine angemessene Ansprache, kohärente Signale, eine Erzählung, die aus einer Lagebeschreibung, einem Ziel und einem plausiblen Weg besteht. Eine bloße Impfpflicht wäre nur ein Element unter mehreren.

Von Churchill zur Gegenwart

An dieser Stelle ist es angebracht, genauer zu erläutern, inwiefern sich das Nachdenken über die Zumutungen der
Demokratie, über den *Anspruch* der Demokratie, von einer
Theorie der Pflicht unterscheidet. Dass Rechte mit Pflichten
einhergehen, wird immer wieder betont. Helmut Schmidt
setzte sich medienwirksam für die »Allgemeine Erklärung
der Menschenpflichten« ein. Zusammen mit anderen Autoren plädierte er für eine globale Wiederentdeckung der
Pflicht. Die Erklärung allgemeiner Menschenrechte be-
dürfte der Ergänzung durch allgemeine Menschenpflichten,
so Helmut Schmidt damals.

Der Appell an das Pflichtgefühl, die »Rhetorik der Pflicht«,
ist nichts Neues. Aber meist bleibt dabei unterbelichtet, was
Pflichten genau sind – und wie sie sich von anderen Formen
der Koordination sozialen Verhaltens unterscheiden. Systematisch unterscheidet man in der Regel zwischen Rechtspflichten und moralischen Pflichten. Daneben mag es noch
die viel weniger verbindlichen Regeln des Taktgefühls, der
Höflichkeit oder des Wohlwollens und der Hilfsbereitschaft
geben. Im Gegensatz zu dieser Kür sind Pflichten jedoch
nicht individuell auslegbar: Sie haben jeweils Gesetzes-
form.

Dies gilt zum einen für die Rechtspflichten. Sie müssen
irgendwo nachlesbar sein, im Steuerrecht, im Strafrecht, wo
auch immer. Und auch die moralische Pflicht hat nach Immanuel Kant die Form eines allgemeinen Gesetzes: Andere
Menschen nicht zu bloßen Mitteln für die eigenen Zwecke
zu instrumentalisieren, die Menschenwürde der anderen zu
respektieren – das sind zunächst einmal abstrakte Gesetze.

Im Gegensatz zur Abstraktion und Gesetzesförmigkeit der Pflicht haben die Zumutungen und die Formen der In-Anspruchnahme jedoch eine äußere, eine ästhetische Dimension: Zumutungen werden von Personen oder durch Personifizierungen ausgesprochen; in Anspruch nimmt uns ein Gesicht, eine Stimme.

Diese sichtbare, hörbare, erfahrbare Dimension einer demokratischen Form von Zumutung wieder zu thematisieren bedarf einer gewissen archäologischen Arbeit. Dass Politik und Ästhetik zusammenhängen, ist für die Antike eine Trivialität. Eine moderne Form der ästhetischen Verkörperung von Demokratie scheint hingegen schwierig. Die Ästhetisierung des Politischen verbinden wir schnell mit dem Feudalismus oder antidemokratischen Bewegungen, mit dem Nationalsozialismus oder Stalinismus, in schwächerer Form mit dem Populismus. Unter demokratischen Vorzeichen scheint es viel schwieriger, Politik anschaulich zu machen. Das geplante Einheitsdenkmal in Berlin bleibt umstritten; am ehesten noch gelingt es der Glaskuppel auf dem Reichstagsgebäude, den deutschen Parlamentarismus zu verkörpern. Aber ist dieses Gebäude wirklich »ansprechend«? Wie kann Demokratie angemessen verkörpert werden?

Republik von Venedig: Arsenale

Es gibt einen beinahe mythisch gewordenen Ort, an dem sich, geschützt in einer Lagune, wichtige antike Traditionen der Verkörperung von Politik erhalten konnten: Venedig. Als die Langobarden Norditalien eroberten und endgültig das römische Imperium im Westen zerschlugen – Ostrom existierte bekanntlich bis zum Fall Konstantinopels 1453 weiter –, wurde das antike Wissen über den Galeerenbau in einer kleinen Enklave im Nordosten der italienischen Halbinsel bewahrt. Die Gründung der Republik Venedig wird in der Regel auf 697 datiert; eindeutiger als ihre Gründung ist ihr offizielles Ende: Erst 1797 dankte der letzte Doge ab, und die Republik unterwarf sich Napoleon.

Heute muss man die politiktheoretisch relevanten Praktiken der Republik Venedig unter einem Schutt mythisierender Bilder herausgraben. Kaum eine Stadt dürfte wohl so stark zur Projektionsfläche literarischer Phantasien geworden sein wie die auf in den Sand gerammten Holzpfählen gebaute Lagunenstadt. Betrachtet man Venedig nicht als Metapher für Europa, nicht als morbides Sinnbild für Untergang oder als utopischen Ort maskierter Lüsternheit, sondern als machtpolitisches Phänomen, so fallen gleich mehrere Mechanismen der Inanspruchnahme ins Auge.

Der politiktheoretisch wichtigste Ort in Venedig ist nicht der Markusplatz, sondern das *arsenale*. Denn hier, auf dem abgeschirmten Militärhafen, auf dem über Jahrhunderte größten Werftgelände Europas, lag die eigentliche Macht Venedigs begründet. Im »Arsenal« wurden geradezu fordistisch Galeeren gebaut, Schiffe ausgerüstet, neue Waffen entwickelt und militärisches Personal ausgebildet. Dass dieser Ort einen beinahe mythischen Ruf erwarb, ist kein Zufall. Man muss sich das Gelände wohl als Laboratorium für Bastler, Künstler, Planer und Ingenieure vorstellen. Das für unseren Kontext interessante am *arsenale* aber ist ihr Charakter eines gemeinschaftlichen Besitzes.

Galeerenbau und Galeerenbesitz waren in der Republik Venedig nämlich verstaatlicht. Händler konnten Galeeren mieten und für ihre Handelsunternehmungen nutzen – auf diesem Handel mit der Levante beruhte ja der Wohlstand der Stadt. Doch das Wissen und die Kompetenzen rund um den Galeerenbau blieben in kollektiver Hand. In heutiger Terminologie würde man wohl von einem Gemeingut sprechen.

Diese Konstellation hatte einen weiteren Vorteil: Im Kriegsfall konnten Handelsgaleeren schnell zu Kriegsschiffen umgerüstet werden. Aus der Handelsmarine wurde unverzüglich eine Kriegsmarine. Wie in Athen galt auch hier: Die freien Bürger sind nicht »befreit«, sondern verpflichtet, sich an der Verteidigung des Gemeinwesens zu beteiligen.

Wir sollten die politischen Strukturen in der Republik Venedig nicht romantisieren. De facto lässt die Herrschaft des Großen Rates, der den Dogen auf Lebenszeit ernannte, wohl als Oligarchie bezeichnen: Adlige, aber nicht immer wohlhabende Familien, teilten die Macht untereinander auf und verhinderten die Eskalation von Konflikten durch ein ausgeklügeltes System aus Amtswechseln und sich gegenseitig kontrollierenden Gremien. Meist steht in der politischen Ideengeschichte diese Dimension der Mischverfassung im Zentrum, beispielsweise in der klassischen Darstellung republikanischer Traditionen bei Quentin Skinner.[3]

Aber neben der juristischen Kontinuität ist vor allem die politische Ästhetik Venedigs interessant. Schon auf symbolischer Ebene wird hier ein wichtiger Gedanke aus der antiken Erfahrung übertragen: die wechselseitige Beziehung von Regierten und Regierenden. Anders als in allen feudalen Systemen sind hier zumindest unter den Vollbürgern die Rollen grundsätzlich austauschbar. Diese demokratische Dimension in der Republik Venedig lässt sich an der etwas

EINE DEMOKRATIE, DIE IN ANSPRUCH NIMMT

rätselhaften Kappe des Dogen ablesen, eine Art phrygische Stoffmütze, die gerade keine Krone sein sollte. Der Doge mochte sehr umfangreiche exekutive Machtbefugnisse haben – zumindest symbolisch sollte er kein Feudalherr sein, sondern der höchste Diener der Republik.

Noch in einer weiteren Hinsicht ist die Republik Venedig für unsere Genealogie des Bürgers bedeutsam. Kaum ein politisches Gemeinwesen dürfte so stark mit seinem Gründungsmythos verbunden sein. Über viele Jahrhunderte bezog man sich auf die *Serenissima Repubblica di San Marco*, oder kurz die *Serenissima*, nur mit dem Kürzel *San Marco*. Das Wahrzeichen und auch die Flagge zeigen bis heute an, warum: Die Republik verstand sich als Schutzbefohlene des Heiligen Markus und trägt daher den Löwen mit einem Buch als Allegorie im Wappen. Nach einer Legende war es zwei venezianischen Kaufleuten gelungen, die Gebeine des Evangelisten Markus aus der islamisch besetzten christlichen Metropole Alexandria zu schmuggeln. San Marco wurde so zum Paradigma für eine politische Gemeinschaft mit Transzendenzbezug bei gleichzeitiger kollektiver Selbstregierung.

Das politische System der Republik Venedig hat im Laufe der Jahrhunderte immer wieder Umstellungen erfahren; aus Unterausschüssen des *gran consiglio* wurden mehr oder weniger ungeplant eigene Gremien, die den großen Rat teilweise beinahe ersetzten. Verfassungsgeschichtlich bleibt Venedig deshalb bedeutsam, weil es als einzige politische Einheit nicht nur symbolisch (wie das *Heilige Römische Reich Deutscher Nation*), sondern faktisch eine Kontinuität zur Antike herstellt. Für die Frage der Inanspruchnahme bleibt die Republik Venedig relevant, weil in ihr die Verknüpfung von Politik und Ästhetik auf besondere Weise deutlich wird.

Kaum in einem anderen politischen Gebilde dürfte so unmittelbar deutlich werden, dass politische Integration auch durch ein Ansprechen mit den Mitteln der Ästhetik erfolgt.

Es scheint nicht übertrieben spekulativ, anzunehmen, dass sich die Bürger Venedigs in Friedenszeiten durch die Feste, die Gebäude, die Konzerte und Opern als Teil einer Gemeinschaft erfuhren. »Ansprechend« wirkte nicht zuletzt die Schiffsparade, in dessen Zentrum die Dogengaleere, die *Goldene Barke*, das legendäre *bucintoro*, stand, das 1798 Napoleons Soldaten im *arsenale* zerstörten und von dem heute nur noch Überreste in einem Museum zu besichtigen sind.

Das mit Blattgold verzierte Schiff symbolisierte nicht nur die Pracht und Macht der Republik Venedig. Das Schiff erinnert zugleich an die lange Tradition nautischer politischer Metaphern, in der beispielsweise der Staatenlenker als Kapitän gedacht wird. Der *bucintoro* zeigte Reichtum, Erhabenheit, Luxus und Überfluss – aber er zeigte auch, dass die Republik einem Boot glich, in dem alle gemeinsam saßen. Wo sich Bürgerinnen und Bürger gegenseitig in Anspruch nehmen wollen, müssen sie das Gemeinwesen sinnlich erfahrbar machen. Und neben dem Dogen bildete die Prachtgaleere eine antike Form der ästhetischen Veranschaulichung des Kollektivs, die uns bis heute staunen lässt. Dagegen wirkt die Glaskuppel des Bundestages doch etwas kühl. Umso wichtiger sind dann wohl die »Bürgerfeste« des Bundespräsidialamtes.

The New Republic:
Die USA als neues Rom

Aber ist Venedig der einzige Ort, an dem die antiken Vorstellungen einer festlichen Politik in die Gegenwart ragen?
Eine tatsächliche Kontinuität zur Antike können die USA
natürlich nicht beanspruchen. Auf symbolischer Ebene sind
die Verweise auf Rom jedoch omnipräsent. Der Mangel an
Geschichte erweist sich dann plötzlich als Vorteil: Die politische Gemeinschaft kann sich als Willensgemeinschaft verstehen – und sich dabei auch bei antiken Steinbrüchen bedienen.

Immer wieder ist von Philosophinnen und Philosophen
darauf aufmerksam gemacht worden, dass wir in der amerikanischen Unabhängigkeitserklärung die zunächst paradox
anmutende Form einer Selbst-Inanspruchnahme vor uns
haben. Bei Jaques Derrida finden wir die vielleicht einschlä-
gigste Auseinandersetzung mit der berühmten Eingangs-
formel »We the people …«, mit der Jefferson die berühmte
Erklärung vom 4. Juli 1776 beginnen lässt. Das amerikanische Volk wird dadurch konstituiert, dass es sich selbst als
solches anspricht. Das »Wir«, das am Ende unterzeichnen
wird, existiert zu Beginn des Textes noch nicht. In diesem
Sinne ist die Unabhängigkeitserklärung ein Paradigma für
das »Ins-Leben-Rufen« kollektiver Identitäten.[4]

Das Textgenre der Erklärung wird hier zu einem zentralen
Element politischer Selbstverständigung. Im Falle der USA
lässt sich zeigen, dass in der Folge eine regelrechte Sakra-
lisierung entsprechender Texte einsetzt, nicht nur der Unabhängigkeitserklärung, sondern vor allem auch der Verfassung. Die Schrift wird zu einem entscheidenden Medium

der Subjektivierung von Bürgerinnen und Bürgern: Durch das geschriebene Wort sollen sie sich angesprochen und in die Pflicht genommen fühlen. Dabei geht es nicht nur um die Verschriftlichung von Normen, sondern um das Lesen als eine Form der politischen Teilhabe.

Dass die Debatte zwischen den *federalists* und den *anti-federalists* größtenteils in Briefform erfolgte, scheint vor diesem Hintergrund ebenfalls bedeutsam. Bürgerin oder Bürger im Vollsinne zu sein, bedeutet auch und in erster Linie, sich an einer schriftlichen Kommunikation beteiligen zu können: Akteur wird man, indem man Autor wird.

Aber wir können die Geschichte der amerikanischen Revolution vielleicht noch in einem weiteren Sinne als Geschichte eines Kampfes um angemessene Inanspruchnahme lesen. Die Formel *no taxation without representation* verweigert eine bestimmte Form, in Anspruch genommen zu werden, nämlich die heteronome, bei weitem nicht nur fiskalische Unterwerfung unter eine ferne Macht. Spätestens mit dem Unabhängigkeitskrieg beginnt in aller Deutlichkeit auch die neue Republik ihre Bürger in Anspruch zu nehmen. Auf diese starke militärische Dimension der amerikanischen Demokratie werden wir zurückkommen.

Bleiben wir zunächst bei der explizit ästhetischen Dimension demokratischer Selbstbilder. Wo wird in den USA kollektives Handeln anschaulich? Naheliegend scheint nicht nur der Gedanke an den Fahnenappell, der an amerikanischen Schulen üblich ist. Genaugenommen verfügen wir alle über ein unserem kollektiven Gedächtnis innewohnendes Element, das genau diese Figur einer demokratischen Selbstverständigung durch Ansprache beinhaltet. Der amerikanische Zeichner James Montgomery Flagg schuf eine Graphik, die in beiden Weltkriegen von der US-Army verwendet wurde. Sie hat heute beinahe ikonischen Status: *Uncle Sam*, die Personifizierung der USA, droht den Betrachter mit dem spitzen Finger aufzuspießen. »I want you …!«

Das Bild vom fordernden *Uncle Sam* ist so etwas wie ein Paradigma für die Demokratie als Zumutung: Sein ernster Blick symbolisiert den Moment, in dem Demokratie fordernd, ungemütlich, anspruchsvoll wird. Es ist nicht das abstrakte Gesetz einer Pflicht, sondern der ästhetische Anspruch, der uns in die Glieder fährt.

Von Selenskyjs Rede, über die Goldene Barke von Venedig bis zur Bildrhetorik in den USA sehen wir folglich Praktiken, in denen die Zumutungen der Politik *verkörpert* werden. Diese Praktiken stehen in einem klaren Kontrast zur Ökonomisierung, Emotionalisierung und Infantilisierung, die die politische Kommunikation im Westen bis zur Zeitenwende im Februar 2022 dominiert hat. Wer nach der Art und Weise fragt, in der »der Staat«, die »Politik« oder die »Demokratie« die Bürgerinnen und Bürgern zur Resonanz zwingt, legt lediglich verdrängte Traditionen frei. Immer schon, so könnte man sagen, sind Bürgerinnen und Bürger nicht naturwüchsig gegeben. Sie werden gemacht.

6

Eine andere Bürgerlichkeit

Demokratie ist nur möglich, solange es Demokratinnen und Demokraten gibt. Dieser Satz klingt trivial, beinahe wie eine Tautologie. Ein Tennis-Verein ist nur möglich, wenn Menschen auch tatsächlich Tennis spielen wollen. Wenn niemand zu tanzen willens oder fähig ist, findet auch kein Tanz statt. Das Schicksal der Demokratie hängt also davon ab, ob es Demokratinnen und Demokraten gibt, die willens und fähig sind, dieses Spiel zu spielen.

Doch obwohl diese These trivial klingt, steht sie quer zu einer bestimmten Tradition der Demokratietheorie. Am leichtesten kann man sich diese Tradition vergegenwärtigen, indem man auf Kants eindringliche Formulierung zurückkommt, wonach selbst »ein Volk von Teufeln« Interesse an einem funktionierenden Rechtsstaat haben müsse. Selbst wenn wir allen Altruismus, alle Moral, alle Gefühle der Empathie wegdenken, so lautet das Argument, müssten nutzenmaximierende, rücksichtslose Individuen (also »Teufel«) schon allein aus Eigeninteresse eine Präferenz für geordnete Verhältnissen haben.[1] Selbst in der Hölle dürfen wir eine gewisse Ordnung vermuten, vielleicht keine parlamentarische Demokratie, aber eben doch so etwas wie »Staatlichkeit«.

Kant bringt damit ein Argument auf den Punkt, welches das moderne politische Denken seit Thomas Hobbes wesentlich geprägt hat. Etwas verkürzt ließe sich dieser Gedanke als Verabschiedung der Aristotelischen Anthropologie beschreiben. Aristoteles war der Ansicht, dass der Mensch *von Natur aus* ein soziales Wesen, ein *zoôn politikon*, sei. Man muss diese Formel geradezu biologisch verstehen, denn Aristoteles beobachtete die Natur außerordentlich systematisch – und so kann man auch seine Wesensbestimmung des Menschen verstehen, als eine quasi-biologische These. Wölfe sind soziale Wesen, Füchse sind Einzelgänger. Der Mensch, so könnte man die Sache zuspitzen, ist von seiner Biologie darauf programmiert, in Gemeinschaft zu leben. Haie schlüpfen aus ihren Eiern und schwimmen ins Leben. Der Mensch aber kann gar nicht ohne andere Menschen überleben. Wer als Einzelgänger lebt, wer soziophob, ein *idiotês* ist, verfehlt seine natürliche Bestimmung.

Diese Lehre vom Wesen des Menschen, diese Anthropologie, wird mit Beginn der Neuzeit in Frage gestellt, am deutlichsten wohl von Thomas Hobbes und seiner Lehre, wonach der Mensch dem Menschen ein Wolf ist. Denn bei Hobbes ist mit dem Wolf nicht mehr ein hochgradig soziales Tier mit komplexen Hierarchien und kooperativer Jagdtechnik gemeint, sondern ein wildes Monstrum, eine Art Bestie. Erst der Staat, die sozialen Regeln zwingen den Menschen dazu, sich zivilisiert zu verhalten. Diesen Staat nennt Hobbes nach einem alttestamentarischen Ungeheuer den *Leviathan*. Die Angst vor Vergeltung macht den Menschen kooperativ, nicht seine biologische Veranlagung, so Hobbes.

Wenn Kant also das Gedankenspiel eines »Volkes von Teufeln« durchspielt, so bringt er nur in besonderer Klarheit eine Idee zum Ausdruck, die bei Hobbes bereits angelegt ist: Eine staatliche Ordnung muss so aufgebaut sein, dass sie nicht von der intrinsischen Motivation der Bürgerinnen und Bürger abhängt, sondern regelkonformes Verhalten durch extrinsische Motivation erreichen kann: Nicht das innere Gewissen leitet die Menschen dann an, sondern die äußeren Mechanismen von Bestrafung und Belohnung. Hobbes geht hier sogar so weit, dass er rechtskonformes Verhalten ganz explizit gegen Gewissensbisse für moralisch geboten hält.

Darin besteht die eigentlich neuzeitliche, anti-aristotelische Pointe bei Hobbes: Moderne Staatlichkeit darf nicht davon abhängen, dass Bürgerinnen und Bürger tugendhaft sind. Sie muss im Gegenteil die Bürger dazu anspornen, wenn nötig sogar gewissermaßen ›bestechen‹, sich sozial zu verhalten, weil dies dem Kalkül jedes einzelnen Bürgers entgegenkommt, seinen Eigennutzen wo immer möglich zu vergrößern.

Für Aristoteles war die Bindung an die *polis*, zum Sozialverband, schicksalhaft gegeben. In den Vertragstheorien von Hobbes und seinen Nachfolgern wird die Bindung an den Staat zu einer Art Geschäft, ja im Extremfall zu einem *deal*: Die Freiheit des wilden Tieres wird aufgegeben zugunsten der Sicherheit, die der *Leviathan* herstellt. Entscheidend an dieser Umstellung ist, dass die Stabilisierungslast verschoben wird: Nun muss der *Leviathan*, der Staat, einen ständigen Anreiz bereitstellen, um das Ganze beisammenzuhalten. Er muss den potenziellen Gesetzesbrechern drohen und allen anderen Sicherheit bieten. Er ist eine Art Dienstleister. Hier hören wir gewissermaßen zum ersten Mal die Forderung, der Staat solle *liefern*. Bürgerinnen und Bürger *dürfen* nicht nur, nein sie *sollen* sogar nutzenmaximierend kalkulieren – und der Staat muss einfach ein gutes Angebot machen, damit sie kooperieren.

Diese Umbesetzung ist immer wieder thematisiert und beschrieben worden. Ihre ideengeschichtliche Bedeutung dürfte kaum zu überschätzen sein. Sie birgt sehr viele Aspekte, die tief in unser menschliches Selbstverständnis hineinreichen. Denn den Menschen versteht Hobbes nun als ein Wesen, das in erster Linie nach *Selbsterhaltung* strebt – und dazu allerlei Mittel einsetzt. Weder sehnt sich dieser Mensch nach Gott, noch strebt er nach Erkenntnis oder Lust. Er will zunächst nur überleben. Und schon bei Hobbes deutet sich an, was dann in den Theorien des Marktes, bei Adam Smith klar formuliert wird: Solange sich Egoisten angemessen und einvernehmlich koordinieren, ist Egoismus nicht nur in Ordnung, sondern sogar gesellschaftlich förderlich.

Institutionen statt Personen

Hobbes denkt die staatliche Ordnung noch vollständig im Schema der Unterwerfung. Er etabliert das staatliche Gewaltmonopol, das bei ihm im Zentrum steht; von Demokratie ist noch gar nicht die Rede. Man tut seinem Werk wohl kein Unrecht, wenn man den *Leviathan* so deutet, dass er in erster Linie absolutistische Macht rechtfertigt. Allein ein unbestrittenes Gewaltmonopol aufzubauen und den beständigen latenten Bürgerkrieg, der durch das Fehderecht drohte, zu beenden, war für Hobbes entscheidend.

Doch auch wenn diese Situation historisch weit entfernt zu liegen scheint, ist die Umstellung, die Hobbes gegenüber der Aristotelischen Tradition vornimmt, fundamental: Denken wir uns den Menschen als nutzenmaximierenden Akteur, dessen Loyalitäten sich lediglich seinem Kalkül verdanken, wird die Ausgestaltung der sozialen Ordnung zu einer neuen Denksportaufgabe. Denn die Frage lautet dann: Wie müssen Institutionen gestaltet sein, damit auch untugendhafte Menschen darin keinen Schaden anrichten?

Damit sind die Aufgaben beschrieben, die eine Verfassung leisten muss. Besonders deutlich fällt die Antwort aus, die die amerikanischen Verfassungsväter gegeben haben: *Checks and balances,* Kontrollen und Gegengewichte, sollen sicherstellen, dass auch die schlimmsten Egomanen die Ordnung nicht nachhaltig beschädigen können. Der menschliche Wolf wird gewissermaßen ins Paragraphengehege gesetzt und dort ›gezähmt‹. Selbst die schlimmsten, teuflischen Absichten scheitern dadurch an den Strukturen, die das individuelle Handeln in vorhersehbare Bahnen lenken, zumindest sollte die Strukturen dies leisten. Auch eine rollende Bordkanone wie Donald Trump, so die Hoffnung, dürfte das Schiff dann nicht zum Sinken bringen.

Man sieht leicht, welche Perspektive sich aus diesem Gedankengang ergibt: Scheitern Demokratien, dann waren offenbar ihre Institutionen nicht stark genug. So erklärte man lange das Scheitern der Weimarer Republik. Als Hauptursache identifizierte man das semi-präsidentielle System, in dem der Reichspräsident einerseits über den Dingen und den Parteien schwebte und andererseits doch den Reichskanzler ernennen und entlassen konnte. Dass föderale Veto-Spieler fehlten, stellte ein weiteres wesentliches Institutionenproblem der Weimarer Verfassung dar, das der Parlamentarische Rat im Grundgesetz von 1949 zu beheben versuchte, indem er die Bundesländer stärkte und ein ausbalanciertes föderales System schuf. Darüber hinaus errichtete der Rat mit dem Karlsruher Bundesverfassungsgericht eine unabhängige Verfassungsgerichtsbarkeit. Eine solche starke Institution fehlte in der Weimarer Republik und während des Dritten Reichs; sie hätte den Nationalsozialisten Einhalt gebieten und beispielsweise die Rassengesetze von 1935 als verfassungswidrig zurückweisen können – oder es zumindest versuchen. Auch der herausgehobene Status, den die politischen Parteien im Grundgesetz genießen, lässt sich als Ausdruck einer solchen Perspektive deuten, die zunächst auf die Institutionen blickt.

Eine solche Sicht widerspricht tendenziell der These, dass Demokratien Demokraten brauchen. Das Desaster der Weimarer Republik, das in den Nationalsozialismus führte, deuteten zumindest manche Juristen, Historiker und Politikwissenschaftler nicht als Folge einer tiefsitzenden kulturellen Deformation, sondern als Ergebnis verfassungsrechtlicher Fehlkonstruktionen. Regelkonformes Verhalten in demokratischen Institutionen würde eigentlich genügen, so das Argument. Ist das Verhalten nicht regelkonform, muss dieses Verhalten eben rechtstaatlich sanktioniert werden. Die Weimarer Republik hätte, so die These, mit einem anderen Regelwerk und einem nachhaltigen Schutz ihrer Verfassung gegen ihre Feinde, durchaus überleben können. In der Tat gehört zur Tragik der Weimarer Republik der Umstand, dass die Verfassungsfeinde wegen Hochverrats hätten bestraft werden können, lange vor 1933. Dass die Weimarer Demokratie nicht ausreichend wehrhaft war, trifft zweifellos zu.

Aber die Weimarer Verfassung als Kernproblem der Weimarer Republik – stimmt diese Annahme? Wer sich scheiternde Demokratien ansieht, erkennt, dass auch die besten Verfassungen nicht zu retten sind, wenn die Bürgerinnen und Bürger ihre Verfassung, ihren Staat, ihre Demokratie nicht retten *wollen*. Menschen, nicht Paragraphen allein, halten eine Demokratie aufrecht. Geschickt ausgearbeitete Verfassungen machen das Überleben demokratischer Strukturen zweifellos wahrscheinlicher: Probleme eskalieren später, der Systemkollaps lässt sich vertagen. Lehnen aber weite Bevölkerungskreise die Grundwerte ihrer Demokratie ab, können kein judikatives Verfassungsgericht und kein exekutiver Verfassungsschutz sie verteidigen. Entgegen der Hobbesschen Tradition gilt also doch: Demokratien brauchen Demokratinnen und Demokraten. Aber woher kommen sie? Und was genau sind *Bürgerinnen und Bürger* eigentlich? Wissen wir wirklich, was wir damit meinen?

Der Bürger und der *citoyen*

Im Gegensatz zum Deutschen kennt das Französische zwei Worte für »Bürger«: *citoyen* und *bourgeois*. Die gegenläufigen Bedeutungen dieser beiden Begriffe gehört zu den Klassikern der politischen Ideengeschichte. Während der *citoyen* eine soziale Rolle bezeichnet, in der sich Personen am politischen Gemeinwesen beteiligen, mit Haut und Haaren dafür engagieren und somit als verantwortlich betrachten, bezeichnet der *bourgeois* das Gegenteil: Der *bourgeois* zieht sich ins Private zurück, ruht sich auf seinem sozialen Status, womöglich sogar auf passivem Einkommen aus. *Citoyens* hingegen sind tugendhafte, opferbereite Kämpferinnen und Kämpfer für die demokratische Sache – die *Bourgeoisie* betreibt soziale Distinktion durch aufgesetzte Bildung oder teuren Konsum und lebt davon, Unterschichten auszubeuten, Produktionsmittel und Aktien zu besitzen oder durch

Vermietung sein Eigentum zu vermehren. Im Französischen hängt dem Begriff zudem die Bedeutung eines gewissen Konformismus an; »bourgeois« bedeutet hier auch, dass jemand die Dinge macht, »wie es sich gehört«, »comme il faut«.

Diese sprachliche Dopplung kennen wir im Deutschen nicht. Hier wird unter dem Begriff der *Bürgerlichkeit* zusammengerührt, was an Assoziationen herumgeistert. Bezeichnet die neue Bürgerlichkeit nur eine Behaglichkeit? Oder ein außergewöhnliches, ganz neues Engagement? Vertreten die Parteien, die sich selbst »bürgerlich« nennen, die agilen *citoyens* oder die behäbige Bourgeoisie? Verfolgen Franzosen deutsche Diskussionen, ist eine große Irritation kaum oder gar nicht zu vermeiden: »Bürgerliche Parteien« pflegen einerseits einen besonderen *faible* dafür, Privatbesitz und das leistungslose Einkommen von Kapitaleignern zu verteidigen. Die »bürgerliche Mitte« leitet dabei vor allem ein Interesse: In Ruhe gelassen zu werden, nicht mit Zumutungen konfrontiert zu werden. Doch irgendwie haben auch sie den *citoyen* nicht ganz vergessen. Denn »bürgerliche Parteien« wollen mehr sein als bloße Lobby-Verbände einer Klientel. Im »bürgerschaftlichen Engagement« versteckt sich der *citoyen*, auch bei den bürgerlichen Parteien. Dieser Riss geht jedoch nicht nur durch Parteien, sondern durch jedes Individuum. Immer und unvermeidlich treten hier Interessen und Rollen in Konflikt.

Es lohnt kurz bei dieser zentralen Unterscheidung zu verweilen, denn sie hat sich tief in unser kulturelles Gedächtnis eingeprägt, ohne dass wir uns dessen hinreichend bewusst sind. Ein Film von Luis Buñuel mag an dieser Stelle die Ambivalenzen veranschaulichen, die dem Verhältnis von *bourgeois* und *citoyen* innewohnen. Im Jahr 1973 gewann

Buñuels ganz und gar außergewöhnlicher Film den Oscar für den besten ausländischen Beitrag: *Der diskrete Charme der Bourgeoisie* ist ein Episodenfilm, in dem ein bürgerliches Abendessen immer wieder grotesk scheitert.

Wir befinden uns in diesem Film in einer Welt, in der der Tisch wunderbar gedeckt ist, Männer ihren Smoking und schwarzen Fliegen tragen und Frauen über das Personal klagen. Eigentlich sollte ›nur‹ ein wohlchoreographiertes Abendessen über die Bühne gehen, wie immer, *comme il faut*, doch das Unbewusste der Bourgeoisie bricht sich Bahn. Das soziale Miteinander erweist sich als groteskes Theater. Korrupte Botschafter, dekadente Geistliche und die wohlerzogene Oberschicht bewegen sich durch Traumsequenzen und Visionen. An einer Stelle reißt plötzlich im Hintergrund ein Vorhang auf: Das bürgerliche Abendessen, so wird uns klar, findet auf einer Bühne statt.

2 Das bürgerliche Abendessen auf der Bühne gerät in Buñuels Klassiker aus den Fugen.

Buñuels Klassiker führt uns ein Milieu vor, das sich symbolisch am Adel orientiert. Sozialer Status wird hier vor allem ästhetisch vorgeführt, signalisiert, zelebriert, repräsentiert. Man beteiligt sich nicht wie die *citoyens* öffentlich und politisch, um sich so etwas wie Selbstbestimmung zu bewahren, sondern schottet sich in einem exklusiven Zirkel von Personen ab, die der normalen Arbeit enthoben sind.

Deutlich wird damit eine Ambivalenz, die das Bürgertum durchzieht. Einerseits entsteht das Bürgertum aus dem Milieu der freien Städte und grenzt sich explizit vom Adel ab. Das deutsche Trauerspiel thematisiert immer wieder den Konflikt zwischen übergriffigem Adel und rechtstreuem Bürgertum. Bürgerlich sein bedeutet – als Gegensatz zum Adel – dann gerade: Nicht jagen gehen, nicht reiten, sich nicht duellieren, sich nicht auf Besitz ausruhen, sich nicht durch Erbe, sondern durch Leistung legitimieren, nicht die Ehe brechen.

Der Adel ist aus bürgerlicher Sicht ein mittelalterliches Dekadenzphänomen. Fürsten und Junker erscheinen ungebildet und ungehobelt, tendieren zu unkontrollierten Wutausbrüchen und Alkoholexzessen. Das Phänomen der *yellow press*, in der über Untreue, Drogenmissbrauch und Intrigen an europäischen Höfen berichtet wird, lässt sich aus diesem historischen Kontext verstehen: In ihm artikuliert sich einerseits Bewunderung für den Adel, andererseits aber auch eine sadistische Freude an den Schicksalsschlägen und Tölpeleien, mit denen adelige Familienmitglieder auffallen. Geschichten über Intrigen und »Pinkelprinzen«, gebrochene Eheversprechen und Gefühlskälte am Hofe bestätigen das Ressentiment gegen eine aus Sicht des Bürgertums strukturell überholte Klasse. Der weltweite Erfolg der

Netflix-Produktion *The Crown*, in der die Lebensgeschichte von Königin Elizabeth II. melodramatisch in Szene gesetzt wird, lässt sich auch aus dem Genuss erklären, den es einem bürgerlichen Publikum bereitet, den Adel als moralisch verkommenes Intrigantenstadel vorgeführt zu bekommen.

Andererseits aber – und dies gilt für Frankreich stärker als für Deutschland – versucht das ökonomisch aufstrebende Bürgertum, den Adel und die (in Frankreich sehr viel stärker ausgebildete) höfische Kultur zu imitieren. Man kauft sich Adelstitel, baut sich ein Stadtpalais und schafft sich Pferde und Siegelringe an. Luxusprodukte, deren Konsum signalisieren soll, dass man »über den Dingen steht«, geben diesem Wunsch nach der Teilhabe an der Welt der Enthobenen Ausdruck. Der sogenannte Distinktionskonsum richtet sich dann auf Hermès-Krawatten, Gucci-Handtaschen oder Yachten in Saint-Tropez. Dabei handelt es sich um positionale Güter, Güter also, die anzeigen, welche soziale Stellung man erreicht hat. Sie gestatten ihren Besitzern eine Art symbolische Inklusion. Die lachhafte Schwundstufe dieser Versuche einer bürgerlichen Imitation des Adels durch nichtadelige Aufsteiger hat sich in der Innenarchitektur in Donald Trumps Apartment im Trump Tower niedergeschlagen: Einem grotesken Panoptikum von Geschmacklosigkeiten, goldenen Säulen und Rokoko-Stühlen, zwischen denen wir Tigerfelle und weitere Absurditäten sehen, ein vertikales Versailles als aberwitzige Lachnummer.

Der *citoyen* grenzt sich vom Adel ab, der *bourgeois* imitiert ihn. Der *citoyen* ist stolz darauf, sich nach der Französischen Revolution mit »Monsieur« ansprechen zu lassen, der *bourgeois* würde am liebsten von einem verarmten Baron adoptiert werden. Damit sind nur zwei Dimensionen der bürgerlichen Kultur benannt, die beinahe unentwirrbar verwoben sind. Denn auch im bürgerlichen »Monsieur« schwingt noch die Bedeutung von »Sir« mit. Auch diese Grußformel drückt den Wunsch nach Anerkennung aus. Die äußeren Formen bürgerlicher Kultur, über die sich Buñuel so effektvoll lustig macht, sind eben doch mehr als Äußerlichkeiten. Auch der *citoyen* bedarf »bürgerlicher Umgangsformen«, überhaupt der *Formgebung* ganz allgemein.

Die unentwirrbare Verwebung von *citoyen* und *bourgeois* zeigt sich besonders deutlich, wenn sich die Dinge verändern. Das bürgerliche Auftreten junger Abgeordneter der Grünen dürfte der älteren Gründergeneration als *bourgeois* erscheinen: Die Generation der Langhaarigen, der Turnschuhträger und Antikapitalisten blickt wohl mit Skepsis auf die Dreireiher und Krawatten. Gerade *Bündnis 90/Die Grünen* berufen sich aber – daher bekanntlich »Bündnis 90« – auf eine Bewegung von Bürgerinnen und Bürgern im Sinne des *citoyen*. Das Insistieren auf »bürgerlichen Umgangsformen« bleibt folglich bewusst doppeldeutig. Was aber sind heute »bürgerliche Umgangsformen«?

Mittlerweile nimmt die breite Öffentlichkeit das ehemals antibürgerliche Lager als gouvernantenhaft wahr. Der Gebrauch korrekter Termini, die Einhaltung strenger Sittenregeln (beispielsweise das Unterlassen anzüglicher Witze) – all das waren einst typische Insignien eines konservativ-bürgerlichen Milieus. Ganz offenbar herrscht eine große Verwirrung – nicht nur auf der Ebene des Begriffs, sondern auch auf der Ebene der alltagsästhetischen Inszenierung des Bürgers und der Bürgerin.

Die Versuche einer historischen Selbstvergewisserung sind dabei vielleicht nur bedingt hilfreich. Immer wieder wird Immanuel Kant als eine Leitfigur aufgerufen – und zwar nicht nur als Philosoph der Aufklärung, sondern auch wegen der Vorbildfunktion des eigenen Lebenswandels.[2] Der »öffentliche Vernunftgebrauch«, den er empfahl, fand ja auch im halböffentlichen Raum seines Salons statt. Bürger und Bürgerin wissen sich zu benehmen, mischen sich aber auch ein. Die bürgerliche Lebensform scheint dabei von Anfang an prekär, gefährdet, durch Abstieg bedroht.

Der legendäre Heidelberger Privatgelehrter Panajotis Kondylis, bekannt nicht nur für seine Analyse des Konservativismus, verfasste eine ausführliche Geschichte des »Niedergangs der bürgerlichen Denk- und Lebensform«[3]. Aus seiner Sicht war die bürgerliche Denkungsart in kleinen Schritten durch einen unpolitischen Konsumbürger verdrängt worden, der in der »Massendemokratie« dominiert. Seine Definition der bürgerlichen Denkungsart ist durchaus außergewöhnlich; sie ist eher an Goethe orientiert als an ökonomischen Kategorien: »Bürgerliches Denken war grundsätzlich bestrebt, das Weltbild aus einer Vielfalt von unterschiedlichen Dingen und Kräften zu konstruieren, die zwar isoliert betrachtet sich im Gegensatz zueinander befinden (können), doch in ihrer Gesamtheit ein harmonisches und gesetzmäßiges Ganzes bilden, innerhalb dessen Friktionen oder Konflikte im Sinne übergeordneter vernünftiger Zwecke aufgehoben werden.«[4] Harmonie ist bürgerlich, das Denken in den Kategorien von Kampf und Krieg ist antibürgerlich.

Kondylis grenzt seine Analyse klar von den klassischen Dekadenztheorien ab. Man könnte einwenden, dass er nicht ausreichend berücksichtigt, dass die Geschichte der Demokratie nach 1945 vor allem eine Ausweitung des Rollenmodells des Bürgers bedeutete: *Citoyens* und *citoyennes* wollten nun auch Frauen sein, die Afro-Amerikaner der *civil-rights*-Bewegung, Vertreter indigener Völker und sexueller Minderheiten.[5] Wo Kondylis einen Kollaps des Begriffs zu beobachten glaubt, weil unklar wird, was eigentlich »unbürgerlich« sein soll (Adel und Proletariat fallen als Gegenbegriffe aus), könnte man auch eine Ausdifferenzierung erkennen. Der Tisch im bürgerlichen Salon ist nun sehr viel bunter besetzt; es gibt neue Stimmen. Und daher vielleicht auch so etwas wie eine stilistische Verunsicherung. Gerade aus dieser neuen Vielheit könnte aber auch eine andere Bürgerlichkeit hervorgehen. Diese andere Bürgerlichkeit ist nicht vollends neu; sie hat historische Vorbilder und Rollenmodelle. Aber sie deutet diese in einem neuen Kontext.

Was ist eine citoyenne, was ein citoyen?

Wir stehen folglich vor einem Rätsel. Besteht eine zeitgemäße, eine *andere Bürgerlichkeit* in einer besonderen Sensibilität, ganz in der Tradition der englischen *sensibility*-Literatur des 18. Jahrhunderts? Dann wäre die Debatte um *gender*-Sternchen, *trigger*-Warnungen und *safe spaces* kein Nebenschauplatz. Oder besteht sie gerade umgekehrt in einer rustikalen Resilienz, im Selbstvertrauen, einiges doch aushalten zu können? Der Verfall eines einheitlichen bürgerlichen Lebensstils, den Buñuel bereits dokumentiert, scheint beinahe abgeschlossen. Wer lässt heute noch »beste Empfehlungen an die werte Frau Gattin« ausrichten? Selbst in Frankreich scheint das Milieu der *bon chic, bon genre*

(BCBG) auf dem Rückzug. Die konservative Präsident-schaftskandidatin Valérie Pécresse musste sich vorhalten lassen, sie komme aus dem Milieu der Seidentücher und Faltenröcke. Auch in Frankreich gibt ein Jean-Luc einer Anne-Marie immer seltener einen Handkuss auf dem Weg zur Messe. Nur in England hält sich ein Milieu der *posh people*, doch selbst dort erlebt die *upper class* einen *prole drift*. Als Prinz William mit seiner Frau dabei gesehen wurde, wie sie im nächstgelegenen Supermarkt eine Tiefkühlpizza kauften, war dies wohl mehr als eine bewusste Inszenierung von »Volksnähe«. Es fehlte nur noch das Sixpack Dosenbier, und das Ende klassischer Distinktionsmechanismen wäre vollends evident gewesen.

Und doch entsteht längst so etwas wie eine neue, eine andere Bürgerlichkeit. Sie definiert sich nicht so sehr durch eine Formensprache, sondern durch das Gefühl, Verantwortung für das Gemeinwohl zu tragen. Epochal ist der Krieg gegen die Ukraine auch, weil er eine beinahe globale Solidarisierungswelle ausgelöst hat, die sich nicht nur in Protesten, sondern auch in konkreter Hilfe für Geflüchtete ausdrückte. Und nicht zuletzt die globale *Fridays for Future*-Bewegung war und ist ein Zeichen für ein Rollenverständnis, das Verantwortung einschließt, ja den (anti-bourgeoisen) Wunsch ausdrückt, regiert zu werden. Dieses Gefühl der Verantwortung besteht indes in einer Antwort: Der *citoyen* und die *citoyenne* müssen *ins Leben gerufen werden*. Gegen die mediale Inszenierung von Greta Thunberg lässt sich viel einwenden. Aber ihre Stimme und ihr Blick hat viele ebenso ins Mark getroffen wie Uncle Sam auf dem Plakat der US-Army.

Der Mensch antwortet:
Responsive Subjekte

»Ins Leben rufen«? Das klingt beinahe theologisch, biblisch. Hat nicht Gott die Welt durch sein Wort ins Leben gerufen? Und auch an anderen Stellen der Bibel finden wir den Gedanken eines konstituierenden Ansprechens, am deutlichsten wohl im *Sch'ma Israel*, in der Anrede Gottes »Höre Israel! Ich bin Dein Gott ...«, in dem der Gott Abrahams, Jakobs und Isaaks das Volk Israel durch einen Imperativ konstituiert. »Höre!« – diese Form der Ansprache scheint uns auf ganz besondere Weise anzugehen, als Individuen wie auch als Kollektive.

Dieser Akt des Ins-Leben-Rufens lässt sich auch ganz profan, nämlich zunächst sprachpragmatisch deuten. Ein Satz wie »Liebe Trauergemeinde!« ist ein Sprechakt, der dasjenige, was er adressiert, erst erschafft. Eine Trauergemeinde bildet sich dadurch, dass eine Gruppe als solche ausdrücklich angesprochen wird und nicht durch eine formale Zugehörigkeit wie Mitgliedsbeiträge und Eintrittsformulare. In diesem Sinne lassen sich auch politische Gruppen *ins Leben rufen*. Ich werde später auf die verschiedenen Formen dieser Praxis zurückkommen, möchte aber zunächst den theoretischen Hintergrund dieser Perspektive etwas genauer ausleuchten.

Denn es geht ja nicht nur um die Konstituierung von Kollektiven, sondern auch um das *Ins-Leben-Rufen* von einzelnen Subjekten, also der einzelnen Bürgerin und des einzelnen Bürgers. Diese kommen nicht als natürliche Gebilde in der Natur vor, sie werden zu dem, was sie sind, indem sie auf einen Anspruch antworten. Bürgerinnen und Bürger gibt es, weil Menschen als solche *in Anspruch genommen wer-den*. Sie antworten auf den Anspruch der Demokratie. Wer Subjekte in diesem Sinne als reaktive Gebilde denkt, bewegt sich im Rahmen einer *Subjektivierungstheorie*.[6] Was damit genau gemeint ist, will ich kurz genauer erläutern.

Von Lévinas über Althusser zu uns

Der Philosoph Emmanuel Lévinas, geboren 1906 im damals russischen Kaunas, gestorben 1995 in Paris, hat auf der Urerfahrung des Angesprochen-Werdens sein philosophisches Denken begründet. In immer neuen Anläufen und Umschreibungen ging er der Frage nach, was mit uns geschieht, wenn wir durch einen ethischen Imperativ angesprochen werden. Sein zentrales Beispiel ist das Gebot: »Du sollst nicht töten!«. Nach Lévinas begegnet uns dieses erste ethische Gebot nicht in der Form einer abstrakten Regel, sondern als eine Ansprache, die uns in die Glieder fährt. Erst indem wir uns zu diesem ethischen Gebot verhalten, werden wir zu Subjekten. Wenn wir »Ich« sagen, sprechen wir – und zwar jede und jeder Einzelne – nicht in erster Linie zu uns selbst, sondern antworten auf ein Du, welches uns mit einem ethischen Anspruch konfrontiert, uns in »Ver-Antwortung« nimmt.

Lévinas Denken ist zweifellos, wie er selbst immer wieder betonte, von der jüdischen Tradition, der Tora aber vor allem auch dem Talmud, geprägt. Bekannt sind neben seinen philosophischen Schriften auch seine Talmud-Interpretationen.[7] Aber Lévinas' Grundgedanke bleibt philosophisch und lässt sich keinesfalls auf eine religiöse Tradition reduzieren. Sie hat einen sachlichen Kern, den man vielleicht am einfachsten freilegt, indem man das Denken von Lévinas mit dem Denken seines Lehrers Martin Heidegger kontrastiert. Bei Heidegger hatte Lévinas studiert, ihn hatte er – als vielleicht erster überhaupt – als einen zutiefst fragwürdigen und nicht nur aus zufälligen Gründen sich für die Sache des Nationalsozialismus engagierenden, gefährlichen Denker kritisiert. Worin also besteht hier Lévinas' zentrale Überwindung Heideggers?

Mit *Sein und Zeit* hatte Heidegger 1927 einen philosophischen Paukenschlag gelandet. Bis heute wird dieses Buch gelesen, geliebt, verschmäht, gehasst und als »Jargon der Eigentlichkeit« nicht selten persifliert. Zentral in diesem Jahrhundertbuch ist die Vorstellung, der Mensch müsse sich selbst »entwerfen«, was in Momenten der Entschlossenheit gelingt, wenn er den Mut aufbringt, sich der eigenen Sterblichkeit zu stellen. In diesem Sinne lässt sich *Sein und Zeit* auch als eine Theorie menschlicher Freiheit lesen.

Wenn es eine Theorie der Freiheit gibt, muss es auch eine Theorie der Unfreiheit geben. Und in der Tat erklärt Heidegger den Menschen als zumeist unfrei. Aber es sind nicht die harten Ketten der staatlichen Macht, die uns unfrei machen, sondern die ›weichen‹ Verführungen des Konformismus. Eingelullt in eine alltägliche Uneigentlichkeit, in der »man« tut, was »man« halt so tut, lebe das Dasein immer schon in einer »Verfallenheit«. Diese Tendenz sei dem Menschen eingeschrieben; wie eine unausweichliche Schwerkraft ziehen uns, so Heidegger, die sozialen Beziehungen, das »Gerede«, die alltägliche Besorgtheit von unseren eigentlichen Wesen weg. Wir »verfallen« den Dingen und Beziehungen, verlieren uns in Routinen, leben »uneigentlich« und auf angenehme Weise unfrei. Seltene Momente der Klarheit gilt es daher zu nutzen. Langeweile oder Todesangst können uns die Nichtigkeit unserer unbewussten Setzungen erschließen. Mit todesmutiger Entschlossenheit gilt es in diesen seltenen Momenten, das eigene Dasein frei und ungebunden zu »entwerfen«, um so der eigenen »Geworfenheit« zu trotzen – so Heidegger.

Das Wort »Existenzialismus« ist wohl nur eine Hülse, um diese Vorstellung vom sich ungebunden entwerfenden Subjekt zu bezeichnen. In den Nachkriegsfilmen geistern ständig Jugendliche mit schwarzen Rollkragenpullovern durch die Familien und lesen Sartre oder Camus. Existenzialismus war damals Mode. Die modischen Wirkungen Martin Heideggers und Jean-Paul Sartres brauchen uns hier nicht zu interessieren. Wichtiger ist Heideggers Bild vom Menschen beziehungsweise »Dasein«.

Wenn man *Sein und Zeit* genau liest, stellt man fest, dass soziale Beziehungen bei ihm entweder nur als »uneigentliche« Verlogenheit oder aber als Schicksalsgemeinschaft eines Volkes vorkommen. Das scheint schon 1927 die »Volksgemeinschaft« der Nazis zumindest denkbar zu machen. Rede und Antwort steht das »Dasein« in Heideggers *Sein und Zeit* nur dem Ruf des eigenen Gewissens. Ähnlich wie Buñuel zeichnet auch er die bürgerliche Öffentlichkeit als verlogenes Theater. Hatte er mit dem »Gerede« die liberale Presse gemeint, die Talmudschulen, die es damals ja in Deutschland vielerorts gab, das selbstreferenzielle System der katholischen Theologie seiner frühen Studienjahre oder einfach den Tratsch unter Nachbarn?

Heideggers Welt ist entweder verlogen oder seltsam leer und einsam. Gegen diesen Solipsismus wendet sich Lévinas'

Denken. Er verwirft radikal Heideggers Analyse der menschlichen Existenz und erklärt sie für von Grund auf verfehlt. Dasjenige, worauf wir antworten, kommt von außen, es ist tatsächlich transzendent, es ist das oder der Andere. Er kann durch Worte oder nur durch einen Blick zu uns sprechen. Der *Anspruch des Anderen* kann durchaus gewaltig im doppelten Sinne erscheinen: erhaben, aber auch von geradezu brutaler Heftigkeit. Auch dem ethischen Imperativ haftet diese Dimension einer »einschneidenden«, in Lévinas' Terminologie einer »mystischen« Erfahrung an.[8]

Man muss sich davor hüten, Lévinas zu trivialisieren. Ihm geht es gerade nicht um eine empirische psychologische These, sondern um eine durch aufmerksame Innenschau rekonstruierbare Struktur des Bewusstseins. Und doch können wir uns fragen, ob es nicht in der Tat jene Momente sind, in denen wir uns als ethische Subjekte angesprochen fühlen, in denen das Ichgefühl am klarsten ist. »Ich bin« ist kein Satz, den man in einen leeren Raum hineinspricht, sondern eine Antwort, die man auf einen Anspruch gibt. In diesem Sinne denkt Lévinas den Menschen als »responsives« Wesen, ein Wesen, das mit »Ich« auf einen Anspruch antwortet.

Das *Ego* des *Cogito* als responsives Wesen

Diese philosophische These lässt sich sogar an der Gründungsfigur der Subjektphilosophie veranschaulichen, an René Descartes. Dessen *Metaphysische Meditationen* gelten zu Recht als Gründungstext eines Denkens, das Klarheit

EINE ANDERE BÜRGERLICHKEIT

und Sicherheit auf dem festen Boden des *Cogito* zu bauen versucht. Descartes beginnt diesen epochalen Gedankengang bekanntlich mit einem methodischen Zweifel, der alles für fragwürdig erklärt. Alle Sinneseindrücke, alle Gedankeninhalte, so wird uns erklärt, könnten sich als Trugbilder erweisen. Am Ende bleibt nur ein Gedanke, der unbezweifelbar ist, nämlich die eigene Existenz. Wenn es ein »Ich denke« gibt, so muss es auch ein Ich geben: *Cogito ergo sum.*

Descartes hat damit die Vorstellung des Subjekts als ein in sich ruhendes, sich selbst zumindest im *Cogito* transparentes Etwas entwickelt. Von diesem Kristallisationspunkt aus entwickelt er in kleinen Schritten den Ausgang aus dem Gefängnis des Skeptizismus und Solipsismus. Am Ende erweist sich der Zweifel als eine Methode, die nötig war, um uns von allerlei Lug und Trug zu befreien und das Gebäude unseres Denkens auf neuem, nun festem Grund zu erbauen. Meist wurde Descartes dabei so verstanden, dass das *Cogito* eine Art vorsoziale Instanz darstellt: Es ist noch unberührt von allen kontingenten Umständen, unabhängig von Geschlecht, Alter, Sprache oder kulturellem Umfeld. Auch bei Hannah Arendt findet sich der Gedanke, das »Ich« habe kein Alter.

In einer scharfen Variante wird Descartes damit zum Begründer eines Solipsismus. Eine solche Philosophie muss sich beispielsweise mit der Frage beschäftigen, wie der Andere als Anderer zu denken ist. Wie kann man wissen, dass der Andere keine Maschine ist, dass auf der Innenseite seiner äußeren Erscheinung tatsächlich ebenfalls ein Denken stattfindet, ein anderes, zweites *Cogito* zu finden ist? Wie kann das *Cogito* zweifellos wissen, dass es nicht in Wirklichkeit allein ist, dass alle anderen nur Traumgespinste sind?

Diesem Bild eines mit Descartes begründeten Solipsismus hat der französische Philosoph Jean-Luc Marion widersprochen. In einem Aufsatz mit dem Titel »L'Altérité originaire de Descartes« zeigt er, dass auch die vermeintlich solipsistische Selbstreflexion der *Meditationen* in Wirklichkeit eine Art Dialog darstellt.[9] Descartes führt nämlich eine Art Gespräch mit einem postulierten möglichen Dämon, einem *genius malignus*, der ihn zu täuschen droht. Diese imaginierte Figur stellt bereits eine Erfahrung des Anspruchs dar, so Marion. Noch nicht einmal beim Begründer der neuzeitlichen Subjektphilosophie, so können wir mit Marion schließen, ist das Subjekt wirklich allein. Schon bei Descartes ist das Ego eine Antwort auf einen Anspruch von außen. Und damit wären wir wieder bei Lévinas.

Von Lévinas zur Subjektivierung

Dessen Werk hat erst spät die weltweite Aufmerksamkeit und Anerkennung gefunden, die ihm heute zuteil wird. Über Jahrzehnte lebte er als unauffälliger Philosophieprofessor, bekannt für recht langweilige Kurse über Spinoza und sehr viel bessere über Husserl. Das änderte sich erst in den 1980er Jahren. Heute ist in Paris sogar ein kleiner Platz nach ihm benannt (zu finden direkt hinter dem Panthéon), und seine Schriften werden kritisch ediert, darunter auch seine Aufzeichnungen aus der Zeit in deutscher Kriegsgefangenschaft. Schon 1934 formulierte er eine ausführliche Analyse der NS-Ideologie, die er »philosophie de l'hitlérisme« nannte.[10] Lévinas gilt unbestritten als einer der bedeutendsten Philosophen des 20. Jahrhunderts.

Aber auch wenn die systematische Beschäftigung mit seinem Werk erst spät einsetzte, so hatte sein Denken doch untergründige Wirkungen. Die Idee, dass der Mensch sich einfach – gewissermaßen »aus dem Nichts« – »entwirft«, dass wir als fertige Subjekte in die Welt kommen, wurde auch von marxistischer Seite in Frage gestellt. Der blanke Existenzialismus war schlicht unbefriedigend und unplausibel. Bei ganz verschiedenen Autoren entstand das Bild vom Menschen als responsivem Wesen. Diese Theorien darüber, wie durch Praxis Subjekte entstehen, diese »Subjektivierungstheorien« setzen verschiedene Akzente und verfolgen verschiedene Ziele. Gemeinsam ist ihnen aber, dass sie nach der *Genese* also der Entstehung der menschlichen Subjekthaftigkeit fragen.

Der Philosoph Louis Althusser beschreibt beispielsweise in einem seiner früh übersetzten und daher auch in Deutschland wirkmächtigen Bücher, wie ein Mensch auf der Straße von einem Polizisten angesprochen wird: »He, Sie! Stehenbleiben!«, ruft der Polizist. Was nun geschieht, stellt die Urszene eines ganzen Theorieparadigmas dar: Der angesprochene Mann bleibt stehen, dreht sich um. Er ist angesprochen, nun aber nicht als ethisches Subjekt, sondern in seiner Rolle als ein Mensch, der einem Gesetz unterworfen ist. Vielleicht stellt der Polizist eine Frage, verlangt Auskunft, Rechtfertigung, einen Passierschein, was auch immer. Durch die Art des Anspruchs, ist der Mensch als ein bestimmter Mensch angesprochen, als »Untertan«, »Bürger«, »Rechtssubjekt«, »Verdächtiger«.[11]

Auch hier ist der Mensch responsiv, antwortend und verantwortlich, aber er steht nicht mehr einem anderen gegenüber, sondern konkreten Institutionen und Verfahren,

Beamten und Sanktionen. Für Louis Althusser und den ihn umgebenden Kreis von Postmarxisten waren diese »Staatsapparate« tendenziell verdächtig. In erster Linie erschien aus dieser Perspektive die Ansprache durch den Polizisten als ein Akt der Unterwerfung, eine Art Zurichtung oder Konditionierung. Ein aufrechter *citoyen* zu sein, könnte dann auch bedeuten, sich dem Anspruch zu verweigern. Zumindest potenziell beinhaltete die Rede von den Staatsapparaten auch die Möglichkeit, Staatlichkeit insgesamt abzulehnen und den Weg hin zu einer anarchistischen »Autonomie« zu suchen, dessen konkreter Endpunkt die Autonome Szene darstellte.

Heute lesen wir Althussers berühmte Szene wohl noch einmal anders. Auch das Frankreich der 1960er Jahre hatte eine äußerst autoritäre Vorstellung von der Rolle der Polizei. Aber heute können wir die Szene wohl kaum lesen, ohne an die Praxis des *racial profiling* zu denken. Wer das Gefühl hat, aufgrund seiner äußeren Erscheinung, schlimmer noch: schlicht seiner Hautfarbe kontrolliert zu werden und sich ausweisen zu müssen, fühlt sich »subjektiviert«. Die Praxis *des racial profiling* in Frage zu stellen, bedeutet dann, die Praxis der Subjektivierung zu thematisieren.

Aber die Urszene bei Althusser lässt sich auch anders deuten. Es geht hier nicht nur um »Unterwerfung« (*soumission*), sondern auch um »subjectivisation«, die subjektive Einfärbung. Ein Untertan ist ein *sujet*; aber ein *sujet* ist auch ein Subjekt. Vor allem Michel Foucault arbeitete diese Doppelrolle der »Ansprache« heraus: Wer angesprochen wird, wird zwar einerseits »unterworfen«, einem Anspruch ausgesetzt. Aber er wird dadurch gleichzeitig zu einem Subjekt gemacht, also aufgebaut, gestärkt, dazu gezwungen, »Ich« zu sagen –

zu anderen, aber auch zu sich selbst. Wer als Afro-Deutscher »angesprochen« wird, beginnt vielleicht sich auch als solcher in der Öffentlichkeit zu artikulieren und eine faire Behandlung, ja gleichen Respekt einzufordern.

In den Schriften und Vorlesungen von Michel Foucault kommt dieses Motiv einer Doppeldeutigkeit von »Subjekt« in immer neuen Varianten zur Sprache. Mal überwiegen eher negative Konnotationen, beispielsweise, wenn er die katholische Beichtpraxis beschreibt. Dann wieder werden die Formen der »Subjektivierung« eher mit Wohlwollen, ja Anerkennung geschildert.

Dies gilt vor allem für Foucaults Beschäftigung mit der Spätantike und den Praktiken des Stoizismus. Seneca und Marc Aurel werden in seiner Rekonstruktion antiker Freundschaftsformen zu Autoren, die nicht etwa philosophische Thesen begründen, sondern eine Lebenspraxis und Lebenskunst vermitteln wollen. Die unter Stoikern üblichen Praktiken des Tagebuch- und Briefeschreibens haben den Zweck, das Subjekt durch Formen der Subjektivierung mit sich selbst in Einklang zu bringen. Hier wird der »Anspruch des Anderen« gewissermaßen in die weniger spektakuläre Form der brieflichen Selbstprüfung überführt. Foucault selbst beschreibt diese Praktiken als »Zurüstung« des Subjekts, als Stärkung – und kontrastiert sie recht scharf mit christlichen Praktiken der Selbstzerknirschung und Demutsglorifizierung.

In *Überwachen und Strafen* zeichnet Foucault ein düsteres Bild europäischer Subjektivierungen. Hier sind es die Gefängnisse, Irrenhäuser, Disziplinierungsanstalten, die als Paradigma der Gesellschaft dienen. Bisweilen entsteht der Eindruck, die europäische Gesellschaft sei insgesamt eine Art

Strafanstalt. Die neuzeitliche Rationalität, so seine zentrale These, bildet sich heraus in einer Abgrenzungsbewegung, die alles Anormale exkludiert. Während bis zur Mitte des 17. Jahrhunderts die Straßen noch bevölkert waren von Verzückten, Erleuchteten, Sehern und Predigern, beginnt mit der Aufklärung allmählich der Ausschluss aller irritierenden und für wahnhaft befundenen Lebensformen. »Le grand renfermement«, das systematische Wegsperren der Anormalen im 17. Jahrhundert, ist aus dieser Perspektive nicht etwa eine bloße Fußnote in der europäischen Geschichte, sondern das Signum eines epochalen Einschnitts.

Für den frühen Foucault spielt der *Blick* des Anderen eine zentrale Rolle in Beziehungen der Subjektivierung: Subjekt sein heißt hier zunächst einmal, beobachtet zu werden. Das »Licht« der Aufklärung wird in dieser Rekonstruktion zu einem Beleuchtungsgerät, das alle dunklen Winkel des Menschen ins kalte Licht der Öffentlichkeit taucht. Auch hier gibt es bei Foucault so etwas wie ein Denkbild: Das Panoptikum, ein Gefängnis, in der eine minimale Anzahl von Wärtern eine maximale Anzahl von Häftlingen beobachten kann. Die offenen Zellen sind in einem Kreis um ein Zentrum angeordnet, von dem aus sich alles (»pan«) beobachten lässt: ein Panoptikum.

Der sogenannte »späte Foucault« zeichnet indes ein anderes Bild. Es ist aus meiner Ansicht nach irreführend, diesem Umstand eine Wende oder Umkehr Foucaults zuzuschreiben. Er widerruft hier keineswegs seine früheren Thesen über die Genese des Subjekts. Er wendet sie lediglich auf andere Gegenstände an – und daher entsteht auch ein helleres Bild. Foucault deutet nämlich in seinen späten Vorlesungen über »Ethik« (diese Bedeutung dieses Begriffs in diesem

Kontext müsste man noch genauer erläutern) mit der antiken Philosophie als eine Lebenskunst.

Wieder bildet ein »Anspruch« den Ausgangspunkt, das berühmte *gnothi seauton*, »Erkenne Dich selbst!«, mit dem, so die klassische Philosophiegeschichtsschreibung, die Philosophie in Europa beginnt. Dieser Imperativ hatte angeblich den Anstoß für die Suche nach der Weisheit, die *philosophia*, gegeben. Dieses Unternehmen klingt zunächst nach einem theoretischen, wissenschaftlichen Unterfangen: *gnothi – gnosis*, *Erkenntnis* scheint das Ziel zu sein. In der Tat scheinen die antiken Philosophen zunächst so etwas wie die Vorläufer moderner Wissenschaftler gewesen zu sein. Vor allem Aristoteles beschäftigte sich ja nicht nur mit Ethik und Metaphysik, sondern eben auch mit Biologie, Physik, ja auch so mit etwas wie vergleichender Regierungslehre.

Doch Foucault zeichnet ein anderes Bild der antiken Philosophie.[12] Er erinnert daran, dass es neben dem Motto »gnothi seauton« noch eine zweite Devise der Philosophie gab, nämlich die Rede von der *Sorge um sich selbst*, von der *melea heautou*. Diese Selbstsorge spielt sich ab in den Freundschaftsbünden. Hier nehmen sich wohlgesonnene Menschen gegenseitig in Anspruch: Sie prüfen den Anderen nicht in der Absicht, ihn klein zu halten, sondern in der Hoffnung, ihm bei dem Versuch behilflich sich sein, sich selbst zu verstehen – und daher besser Sorge für sich selbst tragen zu können. Das mag zunächst abstrakt klingen, doch wer in die Briefe der Spätantike blickt, sieht, dass es hier um sehr konkrete Praktiken geht. Anders als bei Lévinas geht es hier nicht um eine geradezu schlagartige Konstitution des Subjekts durch einen ethischen Imperativ, sondern um eine Art Einübung in einen ethischen Lebensstil.

Bereits Foucault hat eine starke Sensibilität für die Medien, die dabei zum Einsatz kommen: Die Versuche, sich selbst im Gespräch mit einem Freund oder einer Freundin zu verstehen, die »Hermeneutik des Selbst«, findet nicht im luftleeren Raum statt, sondern auf Blatt und Papier, im Gehen oder aber bei der ausgedehnten, kontemplativen Lektüre von Klassikern. In seinem Text »Das Schreiben des Selbst«[13] macht Foucault deutlich, dass es für uns als Menschen einen Unterschied macht, ob wir unsere Selbstverständigung schriftlich (und damit veräußern, auf ein Blatt nach außen setzen) oder bloß innerlich vollziehen.

Neuere Studien über die Bedeutung der Handschrift bestätigen Foucaults Beobachtungen: Einen Gedanken zu exteriorisieren, ihn in die konsekutive Form einer Verschriftlichung zu bringen, ordnet das Denken. Schreiben und lesen sind dabei auch eine leibliche Erfahrung. Sie verändern buchstäblich das menschliche Gehirn.[14] Wie das Subjekt angesprochen wird, über das gesprochene Wort, einen Blick, ein Bild oder einen Text, eine SMS oder einen Tweet – all das macht einen Unterschied.

Der französische Philosoph Bernard Stiegler gehört vielleicht zu den originellsten Denkern, die versuchen, mit Foucault über Foucault hinauszudenken. Gerade die medientheoretische Dimension von Subjektivierungspraktiken steht bei ihm im Zentrum. Bereits bei Foucault ist »Anspruch« keine Beziehung zwischen einzelnen Subjekten. Schon Foucault sprach von Institutionen, »Dispositiven«, gouvernementalen Strukturen. Aus Stieglers Sicht veränderten sich jedoch genau diese medialen Strukturen seit Foucaults Tod 1984 radikal. Er hatte nicht mehr die Möglichkeit, zu berücksichtigen, wie das Fernsehen »subjektiviert«, vor allem aber wie die digitalen Medien auf Millionen und Abermillionen Gehirne und Körper einwirken.

Während Foucault unter dem Titel der »Biomacht« die Disziplinierung von Menschen beschreibt, schlägt Stiegler vor, von einer Psychomacht zu sprechen. Dies mag zunächst erstaunen: Auch und gerade Foucault ging es ja um die Auswirkungen von Macht auf die Seele. Insofern stiftet Stieglers Begriff vielleicht mehr Verwirrung, als er erhellt. Einleuchtender als seine Begriffsbildung ist wohl seine Gegenwartsdiagnose: Während Foucault vor allem die Disziplinierung des Menschen zum Zwecke einer optimierten Produktion in den Fokus nahm, konstatiert Stiegler einen Trend zur systematischen Enthemmung zum Zwecke der maximierten Konsumption. Schematisch gesprochen: Während Merkantilismus, Liberalismus, ja selbst Militarismus und Neoliberalismus darauf abzielen, den Menschen als Produzenten anzusprechen (»Rechne mit Deinen Beständen!«, »Optimiere Deinen Output!«), werden wir heute vor allem als Konsumenten angesprochen: *Konsumiere heute, bezahle morgen*!

Nach Stiegler hat diese Umstellung sehr weitreichende Folgen für die Subjekte. Er konstatiert die Ausbreitung einer großen »Sorglosigkeit«, oder drastischer ausgedrückt eines »je-m'en-foutisme!« (die recht gelungene englische Übersetzung lautet: »I-don't-give-a-fuckism«). Bisweilen spricht man auch von einer »ego depletion«, einem Angriff auf den Neocortex, die Impulskontrolle. Dramatisch wird diese Situation vor allem, so Stiegler, weil diese Subjektivierungsform durch neue Medien (in Stieglers Terminologie müsste man genauer von *pharmaka* sprechen) in die Gesellschaft getragen werden.[15] Smartphones, Smartwatches, Tablets und Laptops fluten die Gesellschaft mit einem neuen, umspannenden Dispositiv, dem wir uns nur schwer entziehen können. Wer spricht wen heute wie an? Wer nimmt wen wie in Anspruch? Stiegler würde antworten: In erster Linie sprechen die Algorithmen der großen Internetkonzerne vereinzelte Menschen als Konsumenten an – und zwar oft ohne dass diese es explizit merken.

Was genau bedeutet es, in Anspruch genommen zu werden?

Dieser kursorische Durchgang durch die Geschichte der Subjektivierungstheorien sollte veranschaulichen, dass wir auf eine reiche und breite Debatte zurückgreifen können, wenn wir der Frage nach dem *Anspruch der Demokratie* nachforschen. Aber bevor wir diese dadurch gewonnene Perspektive auf das Verhältnis von Bürgern und Staat anwenden wollen, gilt es zunächst, noch genauer zu konturieren, was an diesem Ansatz interessant ist.

Der Volksmund sagt: »Wie man in den Wald hineinruft, so schallt es heraus!« Ist der Ansatz vielleicht gar nicht so originell? Könnten wir nicht auch einfach von »Sozialisierung« sprechen oder mit einer Rollentheorie arbeiten? Demnach hätten wir es einfach mit verschiedenen sozialen Rollen zu tun: Mal werden wir als vom Wirtschaftssystem als Konsumenten angesprochen, dann vom Rechtssystem als Träger von Rechten, dann vom Kunstsystem als Betrachter möglichst irritierender Kunst, dann wiederum vom politischen System als Wähler – oder von der Familie als Tochter, Sohn, Vater oder Tante. Könnten wir dieselben Phänomene des Anspruchs nicht auch beschreiben, ohne französische Theorieproduktion hinzuziehen, die leider im Ruf steht, bloße *fancy theory* zu sein, unseriöser *radical chic* aus der Pariser Blase im 5. Arrondissement?

Der zentrale Unterschied zwischen Sozialisierungs- oder einen Rollentheorie besteht darin, dass die Subjektivierungstheorie nicht nur davon ausgeht, dass etwas mit Subjekten geschieht (die vorher schon da sind), sondern dass die spezifische Subjektivität in der Subjektivierung *erst entsteht*. Es gibt aus der Sicht von Lévinas oder Foucault kein Subjekt, bevor nicht der Anspruch erfolgt, keinen unberührten, vorsozialen »Kern« des Menschen. Der ethische Imperativ des Anderen (Lévinas) und die Imperative der Gesellschaft (Foucault) reichen bis ins Innere des Menschen. Es gibt aus dieser Perspektive keine vorsozialen, »authentischen« oder eigentlichen Gefühle oder Regungen: Immer schon sind wir mit den Anderen. Während die Rollentheorie davon ausgeht, dass wir soziale Rollen an- und ablegen können wie eine Richterrobe, geht Foucault davon aus, dass jedes Kleidungsstück unsere Seele berührt, ja verändert. In diesem Sinne hatte übrigens bereits Denis Diderot im 18. Jahrhundert das Verhältnis zu einem neuen Morgenrock beschrieben.[16]

Während Rollen- oder Sozialisierungstheorien von den Rollen oder aber der Sozialisierung eines gegebenen Subjekts ausgehen, denkt die Subjektivierungstheorie den Menschen wie eine Zwiebel, also ohne einen Kern, ohne ein Zentrum, an dem akzidentielle Bestimmungen angedockt werden. Die Konsequenzen dieser in der Tat spekulativen Vorstellung kann man sich in der Auseinandersetzung mit den Ergebnissen der *Behavorial Economics* vor Augen führen. Der Psychologe Dan Ariely berichtet in seinen Arbeiten von einem inzwischen legendären Experiment. Dabei wird an einer Landstraße eine Reifenpanne simuliert. Zufällig vorbeifahrende Personen werden nun darum gebeten, beim Wechseln des Rades zu helfen. Diese Bitte (wir könnten sagen: dieser Anspruch) wird indes in zwei Varianten formuliert: Im einen Fall werden die Personen einfach um Hilfe gebeten. Zu helfen ist Ehrensache. In der zweiten Variante werden ihnen jedoch 50 Dollar geboten. Einmal werden Sie als Mitbürger und hilfsbereite, anständige Menschen angesprochen, einmal als nutzenmaximierende Akteure. Es dürfte nicht überraschen, dass im zweiten Fall viel weniger Menschen bereit waren, anzupacken. Für 50 Dollar soll ich mir meinen Anzug ruinieren? Suchen Sie sich einen anderen Trottel! Dinge können paradoxerweise weniger attraktiv werden, wenn wir dafür bezahlt werden.[17]

Während die Framing-Theorie oder auch noch die Rollentheorie davon ausgeht, dass wir es hier mit situativen Effekten zu tun haben, rückt mit Foucault die Wirkung sich wiederholender, habitueller Subjektivierung in den Fokus. In einer neoliberal geprägten Gesellschaft, in der die Subjekte beständig und beinahe ausschließlich als nutzenmaximierende Akteure angesprochen werden, antworten sie nicht mehr situativ nutzenmaximierend, sondern, so könnten wir mit Foucault vermuten, sind zu anderen Subjekten geworden. Das Denken in Transaktionen und Deals, die beständige Suche nach dem eigenen Vorteil sind ihnen in Fleisch und Blut übergegangen. Sie sind neoliberale Subjekte, nicht nur Subjekte, die *auch* an einem neoliberalen Wirtschaftssystem teilnehmen.

Inner life? Von Monty Python's merchant banker zu Trump

Eine humoreske Variante dieses Gedankens finden wir in einer Folge von *Monty Python's Flying Circus*, und zwar im Sketch mit dem Titel *Merchant Banker*. Hier kommt ein älterer Herr mit einer Spendendose ins Büro eines jungen Börsenmaklers, der gerade im Wörterbuch nach der Bedeutung des Begriffs »inner life« sucht. Der Banker begrüßt den Gast mit dem Satz »How do you do. I'm a merchant banker.« Nun bittet »Mr. Victim« um eine Gabe für das Waisenhaus. Grundsätzlich sei man am Einstieg ins Geschäft mit Waisen interessiert, aber noch sei es zu früh für eine Investitionsentscheidung, wird ihm mitgeteilt. Es gehe ja nicht um Investitionen, sondern um eine Gabe, »a gift«. Der Geschäftsmann reagiert irritiert. »A gift?« »Ja, Sie geben mir etwas.« Was könne er denn davon haben? »Nichts«, lautet die Antwort, es gehe nur darum, die Waisen glücklich zu machen. Der »merchant banker«, der seinen eigenen Namen vergessen hat, reagiert fassungslos. Eine geniale Geschäftsidee, Geld von Menschen nehmen, für nichts!

Schon Ende der 1960er Jahre konnten sich die Komiker in London über eine Subjektivierung lustig machen, die erst in den Folgejahren zum Massenphänomen werden würde. Der *merchant banker* ist ganz und gar ein *homo oeconomicus*. Gibt es tatsächlich so etwas wie »andere Subjekte« durch andere Subjektivierungen?

Anfang September 2020. Die Monatszeitschrift *The Atlantic* veröffentlicht eine unglaubliche Geschichte. Mal wieder geht es um Donald Trump. Wieder gibt es Unglaubliches zu berichten. Dieses Mal lautet die aus vier Quellen verbürgte

Nachricht, dass Donald Trump die Toten auf amerikanischen Militärfriedhöfen als »*loser*« bezeichnet hat. Schon den Kriegshelden John McCain hatte er öffentlich verhöhnt, weil dieser in vietnamesische Kriegsgefangenschaft geraten war. Nun aber geht es um die Opferbereitschaft amerikanischer Soldaten überhaupt. Ist, wer sich für sein Vaterland opfert, ein »Trottel«? Die amerikanische Öffentlichkeit ist in Aufruhr.

Ein General macht im amerikanischen Fernsehen eine interessante Bemerkung. Er stellt fest: Donald Trump verstehe gar nicht, worum es auf diesen Friedhöfen gehe. Dass man etwas tun könne, ohne sich davon einen persönlichen Vorteil zu erhoffen, sei ihm völlig unverständlich. Nun könnten wir folgern: Donald Trump spielt nicht nur neoliberale Rollen, er ist nicht nur neoliberal sozialisiert, er ist neoliberal subjektiviert, ein neoliberales Subjekt. Alles, selbst die eigene Ehe, ist für ihn ein *deal*. Dies gibt auch seine Frau unverblümt zu, die auf die Frage, ob Trump mit ihr verheiratet bliebe, wenn sie nicht so hübsch sei, antwortet, sie bleibe ja auch nicht verheiratet, wenn er nicht so reich wäre. Was bei *Monty Python* noch eine Witzfigur war, ist mit Donald Trump zum Präsidenten geworden.

Diese zum einen historisch-satirischen, zum anderen dramatisch-aktuellen Veranschaulichungen zeigen, so scheint mir, worin die Stärke der Subjektivierungstheorie liegt: Sie kann erklären, warum Prägungen und habituelle Einübungen so stark werden können, dass es nicht mehr gelingt, eine Distanz zu ihnen herzustellen. Sie betreffen nicht nur Rollen, die abgelegt werden können, sondern die gesamte Selbstwahrnehmung. Die Subjektivierung greift so tief ins Denken, Fühlen und Handeln ein, dass sie nicht mehr als kontingent erlebt wird. Auch in interkulturellen Begegnungen machen wir diese Erfahrung, wenn wir eine echte Alteritätserfahrung machen.

Mit diesem theoretischen Rüstzeug haben wir nun die Möglichkeit, systematisch die Frage zu stellen: *Wer oder was subjektiviert wen wie?* Wir hatten in der Rekonstruktion von Lévinas, Foucault und Stiegler bereits gehört, dass es darauf ganz verschiedene Antworten gibt. Ist es die Erfahrung von Transzendenz, die uns zum verantwortlichen, antwortenden Menschen macht (Lévinas)? Sind es die Dispositive der Macht und die Praktiken der Selbstsorge, die uns zu ganz verschiedenen Subjekten machen können (Foucault)? Oder sind es vor allem die digitalen Medien, die uns zu gedankenlos konsumierenden Pseudosubjekten machen (Stiegler)?

In jeder Gesellschaft geschehen beständig die verschiedensten, gegenläufigen und sich widerstrebenden Subjektivierungen. In einem gewissen Grade – das war die wichtige These in Foucaults späten Vorlesungen – haben wir auch die Möglichkeit, darüber zu entscheiden, wie wir uns subjektivieren lassen wollen: Wir können uns von einer Religion, einer Militärakademie, einem Sport oder von den eigenen Kindern subjektivieren lassen. »Frei« sind wir dabei nicht im Sinne einer ungebundenen Souveränität, aber eben doch im Sinne einer relativen, komplexen Autonomie. Der Philosoph Martin Seel brachte diese Struktur auf die schöne Formel *Sich bestimmen lassen*.[18] Wenn wir also nach Formen demokratischer Subjektivierung fragen, fragen wir danach, wie wir uns demokratisch subjektivieren lassen wollen. Eine einfache Antwortet lautet: »bürgerlich«, aber im Sinne von *citoyen*, nicht im Sinne von *bourgeois*, sondern im Sinne einer *anderen Bürgerlichkeit*.

Wo und wie entstehen Bürgerinnen und Bürger?

Wer sich mit politischer Theorie beschäftigt, lernt eine Sprache mit einer komplexen »Grammatik«. Im Laufe der Jahre sammelt man sich eine Art Vokabular an. Nur wenige Theoretikerinnen und Theoretiker bringen es so weit, dass ihr Name mit einer These fest verbunden ist. Das ist in der politischen Theorie in etwa so wie in der Physik, wo so manche Maßeinheit einen Namen trägt: Hertz, Ampère, der Newtonmeter. Ein Beispiel für eine solche politiktheoretische Maßeinheit ist das sogenannte »Böckenförde-Theorem«. Es ist nach dem Verfassungsrechtler Ernst-Wolfgang Böckenförde benannt, der eine der prägenden Figuren im deutschen Verfassungsrecht und selbst Richter am Bundesverfassungsgericht war.

Die Formel, die Böckenförde für immer in die Geschichtsbücher des politischen Denkens eingeführt hat, lautet: »Der freiheitliche, säkularisierte Staat lebt von Voraussetzungen, die er selbst nicht garantieren kann.«[19] Das ist das Böckenförde-Theorem.

Was genau ist hier gemeint? Schon gehen die Meinungen auseinander. Natürlich lebt immer alles von Voraussetzungen, die nicht von diesem »lebendigen« Etwas bereitgestellt werden können. Ein Baum kann nicht selbst die Schwerkraft »garantieren«, ein Wal nicht selbst den Ozean hervorbringen, durch den er schwimmt. Aber Böckenförde geht es nicht um Physik und Biologie, sondern um die *normativen* Voraussetzungen. Das Böckenförde-Theorem ist eine Art Antithese zum Bild vom »Staat aus Teufeln«. Demokratie braucht Demokratinnen und Demokraten.

Aber Böckenförde will uns mehr sagen. Er insinuiert in seinen Texten auch recht eindeutig, wo diese normativen Voraussetzungen herkommen sollen, die der demokratische Rechtstaat nicht selbst hervorbringen kann: aus einer Zivilgesellschaft mit starken Traditionen und Institutionen. Es sind nach diesem Bild die Kirchen, die Familien, die Vereine und Verbände, die uns jene Haltungen vermitteln, die den demokratischen Rechtsstaat überhaupt möglich machen. Wenn wir nicht früh gelernt haben, uns an Regeln zu halten, ehrlich zu sein, nicht zu betrügen, einander nicht zu hintergehen, wird kein Rechtsstaat der Welt die Rechtsordnung verteidigen können.

Man könnte versucht sein, Böckenfördes Sicht als konservativ abzutun. Aber es wäre verfehlt, sein Denken als den Versuch abzutun, eine »christliche Wertevermittlung« zu legitimieren. Die Dinge sind komplizierter.

Das Böckenförde-Theorem beinhaltet genaugenommen zwei Thesen: Zum einen, dass demokratische Rechtstaaten eine im weitesten Sinne »bürgerliche« Gesellschaft rechtstreuer, kooperationswilliger und engagierter Bürgerinnen brauchen, und zweitens, dass diese normative Basis nicht durch den Staat »garantiert« werden kann. Wir haben gesehen, dass bereits die erste These in einem Gegensatz zur mit Hobbes beginnenden Vorstellung von der Gesellschaft als Kooperationsgemeinschaft von Nutzenmaximierern steht. Interessanter ist vielmehr Böckenfördes zweite These: Ein Staat kann diese »Bürgerlichkeit« nicht hervorbringen, nicht bewahren, sondern bestenfalls ermöglichen.

Bevor ich auf die Frage eingehen will, ob vor allem die zweite These überzeugt, möchte ich aber zunächst ausführen, welches Bild entsteht, wenn man mit Böckenförde auf die europäische (und nordamerikanische) Geschichte blickt. Wir sehen dann nämlich eine Art Abfolge: Zunächst entsteht eine bürgerliche Schicht, eine Reihe von Praktiken, Vorformen demokratischer Öffentlichkeit, eine gewisse *civilité*. Erst dann wird Demokratie möglich.

Mit der Säkularisierung und Ökonomisierung aber erodiert dieses normative Potenzial. Die bürgerliche Gesellschaft mag noch nachstrahlen, wie ein Stern, der bereits verloschen ist, dessen Licht aber immer noch bei uns ankommt. Noch immer werden Opern aufgeführt und es wird Kammermusik gespielt. Noch immer gibt es Literaturkritik und Salons. Aber es ist eben kein Zufall, dass der Großteil der klassischen Musik, der heute zur Aufführung kommt, aus der Vergangenheit stammt, aus dem 18. und 19. Jahrhundert. Die bürgerliche Gesellschaft lebt kulturell, symbolisch und auch normativ von den ererbten Restbeständen, die kaum nachwachsen.

Denn nicht nur die Kirchen sind immer leerer; auch die Vereine, vor allem die Kulturvereine vergreisen. Allein der Sport erzieht noch in der Breite zum regelkonformen Verhalten und zu *fairplay*. Aber Sport ist in der Regel recht unkommunikativ. Man trainiert hier Muskeln und Ausdauer, nicht die Eloquenz und den Austausch von Argumenten wie in den literarischen Salons der Aufklärung. Und selbst im Sport ist ein Trend weg von den Teamsportarten hin zu Einzelsportarten erkennbar. Ein Trendsport wie Triathlon verlangt den Athleten schier Übermenschliches ab. Aber das Training und auch der Wettkampf üben vor allem die individuelle Selbstregulierung, den *grit*, wie man in den USA sagt: sich durchbeißen, durchhalten. Endurance-Sport ist (bis auf wenige Ausnahmen wie die Disziplin des *swim-run*, der in

Zweier-Teams erfolgt) eine Einzeldisziplin. Und selbst in den Fitnessstudios unserer Tage grüßen sich die Menschen kaum noch, sondern werkeln in der Regel mit Kopfhörern still vor sich hin. Ist es nicht bezeichnend, dass die Armeen dieser Welt – in Großbritannien und Deutschland ist es wohl besonders augenfällig – ihre Rekruten mit dem Argument anwerben, hier sei noch Teamgeist zu erfahren? »Nur hier?« – so könnte man fragen.

Aber Böckenförde hatte ohnehin nicht den Sport vor Augen, sondern die religiöse Wertevermittlung. Aus dieser Perspektive ist die Säkularisierung natürlich ein systematisches Problem. Die Vorgängigkeit von Werthaltungen, die für Demokratien maßgeblich sind, lässt sich dann auch zeitlich lesen: Es ist die Wertewelt des 18. und 19. Jahrhunderts, die bis heute nachglüht, aber eben langsam erkaltet. Ohne den Glutkern einer auch religiös erfolgenden »Wertevermittlung« wird es, so darf man Böckenförde verstehen, für die Demokratie schwierig. Der Niedergang der Kirchen wäre aus dieser Sicht hochgradig demokratiegefährdend.

Der alte bürgerliche Lebensstil setzt sich aus Stilformen, Codes und symbolischem Kapital der Vergangenheit zusammen. Er wirkt immer mehr wie ein Fremdkörper in einer Gesellschaft, die ganze andere Schwerpunkte setzt und ganz andere Interessen verfolgt. Dass wir in den deutschen Theatern und Opernhäuser vor allem Werke aus dem 19. Jahrhundert zur Aufführung bringen, sollte uns beunruhigen: Das bürgerliche Publikum, welches zur einen Hälfte den Künstlern zur anderen Hälfte sich selbst applaudiert, ist nicht nur ästhetisch aus der Zeit gefallen. Oder lässt sich Böckenförde doch widersprechen? Finden wir in anderen Demokratien vielleicht andere Antworten?

Was ist »soziales Kapital«?

Es ist vielleicht kein Zufall, dass in den USA dasselbe Thema etwas anders diskutiert wird. Auch hier macht man sich seit langem Gedanken über die Vorbedingungen des demokratischen Rechtsstaats.

Aber die Begriffe sind hier andere. Hier sind es Worte wie *civic culture* oder *social capital*, die möglichst empirienah beschreiben sollen, wie Vertrauen zwischen Bürgern entsteht – und wie man vermeidet, tatsächlich in einer Gesellschaft »aus Teufeln« zu leben. Die sogenannten »Kommunitaristen« kritisierten seit 1980er Jahren ein Gesellschaftsbild, in dem durch die *invisible hand* aus lauter interagierenden Egoismen plötzlich etwas Gemeinschaftliches entstehen soll. In einer gewissen Analogie zu Böckenförde formulierten auch sie die These, dass eine Gesellschaft zunächst geteilte Werte, Praktiken, Üblichkeiten braucht – um auf dieser Basis demokratisch über alles streiten zu können. Die *community*, also die Gemeinschaft, soll genau diese normativen Grundlagen bereitstellen.

Im Deutschen unterscheidet man sehr klar zwischen Gemeinschaft und Gesellschaft.[20] Gemeinschaften zeichnen sich durch eine große Homogenität im Lebensstil aus; sie sind meist durch eine geteilte Lebenswelt geprägt. Gesellschaften hingegen sind eher pluralistisch, anonymer. Sie bieten den Individuen mehr Freiheiten. Modernisierung, so eine breit geteilte These, besteht im Übergang von Gemeinschaften zu Gesellschaften.

Daraus erklärt sich dann auch eine gefährliche Sehnsucht nach Gemeinschaft: Hier scheint das Leben noch übersichtlich, kontrollierbar, geradezu »heimelig«. Viele antidemokratische Bewegungen schlagen Kapital aus dieser Nostalgie nach einer heilen oder zumindest heileren Welt. Gerade in Deutschland gibt es auch sehr viel Gemeinschaftsduselei.

Aber nicht jede Frage nach einem »overlapping consensus«, nach Vertrauen und Solidarität, schlägt deshalb schon den Weg zur »Volksgemeinschaft« ein. Natürlich ist es richtig und notwendig, Ziele wie »Integration« oder »Leitkultur« zu hinterfragen. Aber selbst wenn man einräumt, dass auch Desintegration, Individualismus und eine möglichst vielfältige Kultur wünschenswert sein können, verschwindet dadurch das sachliche Problem nicht.

Wenn wir nach weniger voraussetzungsreichen und daher belasteten Begriffen suchen, so bietet sich vielleicht der Rekurs auf den Begriff des Sozialkapitals an. Mit dem Begriff *social capital* meint man den Grad des gegenseitigen Vertrauens in Gesellschaften. Berühmt gemacht hat ihn der amerikanische Soziologe Robert B. Putnam. Sein Buch *Bowling Alone – The Collapse and Revival of American Community* aus dem Jahr 2000 ist ein Klassiker.

Menschen, die alleine zum Bowling gehen – das war für Putnam das Denkbild einer Gesellschaft, in der kollektives Handeln kaum noch vorkommt, in der ein übermäßiger Individualismus und ein neoliberales Denken die Menschen auseinandertreibt. Doch neben dem starken Bild war es vor allem die Operationalisierbarkeit des Begriffs, die Putnam berühmt machte: Mit dem *social capital index* konnte man aufzeigen, dass beispielsweise die Steuerhinterziehung in jenen Ländern eher gering ist, in denen ein hohes Sozialkapital vorliegt.

Aus den zahlreichen interessanten Aspekten in Putnams Studie will ich hier nur einen herausgreifen, der mir besonders relevant erscheint. Er wird von Putnam auf die Formel gebracht, es gäbe einen *growth of spectator sport* – ein Wachstum beim »Zuschauersport«. Zwischen 1960 und 1997 hat sich die Zahl der Zuschauer beim nationalen Football- und Basketballspielen verdoppelt, während die Zahl aktiver Hobbysportler in Vereinen zurückging – vor allem beim *Bowling.*[21]

Relevant ist diese vielleicht skurril anmutende Beobachtung, weil Sozialkapital und Vertrauen nicht so sehr durch kognitive Erkenntnisse als vielmehr durch die praktische Erfahrung der Zusammenarbeit entstehen. Bloßes gemeinsames Zuschauen ist aber nicht dasselbe wie das Trainieren, Organisieren, Durchführen einer Hobby-Liga. Gerade die vorstaatlichen und im engeren Sinne vorpolitischen Räume aber müssten durch gemeinsames Arbeiten und Handeln, durch die Erfahrung der Zusammenarbeit Vertrauen herstellen.

Die normativen Grundlagen des demokratischen Staates

Auch das Böckenförde-Theorem arbeitet mit der Vorstellung einer starken, ja autarken Zivilgesellschaft. Das ist vor dem Hintergrund deutscher Erfahrungen verständlich und erklärbar, aber bereits in Frankreich ergibt sich ein ganz anderes Bild. Warum, so würde man wohl aus französischer Sicht fragen, soll ein demokratischer Rechtstaat nicht selbst die normativen Grundlagen seines Bestehens hervorbringen können? Gibt es nicht auch säkulare Quellen für Werthaltungen? Im Land des Laizismus traut man dem Staat durchaus zu, die Bürgerinnen und Bürger selbst zu »subjektivieren«.

Geht das immer gut? Natürlich nicht. Frankreich ist sicher nicht in jeder Hinsicht als Vorbild zu empfehlen. Die Schwierigkeiten im Nachbarland sind enorm. Aber zunächst geht es einmal darum, das Böckenförde-Theorem in seiner Verbindung zu einer spezifischen Erfahrung zu sehen: Nach 1945 war im Adenauer-Deutschland der Gedanke stark verbreitet, dass eine Rückkehr zu den christlichen Werten, dem »christlichen Menschenbild« die angemessene Antwort auf die Katastrophe des Nationalsozialismus sei. Und für diese Vermutung gab es natürlich auch gute Gründe. Waren Menschen wie Konrad Adenauer nicht in der Tat als Inkarnation eines rheinischen, also liberalen Katholizismus vorbildlich? Schließlich hatte er sich nicht nur gegen die Nazis, sondern auch gegen die kommunistische Propaganda aus Moskau gestellt.

Aus dieser Perspektive sind die demokratiekompatiblen Werte vorstaatlich zu vermitteln. Familien, Kirche, Vereine leisten jene Subjektivierungen, die kooperationsfähige, sprachfähige, ehrliche und gemeinwohlorientierte Menschen hervorbringen. Diese Grundidee scheint nach wie vor richtig. Aber sie verkennt, dass Demokratien immer schon, seit ihren Anfängen, Institutionen der Subjektivierung waren, die Bürgerinnen und Bürger in Anspruch genommen haben – und damit durchaus und entgegen dem Böckenförde-Theorem hervorbringen, was für ihr Funktionieren vorausgesetzt werden muss: Demokratinnen und Demokraten.

Politik der Zumutung:
Mit Haut und Haaren

Unsere Phänomenologie der politischen Inanspruchnahme, der demokratischen Zumutungen begann mit einfachen Beispielen. Wo werden wir politisch angesprochen? Überall dort, wo Imperative formuliert werden. Althussers »He, Sie da! Stehenbleiben!« ist in diesem Sinne paradigmatisch. »Zu den Waffen!«, »Lassen Sie sich impfen!«, »Gehen Sie wählen!« – wo Imperative formuliert werden, besteht kein Zweifel: Man will uns subjektivieren. Die grammatische Form des Imperativs ist ein eindeutiger Indikator für In-Anspruchnahme.

Aber er ist keineswegs der Einzige. Der Begriff des »Narrativs« wird heute bis zum Überdruss verwendet. Jeder Bäckerei muss ihre Brezeln heute mit einem Narrativ anpreisen, so erfahren wir. Aber in einem engeren Sinne hilft der Begriff doch, eine zweite Struktur neben dem Imperativ zu benennen: Auch und gerade durch Geschichten werden wir auf eine bestimmte Art und Weise in Anspruch genommen. Der Imperativ ist hier gewissermaßen in einen Mythos eingebaut: Erzählung und Gebot verweisen aufeinander wie die Exodus-Geschichte und der Dekalog. Denn wir sind immer schon Teil der Geschichte, die da erzählt wird. Es wird erwartet, dass wir unseren Platz einnehmen, die Geschichte in der Realität fortschreiben, der gute Samariter sind, vom weißen Wal ablassen, uns nicht im Herz der Finsternis verlieren oder Anna Karenina den Ehebruch verzeihen. In jeder Erzählung – und auch in jeder nationalen Erzählung – stecken folglich Imperative.

Wir werden später im Kapitel zur In-Anspruchnahme in

der Bildungspolitik noch auf die Rolle des kollektiven Erinnerns zurückkommen. Wichtig scheint zunächst zu verstehen, dass Narrative anders als Imperative nicht sofort als solche erkennbar sind. Einem Imperativ kann man leicht durch Negation entgegentreten. Einen Befehl kann man verweigern, wenn man bereit ist, die Konsequenzen zu tragen und zu ertragen. Aber Politik – demokratische Politik zumal – arbeitet nur selten mit direkten Imperativen. Meist wird eine Geschichte erzählt, aus der sich die Handlung als schlüssig ergibt. Um Menschen in einen Krieg zu führen, um sie dazu zu bringen, gerne, ja mit Begeisterung in einen Krieg zu ziehen, muss man ihnen eine Geschichte erzählen, meist eine Lügengeschichte. Putins Märchen vom ukrainischen Brudervolk, das eigentlich heim ins Russische Reich will, ist ein vielleicht besonders perfides Beispiel.

Eine dritte Variante der Subjektivierung bilden alle Formen von Analogien. Diese finden wir meist in einfachen Metaphern ausgedrückt. Auch hier ist die imperativische Struktur nicht direkt erkennbar. Mit der Formulierung, das Staatsschiff sei in schwerer See, werden wir als Matrosen angesprochen. Wir sollen den Kapitänen vertrauen. Man mutet uns zu, das Deck zu schrubben und Befehle zu befolgen.

All diese Formen der Subjektivierung finden wir auch in der Politik im engeren Sinne. Ganz verschiedene Akteure, Institutionen, »Dispositive« können uns ansprechen. Der Feudalherr sagt »Hunde, wollt ihr ewig leben!«; die Republik ruft uns entgegen »Allons enfants!«. Aber in modernen Gesellschaften sind es auch und vor allem die Unternehmen, die uns subjektivieren, die uns mit Imperativen beschießen.

Aber auch die Modi der Ansprache können sehr verschieden sein. Subjektivierung kann autoritär, subtil, postheroisch oder manipulativ erfolgen. Vor allem die Werbung bildet eine gigantische Maschine der Subjektivierung. Sie sagt uns nicht nur, was wir wollen sollen, sondern vor allem, wer wir sein wollen sollen. Sie produziert Ich-Ideale, Vorbilder, Rollenmodelle – Subjekte.

Demokratische Subjektivierung steht folglich in einem gigantischen Konkurrenzfeld. Es ist ja nie der Staat allein, der die Menschen adressiert. Im Gegenteil: Ökonomisierung, Emotionalisierung und Infantilisierung springt uns auf allen Kanälen entgegen. Damit Demokratie als Zumutung überhaupt wahrgenommen werden kann, muss dieser Anspruch der Demokratie durch ein gigantisches Rauschen hindurchdringen.

In den folgenden drei Kapiteln werden wir uns an drei Praxisfeldern ansehen, wie die Demokratie ganz konkret die Form einer Zumutung annehmen kann: Wehrdienst, die Einberufung durch Los und die Mitarbeit in der Rechtspraxis sind drei klassische Formen der demokratischen Zwangsrekrutierung.

7

Vom Wehrdienst
zum Bürgerdienst

Bremerhaven, der 1. Oktober 1958. Soeben ist der amerikanische Truppentransporter USS General Randall angelandet. Das Schiff, seit 1945 im Dienst, gehört zu den Arbeitstieren der US Navy. Brav tut es seit Jahren seinen Dienst als Transportschiff mittlerer Größe, bringt Material und Menschen von einem Navy-Stützpunkt zum nächsten, meist im Pazifik. Als nach dem Ende des Zweiten Weltkriegs acht Millionen amerikanische Armeeangehörige aus allen Teilen der Welt nach Hause geholt werden mussten, war der Laderaum mit Lazarettbetten voll belegt.

An diesem Tag hat das Schiff 1.381 Soldaten an Bord, darunter auch den wohl berühmtesten GI in der Geschichte der Army, einen ehemaligen LKW-Fahrer aus Memphis/Tennessee. Während der Überfahrt hat er sich als Klavierspieler an einer Show der Soldaten beteiligt. Man kann sich vorstellen, dass die Rekruten eine recht alberne Gaudi veranstalteten, um sich die Zeit zu vertreiben. Aber der junge Mann spielt nicht nur Klavier, sondern auch Gitarre. Und er singt. Vor zwei Jahren hat er einen kometenhaften Aufstieg als Sänger hingelegt und dabei den Rock' Roll erfunden. Oder hat er ihn doch bei Chuck Berry geklaut? Egal. Die Menschen sind im Elvis-Fieber.

Am Kai in Bremerhaven spielen sich tumultartige Szenen ab. Die Bilder von Autogrammjägern, die Elvis auf der Landungsbrücke abfangen, werden durch die deutsche Presse gehen. Lässig, den Seesack auf der rechten Schulter, schlendert er wie ein Halbgott lächelnd an Land. Alles geht durch Elvis durch, auch der Militärdienst, und Elvis geht durch alles durch. Während Martin Heidegger in seiner Hütte in Todtnauberg über den Begriff der *Gelassenheit* sinniert, zelebriert Elvis in Bremerhaven einfach seine *Lässigkeit*.

3 Elvis kommt in Bremerhaven an und gibt im Vorbeigehen Autogramme.

Dieses Ereignis ist jedoch nicht nur aus musikhistorischer Sicht von Interesse. Auch für eine an Symbolik interessierte Politikwissenschaft gibt es hier etwas zu beobachten, nämlich den Superstar als einfachen GI, als einen Soldaten *wie andere auch*, als bloße Nummer. Auf dem Landungssteg von Bremerhaven zeigt die amerikanische Demokratie: Bei uns sind alle vor dem Gesetz, auch vor dem Einberufungsbefehl *gleich*. Vielleicht jubeln die Menschen nicht nur Elvis zu, sondern auch einem Land, in dem Elvis möglich ist. Es ist ein Land, das einerseits die Freiheit eines Hüftschwungs bietet und zugleich die Menschen *in Anspruch nimmt* und dabei gleich und fair behandelt – zumindest scheint es so. Dass die USA damals ein auch institutionell rassistisches Land sind, in den Südstaaten die Segregation schlichter Alltag ist, scheint an diesem Tag in Bremerhaven weit weg. Der Fokus liegt auf dem Bild vom Rekruten mit dem Seesack.

Andere Bilder aus dem Herbst 1957 verdeutlichen noch augenfälliger diese symbolische Dimension. Sie zeigen Elvis Presley bei der Musterung. Die berühmte Tolle wird mit dem Rasierapparat gestutzt; in Unterhosen muss er wie die anderen vorturnen, sich vermessen lassen. Schließlich wird er in der Gruppe den Eid leisten und mit einem Seesack davonziehen wie alle anderen auch.

Ist es Zufall, dass genau zeitgleich die USA die höchsten Werte für gegenseitiges Vertrauen aufweisen? Dass damals, Ende der 1950er Jahre, noch viele Menschen den Eindruck hatten, es gehe mehr oder weniger fair zu?

Die USA und ihre *Army*

Er vertrete eine Vorstellung der USA für die gelte »We are all in this together!« »Das ist unser gemeinsames Ding!« verkündete Barack Obama mehrfach. Waren die Bilder vom

4 Frisch geschoren und ausgerüstet verlässt der berühmteste Rekrut der Welt die Baracke.

Superstar Elvis als GI nicht eine Art Beleg – oder zumindest eine erfolgreiche Suggestion genau hierfür? Obamas Satz klingt nicht nur wie eine These über die Gesellschaft; sie hat einen besonderen Echoraum, der in den USA mit Heldengeschichten gefüllt ist, mit Bildern und Filmen, die *brothers in arms* zeigen, Waffenbrüder, die in der Normandie durch den Kugelhagel der Deutschen rennen, um *Omaha Beach* in Besitz zu nehmen.

Die amerikanische Demokratie hat eine merkwürdige Beziehung zur Armee. Noah Shustermann hat die Geschichte dieser tiefsitzenden Vorstellung von »Armed Citizens« ausführlich nachgezeichnet.[1] Man muss wohl an die Ursprünge dieser militärischen *In-Anspruchnahme* zurückkehren, um das Bild von Elvis aus Bremerhaven richtig einordnen zu können.

Die amerikanische Nation hat ihren Ursprung bekanntlich im Unabhängigkeitskrieg. Anders als in den Feudalstaaten Europas entstand die Armee, die die Unabhängigkeit erkämpfte, nicht durch die Aushebung von Untertanen, sondern durch die Bildung von Milizen. Die Rebellen kämpften zunächst nicht in Uniform, und sie nutzten einfach ihre Jagdgewehre. Mit diesen konnten sie aus größerer Distanz und aus dem Hinterhalt auf die in Formation marschierenden *red coats* der Briten schießen.

Die Einheiten und Befehlsketten der amerikanischen »Kontinentalarmee« waren zunächst recht improvisiert. George Washington, der im sogenannten *French and Indian war* (der in Deutschland als *Siebenjähriger Krieg* bezeichnet wird) auf britischer Seite bereits Erfahrung gesammelt hatte, machte sich schließlich daran, eine Armee im klassischen Sinne aufzubauen. Alles begann mit rund 15 000 Siedlern, die aber kaum Erfahrung und kein Kriegsmaterial hatten.

Das Selbstverständnis einer im Modus der Improvisation kooperierenden Gemeinschaft hat im Bild *Washington crosses the Delaware* eine ikonographisch wirksame Darstellung gefunden. In diesem berühmten Gemälde sieht man Washington am Bug eines Ruderbootes, auf dem eine eingeschworene Gemeinschaft durch den eiskalten Delaware River rudert. Mitten in der Nacht setzt Washingtons Trupp über den Fluss, um im Morgengrauen bei Trenton die hessischen Söldner zu überraschen und vernichtend zu schlagen. Die geradezu aberwitzig anmutende Kommandoaktion einer nächtlichen Überfahrt bringt den entscheidenden Wendepunkt im Krieg. Das Bild zeigt eine Armee, die paradoxerweise gerade den Individualismus der Einzelnen unverletzt lässt. Es ist ein bunt zusammengewürfelter Haufen, der hier in den Kampf zieht. Eine Person könnte man gar für eine Frau halten, eine andere trägt eine Art schottische Mütze. Die amerikanische Armee muss ihre Soldaten anders »ansprechen«, anders rekrutieren, anders behandeln als die Armee des britischen Königs. Natürlich braucht auch die amerikanische Armee Disziplin und Gehorsam. Aber die Soldaten und Milizionäre kämpfen für ihre eigene Sache, nicht mehr für die Besitzungen eines Königs.

5 Ein Klassiker der politischen Ikonographie: die Nation als pluralistische Kampfgemeinschaft, alle in einem Boot.

Es lohnt, einen Moment bei der Ambivalenz dieses Vorgangs zu verbleiben. Die »Kontinentalarmee« war zunächst keine reguläre Armee. Aus Sicht der Briten stellte sie schlicht eine Bande von Aufständischen dar, von Gesetzlosen, *outlaws*. Aus der Innensicht waren die Rebellen Freiheitskämpfer.

Auch die aus britischer Sicht durchaus unsportlichen, ja verbrecherischen Methoden Washingtons waren aus amerikanischer Sicht legitim: Gegen einen übermächtigen Gegner waren Hinterhalte, Täuschungsmanöver und Kommandoaktionen ein Mittel der Wahl. Man hatte von den Indianern gelernt und einige Stämme mit Versprechungen zu Verbündeten gemacht. Die Regeln des Kriegsrechts schienen dann nur noch bedingt zu gelten. Schon Washingtons Erfolge im *French and Indian war* waren nicht ganz ohne Fragezeichen. Hatte er wirklich verbündeten Indianern erlaubt, sich an französischen Kriegsgefangenen brutal zu rächen? Das wäre ein klares Kriegsverbrechen gewesen, auch schon nach damaligen Standards.[2]

Die *Anti-federalists* um Thomas Jefferson und James Madison sahen in einem starken stehenden Heer eine Gefahr für die Demokratie; die *Federalists* um John Adams wiederum wollten die USA auch militärisch auf Augenhöhe mit den europäischen Mächten bringen. Der milizhafte Charakter der *US Armed Forces* hat sich nur symbolisch erhalten, denn die hochgerüstete Armee der Gegenwart scheint Lichtjahre von ihren Ursprüngen entfernt.

In der amerikanischen Öffentlichkeit herrscht jedoch immer noch das Bild vor, die Armee bestehe irgendwie aus *our boys*. In amerikanischen Linienflügen werden Soldaten nicht selten mit Applaus begrüßt, und am *Veteran's Day* huldigen auch linke Interventionsskeptiker der Opferbereitschaft der Soldaten und sprechen von *our troops*. Gerade in einer von extremen ökonomischen und sozialen Ungleichheiten geprägten Gesellschaft wie den USA wird die Armee damit zu so etwas wie einem Egalisierungsmechanismus – zumindest auf symbolischer Ebene.

Aber diese Nähe zu den eigenen Truppen ist nicht ohne Ambivalenz. Zum Schutz der eigenen Leute sind den USA nämlich auch fragwürdige Mittel recht und billig. Die berühmte *air superiority* der *US Air Force* hat auch den Zweck, Bodentruppen mit massiver Luftunterstützung zu schützen, nicht selten zum Schaden unbeteiligter Zivilisten. Wo ein Kommandeur vor der Alternative steht, die eigenen Leute zu gefährden oder aber Luftunterstützung anzufordern, wird nicht lange überlegt. Die amerikanische Tradition einer militärischen In-Anspruchnahme der Bürger (weniger der Bürgerinnen) sollte folglich nicht romantisiert werden. Die Omnipräsenz des Militärischen in den USA hat unter anderem eine zunehmende Militarisierung der Polizeiarbeit zur Folge.

Entscheidend ist hier nicht eine Bewertung der äußerst komplexen amerikanischen Verhältnisse, sondern zunächst die Einsicht, dass sich Zumutung und Demokratie nicht ausschließen. Das berühmte Plakat mit *Uncle Sam*, das den Betrachter direkt anspricht, ist insofern paradigmatisch, als hier das Gemeinwesen personifiziert wird: *Uncle Sam* spricht in der ersten Person Singular: *I want you in the Army!* Es ist gerade nicht eine abstrakte Pflicht in Form eines Gesetzes, sondern ein Gesicht, das den Betrachter auffordert, sich freiwillig zu melden.

Heute antworten auf diesen Anspruch vor allem jene, die sich aus ökonomischen Gründen genötigt sehen, dem Schicksal eines Lebens in prekären Verhältnissen durch den Eintritt in die *Army* zu entgehen. Es mag auch heute noch US-Amerikaner geben, die aus patriotischen Gefühlen Militärdienst leisten. Aber in immer stärkeren Umfang wird die Armee nach der Abschaffung der Wehrpflicht zu einem

Sammelbecken für jene, die für sich keine andere Chance sehen. Die Idee einer Armee der Bürger wird damit pervertiert: Sie ist nicht mehr eine Armee aus *citoyens*, sondern ein Servicebetrieb für jene *bourgeois*, die den Dienst nicht selbst leisten wollen.

Dass die USA in immer stärkerem Maße auf private »Sicherheitsanbieter«, also Söldner wie beispielsweise *Blackwater,* zurückgreifen, pervertiert die ursprüngliche Idee vollends. Söldner kämpfen eben gerade nicht für ihre Sache, sondern nur für Geld. Wie die hessischen Regimenter, die George Washington in der legendären Schlacht bei Trenton besiegte, sind sie auf fremden Kontinenten für Geld unterwegs. Vielleicht müssen wir einer anderen Entwicklungslinie folgen, die von 1776 in die Gegenwart führt, um etwas über die demokratische In-Anspruchnahme zu lernen.

Frankreich: Die *Levée en masse* und die *grande armée*

Ohne die Unterstützung Frankreichs hätte die amerikanische Unabhängigkeitsbewegung den Krieg gegen das *British Empire* nicht gewinnen können. Erst die Unterstützung aus Paris machte das Wunder des gewonnenen Krieges möglich. Auch hier ging es anfangs etwas drunter und drüber. Der Marquis de La Fayette, aus einem Adelsgeschlecht aus der Auvergne stammend, machte sich zunächst mit einer kleinen Gruppe Freiwilliger auf den Weg in die Neue Welt, um den Ideen, die er später als Freimaurer vertrat, helfend zur Seite zu springen. Als sein Mutterland schließlich ganz offiziell in den Krieg eintrat, kehrte er nach Frankreich zurück, organisierte Finanzmittel und eine Streitkraft und kehrte erst dann wieder auf den Kriegsschauplatz zurück. Nach ihm sind in den USA zahlreiche Ortschaften und Straßen benannt. Dass man die Unabhängigkeit ausgerechnet den bisweilen als dekadent und arrogant gezeichneten Franzosen verdankt, steht vielen konservativen Amerikanern heute nicht mehr klar vor Augen.

Aber das französisch-amerikanische Wechselverhältnis wirkte in beide Richtungen. Der etwas verrückte Marquis de la Fayette aus der Auvergne war nur das bekannteste Beispiel für eine wichtige Rückwirkung der amerikanischen Ereignisse auf Frankreich. Auf der Ebene abstrakter Ideen und Theorien mochte die Erfahrung in Nordamerika nicht viel Neues bieten; aber sie führte vor Augen, mit welcher Entschlossenheit diese Ideen in die Tat umgesetzt werden konnten. Die Französische Revolution hatte viele wichtige Mitstreiter unter den Rückkehrern aus der Neuen Welt, die mit genau dieser Einsicht zurückkehrten: Vermeintlich Unmögliches ist eben doch möglich. Dass eine völlig andere soziale Ordnung ins Werk gesetzt werden konnte, hatte man nun leibhaftig vor Augen.

Aber nicht nur auf der Ebene der Soldaten und Offiziere gab es einen intensiven Austausch. Auch auf höchster Ebene wirkte die amerikanische Erfahrung nach Frankreich. Thomas Jefferson war von 1785 bis 1789 als Botschafter in Paris. Er war so etwas wie eine personifizierte Alternative zum *ancien régime.* Aus verschiedenen Gründen wird heute kritisch auf diesen *founding father* geblickt. Der Sklavenhalter steht heute als Heuchler dar, doch auch die schärfsten Kritiker werden einräumen müssen, dass er ein begnadeter Rhetoriker und Autor war. Das muss man auch in Paris gemerkt haben, in den Jahren vor der Revolution, als Jefferson der neuen Republik in Amerika ein Gesicht gab.

Doch erst als die Revolution von außen bedroht wurde und die Mächte der Heiligen Allianz versuchten, das revolutionäre Feuer in Paris auszutreten, wurden auch die militärischen Erfahrungen aus Nordamerika vollends relevant. Die berühmte Kanonade von Valmy war dabei ein entscheidender Weckruf, der die Möglichkeit eines plötzlichen Endes der Revolution mit aller Härte vor Augen führte. Das Artillerieduell führte zwar schließlich zum Rückzug der Feinde, doch in Paris war nun allen klar, dass die Sache auch ganz anders hätte ausgehen können. Die Republik begann nun eine völlig neue Form des »In-Anspruch-Nehmens«: die *levée en masse*, die Massenaushebung. In allen Departements sollten nach einem Dekret von 23. August 1793 junge Franzosen für die Armee rekrutiert werden. Die Republik rief die eigenen Kinder zur Hilfe.

Und die Kinder kamen. Die französische Armee wuchs in kürzester Zeit auf die damals beinahe unvorstellbare Größe von einer Million Soldaten. Die *Grande Armée* hieß nicht nur so, weil sie großartig war, sondern durchaus auch, weil sie für damalige Verhältnisse schlicht unfassbar groß war. Diese Armee zu organisieren, zu ernähren, zu versorgen war auch eine zuvor nie dagewesene logistische Leistung.[3] Zudem muss man sich klarmachen, dass Frankeich damals ein auch sprachlich noch sehr heterogenes Land war. Die Vereinheitlichung der gesprochenen Sprache in der Provinz hatte noch nicht stattgefunden, noch bildeten die Bretonen und die okzidentalisch sprechenden Franzosen aus dem Süden quasi eigene Sprachgemeinschaften.

Wie zuvor in den entstehenden USA war nun auch in

Frankreich der Wehrdienst etwas anderes geworden: Auch die jungen Franzosen kämpften nicht mehr für einen König und dessen Interessen oder hegemoniale Ansprüche, sondern für *ihre* Republik. Und wie im Falle der USA ist auch hier zu beobachten, dass die moralische Aufladung zu einer Art Enthemmung führte. Wer auf der Seite des Fortschritts kämpft, zieht die Samthandschuhe aus.

Diese Enthemmung beginnt bereits mit den Kämpfen in der Vendée, dem sogenannten *guerre de Vendée*. Im westlichsten Teil Frankreichs, an der Atlantikküste hatten königstreue Aufständische versucht, sich der Republik zu widersetzen. Hier stieß die allgemeine Wehrpflicht auf erbitterten Widerstand. Man fühlte sich dem König verpflichtet, litt mit den Priestern, sehnte sich in die alte Zeit zurück. »Für Gott und den König!« lautete die Devise. Als Zeichen hatte man ein Herz gewählt, aus dem ein Kreuz wuchs.[4]

Die Rache aus Paris war erbarmungslos. Heute betrachten manche Historiker den Krieg gegen die königs- und kirchentreuen Aufständischen als eine erste Form von politisch motiviertem Völkermord. Zu Tausenden wurden die Menschen in der Loire ertränkt, ihre Häuser und Felder niedergebrannt, ihr Land regelrecht unbewohnbar gemacht. Die Republik sah sich im Kampf ums Ganze und war daher auch bereit, alle Skrupel abzulegen. Die Vendée wurde zu einem symbolisch aufgeladenen Ort, bis heute.

Die Armee als Egalisierungsmaschine

Aber die *Grande Armée* war keineswegs einfach ein Instrument der Unterwerfung. Sie war auch eine gigantische Egalisierungsmaschine. Das meritokratische Versprechen, wonach Leistung und nicht Herkunft zählen sollte, schien hier ihren deutlichsten Ausdruck zu finden. Jeder Bauernsohn aus der Provinz konnte spätestens unter Napoleon schnell in den Rängen aufsteigen, indem er sich durch Tapferkeit, Mut und Durchhaltevermögen auszeichnete. Ein System der meritokratischen Anerkennung befeuerte den Ehrgeiz. Die *Legion d'honneur* erlaubte es, durch Mut und Geschick beinahe unsterblich zu werden, in eine neue Art von Adel aufzusteigen.

Napoleon verstand sofort, dass diese symbolische Anerkennung zur Motivation der Armee zentral war. Er gründete eine ganze Reihe von Orden und Auszeichnungen, die sich in weiten Teilen größtenteils bis heute erhalten haben. Damit wurden Institutionen geschaffen, die ganz explizit einem Modell der Gesellschaft entgegenwirken, das soziale Interaktion auf Nutzenmaximierung reduzieren will. Die ursprünglich feudalen Kategorien von *Ehre* und *Ruhm* wurden in eine moderne, bürgerlich dominierte Gesellschaft überführt. Wer auf den Anspruch der Republik angemessen antwortet, darf damit rechnen, Anerkennung zu finden, so lautete die Botschaft.

Die *levée en masse* wäre daher als bloße Machtausübung, als Technik der Unterwerfung missverstanden. Rekrutiert zu werden bedeutete nicht nur, unterworfen zu werden, sondern auch, integriert zu werden, überhaupt Zugang zu den Mechanismen einer Hierarchie der Anerkennung zu finden. Die allgemeine Wehrpflicht versetzte mit einem Schlag alle Franzosen zwischen 18 und 25 in den Stand vollwertiger Bürger, die mit Haut und Haaren der Republik gehörten.

Aber damit gehörte auch die Republik ihnen. Paris, die

Nationalversammlung, die Institutionen der Republik waren nun plötzlich keine abstrakten Entitäten mehr, die irgendwo in einem hunderte Kilometer entfernten Paris zu finden waren. Die Rolle der *Grande Armée* in der Generierung des französischen Nationengedankens ist kaum zu überschätzen. Dabei waren die spektakulären Siege wie beispielsweise in Austerlitz natürlich sehr hilfreich: Eine Armee, die regelrecht Wunder zu vollbringen schien, war als Sinnbild der Nation perfekt geeignet. Daher ist immer wieder die Frage gestellt worden, inwiefern die Verallgemeinerung der Wehrpflicht und die Aufstellung einer Massenarmee in Frankreich die Kriegsführung insgesamt revolutionierte.[5]

Entsprechend präsent ist die Erinnerung an die *levée en masse*, auch im Bildgedächtnis der Nation. Zahllos sind die Darstellungen nicht nur von Napoleon auf dem weißen Schimmel, sondern auch von marschierenden Soldaten, ja vom Rekrutierungsprozess selbst. Der Maler Louis-Lépold Boilly, einer der interessantesten Maler seiner Zeit, schuf 1807 ein Bild, das die Rekrutierung in seiner ganzen Dynamik zeigt: Junge Männer verabschieden sich, stehen noch ungeschickt in Reih und Glied, die ganze Stadt scheint ist versammelt.

Ist mit der *levée en masse* also etwas ganz Neues entstanden? Eine Art Demokratisierung des Anspruchs demokratischer Staatlichkeit? In ganz Europa sollte die *Grande armée* Angst und Schrecken verbreiten – oder aber als Macht der Befreiung gefeiert werden. Hegel bezeichnete bekanntlich Napoleon als Weltgeist auf dem Pferderücken. Aber vielleicht war nicht Napoleon der eigentliche Epochenbruch, sondern die *levée en masse?* In Preußen orientierte man sich schon bald an Frankreich – und befeuerte damit nicht nur die Übertragung der Soldaten- sondern auch der Bürgerrolle.[6] In den multiethnischen Reichen sammelte man ganz andere Erfahrungen mit der allgemeinen Wehrpflicht.[7]

Der »andere Machiavelli« – die Bürgerarmee

Um zu verstehen, dass mit diesen neuen Mechanismen der In-Anspruchnahme ein bereits ausführlich reflektiertes Modell zur Umsetzung kam, ist ein Rückblick auf eine Gründerfigur des neuzeitlichen politischen Denkens hilfreich: Machiavelli. Dessen Name steht heute für skrupellosen Machtwillen, die Entstehung der gezielten Propaganda, die emotionale Manipulation von Massen und die Instrumentalisierung der Kunst zu politischen Zwecken. Ob dieses Bild den Diplomaten und sein Denken angemessen charakterisiert oder nur ein Zerrbild ist, ist äußerst umstritten. Zweifellos hatten viele seiner Adepten (wie beispielsweise Mussolini) kein Interesse an einer angemessenen Lektüre seiner Texte. Ihr »Machiavellismus« ist wohl eher eine etwas verquere, aber vielleicht auch nicht völlig abwegige Ableitung aus seinem Hauptwerk über den Prinzen, *Il Prinicipe*.

Aber es gibt noch einen anderen Machiavelli, einen Autor, der sich in einem dialogisch verfassten Werk namens *Discorsi* Gedanken über die Stabilität politischer Ordnung macht. Der *Principe* lässt sich als Anleitung zur *Schaffung* politischer Ordnung lesen – oder als Satire. In den *Discorsi* hingegen geht es um die *Erhaltung* von Ordnung. Und an entscheidender Stelle kommt Machiavelli dabei wie im

Principe auf die Frage zu sprechen, ob denn die Sicherheit eines politischen Gemeinwesens besser durch Söldner und Berufssoldaten oder aber durch eine Bürgermiliz zu gewährleisten sei. Diese Diskussion zieht sich vom 13. bis ins 18. Jahrhundert.[8]

Machiavelli hatte selbst bittere Erfahrungen mit unzuverlässigen Söldnern gemacht. Nun versuchte er zu begründen, warum eine Verteidigung des Gemeinwesens in die Hände jener Personen gehört, die dieses Gemeinwesen tatsächlich tragen. Ein erstes Argument lautet schlicht, dass auf Söldner kein Verlass ist. Extrinsische Motivation ist flatterhaft. Ehe man sich versieht, laufen die Söldner über, weil sie vom Gegner besser bezahlt werden.

Aber das ist nicht der einzige Grund, warum Machiavelli in seiner Heimatstadt Florenz für eine Miliz wirbt. Dass der Dienst in der Miliz nicht nur außenpolitisch sinnvoll erscheint, sondern auch nach innen in das Gemeinwesen wirkt, ist für Machiavelli klar. Denn der Dienst schafft jene Tugend, *virtù*, die es dem Menschen erlaubt, der bloßen Lasterhaftigkeit zu widerstehen. Man muss sich die Tragweite dieser Argumentation noch einmal vor Augen führen: Nicht nur drückt die Wehrpflicht aus, dass ein Gemeinwesen als gemeinsame Sache (*res publica*) betrachtet wird. Die In-Anspruchnahme wirkt auch zurück: Wer sich beteiligen muss, will dann auch wissen, warum und zu welchem Zweck! Söldner stellen keine Fragen, Wehrpflichtige durchaus.

Was Machiavelli hier thematisiert, ist die langfristige Wirkung einer Milizstruktur: Indem Machiavelli die Florentiner Bürger zwingt, die Sicherheit ihres Gemeinwesens in die eigenen Hände zu nehmen, überbrückt er nicht nur Gegensätze zwischen den verschiedenen Interessensgruppen und

Familien. Nein, er definiert die Idee des Bürger-Seins neu: Vom bloßen *bourgeois* zum *citoyen*.

Am Beispiel der amerikanischen Kontinentalarmee haben wir gesehen, dass zwischen einer (eher improvisierten) Miliz, die im Kriegsfall ausrückt, dann aber wieder die Waffen niederlegt, und einem stehenden Bürgerheer noch ein wesentlicher Unterschied besteht. Vom »Bürger in Uniform« in einer modernen Armee sind wir noch weit entfernt. Das zeigt schon der Begriff der *Miliz*.

Dem Wort »Miliz« hängt auch heute noch im Deutschen der Beiklang eines irgendwie unprofessionellen oder unterorganisierten Vereins an. Schnell denkt man hier an »islamistische Milizen« oder räuberische »Milizenführer«. Der Begriff allein klingt aus guten Gründen zwielichtig. Aber das ist nicht überall im deutschen Sprachraum so. In der Schweiz hat der Begriff »Miliz« ganz andere Konnotationen. Hier gehört das Milizprinzip zu den Prinzipien der Verfassung.

Bürgerdienste – noch einmal: Die Schweiz

Wie in kaum einem anderen hochentwickelten Land legt man in der Schweiz Wert darauf, die Entstehung eines Berufspolitikertums zu vermeiden. Öffentliche Ämter, so die zentrale Idee, sollen nebenberuflich ausgeübt werden. Das sogenannte »Milizsystem« hat hier also zunächst die Funktion, eine Art Rollenwechsel zwischen der normalen Bürgerrolle und der Rolle eines Repräsentanten sicherzustellen. Dabei ist der Begriff etwas irreführend; er kommt zwar von *milita*, meint aber viel mehr. Das Historische Lexikon der Schweiz definiert wie folgt: »Der Begriff *Milizsystem* bezeichnet ein im öffentlichen Leben der Schweiz verbreitetes Organisationsprinzip, das auf der republikanischen Vorstellung beruht, wonach ein jeder dazu befähigter Bürger neben- oder ehrenamtlich öffentlichen Ämter und Aufgaben zu übernehmen hat.« Dass auch die Schweizer Armee noch über eine Wehrpflicht verfügt und wie eine Miliz organisiert ist, also Truppenteile mit regionalem Bezug, teilweise nach den Klassenverbänden in Grundschulen zusammenstellt, ist folglich eher sekundär. Der Begriff »Miliz« bezieht sich in der Eidgenossenschaft keineswegs nur auf das Militär.

Das sogenannte »Milizsystem« bezeichnet vielmehr einen Zwischenraum zwischen der Freiwilligenarbeit einerseits und der hauptamtlichen Tätigkeit andererseits. Alle Bürgerinnen und Bürger sind angehalten, nebenberuflich öffentliche Aufgaben wahrzunehmen. In Deutschland kennt man vielerorts die Tätigkeit engagierter Personen im Beirat sachkundiger Bürgerinnen und Bürger, der dann beispielsweise Gemeinderäte begleitet. Und natürlich werden auf kommunaler und in vielen Fällen auch auf Landesebene die Mandate in Parlamenten nebenberuflich wahrgenommen. Aber das Milizsystem geht darüber weit hinaus: Nach Feierabend oder parallel zu einer Berufstätigkeit übernehmen hier Bürgerinnen und Bürger Aufgaben, die in Deutschland von hautberuflichen Beamten ausgeführt werden.

Ein klassisches Beispiel hierfür ist die sogenannte »Schulpflege«. Was in Deutschland die Oberschulämter leisten, wird in der Schweiz teilweise von Freiwilligen in der Schulpflege geleistet: die Aufsicht und das Management von Schulen. Dies kann sogar die Leistungsbewertung von Lehrerinnen und Lehrern beinhalten. Ein anderes Beispiel ist die »Kirchenpflege«. Entsprechende »Milizämter« werden ausgeschrieben; man muss sich bewerben und in vielen Fällen wählen lassen. Man kann zwar von einem Amt zurücktreten, aber bloße Arbeitsverweigerung kann disziplinarische Konsequenzen haben. Der sogenannte »Amtszwang« ist zumindest möglich, auch wenn er nur selten eingesetzt werden muss.

Demokratietheoretisch interessant ist das Schweizer Milizsystem vor allem, weil es das Verhältnis zwischen Staat und Gesellschaft anders konzipiert: In den meisten anderen Staaten erfolgte im Prozess der Modernisierung eine mehr oder weniger eindeutige Trennung. Der Staat wird gedacht als eine Entität, die der Gesellschaft gegenübersteht, sie gestaltet, reflektiert, formt. Das Milizsystem in der Schweiz schafft jedoch (zumindest im Prinzip) einen ständigen Rollentausch: Am Vormittag Handwerker, am Nachmittag für die Schulaufsicht zuständig, für den Katastrophenschutz oder Kommandant der Feuerwehr.

Wenn wir im Kontext der Schweiz von »direkter Demokratie« sprechen, sind meist die direkten Abstimmungen gemeint. Sie werden in der Regel für die hohe Zufriedenheit der Schweizerinnen und Schweizer mit ihrer Demokratie verantwortlich gemacht. »Direkt« wird hier die Legislative ausgeführt, weil alle gewissermaßen als Gesetzesgeber auftreten. Oft hegen, gerade wenn es um internationale Verpflichtungen geht, die repräsentativen Organe wie der Bundesrat die bisweilen rigorosen Entscheide wieder ein. Auch in der »Konsensdemokratie« Schweiz hat »das Volk« nicht einfach das letzte Wort.

Aber »direkt« ist die Demokratie in der Schweiz zumindest in Teilen auch in der Exekutive: Das Milizsystem zieht prinzipiell alle auch in ein System hinein, dass die kollektiv verbindlichen Entscheidungen dann umsetzen muss.

Dieses Milizprinzip findet natürlich nicht in allen Bereichen gleichermaßen Anwendung. Auch in der zwar politisierten aber außenpolitisch ruhigen Schweiz kann man das Amt der Außenministerin nicht nebenberuflich ausüben. Aber dass ein Prinzip unvollkommen angewendet wird, bedeutet keineswegs, dass es nicht von Bedeutung ist. Im Gegenteil: Die Vorstellung, dass zwischen »den Politikern« und »den Bürgern« kein Graben bestehen darf, ist sehr tief in die Schweizer Mentalität eingelassen. »Berufspolitiker« im strengen Sinne gibt es in der Schweiz der Idee nach nicht. Erwartet wird vielmehr, dass man ein zweites Standbein hat, einen Beruf außerhalb der Politik. In Deutschland wäre dieses fluidere Verhältnis wohl nur durch die Beschränkung von Amts- und Mandatszeiten zu erreichen.

Die in Deutschland verbreitete Rhetorik, mit der zwischen »uns da unten« und »denen da oben« unterschieden wird, gibt es in der Schweiz zwar auch. Vor allem die SVP hetzt gegen »Eliten«. Aber insgesamt ist diese Rhetorik weniger ausgeprägt und hat – zumindest auf kantonaler Ebene – keinerlei Begründung. Denn zumindest bis zur Ebene der Kantone gehen in der Schweiz die meisten Politikerinnen und Politiker nach wie vor ihren normalen Berufen nach. »Abgehoben« oder in einer »Blase« leben sie sicher nicht. Dazu tragen natürlich auch die direktdemokratischen Elemente bei. Potenziell drohende Initiativen erzwingen Responsivität des politischen Systems.

Selbst die Schweizer Armee ist kein stehendes Heer im eigentlichen Sinn. Natürlich gibt es in besonderen Einheiten auch Berufssoldaten im engeren Sinn, aber die wesentliche Idee lautet, dass man »nebenberuflich« in der Armee seinen Dienst leistet. Die Skepsis gegenüber einem stehenden Heer hat hier eine lange Tradition. Man befürchtete, ein Instrument einzusetzen, das in die falschen Hände geraten könnte.

Eignet sich das Schweizer Milizsystem also uneingeschränkt als Vorbild? Sicher nicht. Auch hier muss man zwischen Mythos und Realität unterscheiden. Politische Traditionen lassen sich zudem nicht einfach übertragen. Außerdem gibt es auch in der Schweiz Nachwuchssorgen: Von einer »Krise des Milizsystems« sprach schon 2013 die Stiftung *Avenir Suisse*.[9] Immer mehr Milizämter bleiben unbesetzt, das Interesse geht zurück. Die großen Trends sind nicht anders als in Frankreich oder Deutschland: Man meidet Institutionen, feste Verpflichtungen, anspruchsvolle Aufgaben. *Avenir Suisse* stellt fest: »Jeder möchte von der geleisteten Milizarbeit profitieren, aber immer weniger Bürger sind bereit ihren Teil zu diesem kollektiven Gut beizutragen.«[10]

Aber diejenigen, die sich engagieren, bestätigen in Umfragen, dass sie davon profitieren. Eine empirische Untersuchung zu den Auswirkungen der Miliztätigkeit kommt zu folgendem Ergebnis: »Für gering bis mäßig erwerbstätige Personen – häufig Frauen – und ältere Menschen stellt die Beteiligung am Milizsystem eine Form der sozialen Integration dar, sie ermöglicht Sinngenerierung, soziale Sichtbarkeit und Anerkennung.«[11] Was hier als Lob gemeint ist, könnte auch kritisch gewendet werden: Natürlich darf ein Milizsystem nicht lediglich dazu dienen, den Mangel an Anerkennung, den Frauen und ältere Menschen in der Gesellschaft erfahren, zu kompensieren.

Aber der entscheidende Punkt ist gar nicht die Wirkung auf den einzelnen Menschen, sondern die gesamtgesellschaftliche Wirkung: Das Milizsystem kann ein Moment der Vermittlung sein zwischen »dem Staat« und den »Bürgerinnen und Bürgern«. Miliztätigkeit ist der Moment, in dem einem der Staat nicht als etwas Fremdes gegenübertritt. Er wird wortwörtlich durch die eigene Tätigkeit erfahrbar. Durch die konkrete Mitarbeit erfahren die Bürgerinnen und Bürger der Schweiz: »L'Etat, c'est moi aussi! Es ist zumindest *auch* mein Staat.« Die Rolle des Staatsbürgers und die Form des Bürgerstaates sind aufeinander bezogen, gehen auseinander hervor. Und das Milizsystem ist zumindest ein mögliches Scharniersystem.

Sanitäter mit »Stichwesten« – oder lieber Pflichtfeuerwehr?

Wie stark sich dieser andere Ansatz auf die Mentalitäten auswirkt, zeigt sich wohl besonders deutlich, wenn man das Verhalten der Bevölkerung gegenüber der sogenannten »Blaulicht-Fraktion« vergleicht, also gegenüber Polizei, Sanitätern und Feuerwehr. Kaum ein Krankenhaus in Deutschland kommt heute ohne Sicherheitspersonal aus; in Niedersachsen gehören die sogenannten »Stichwesten« zur Standardausrüstung von Sanitätern.[12]

Noch dramatischer ist die Lage der Polizei: Beleidigungen, Bespuckt-werden, körperliche Angriffe gehören zum Alltag, nicht nur in den sogenannten »Problemvierteln«. Und zugleich gibt es nicht nur Gewalt gegen Polizisten, sondern auch Gewalt von Polizisten. Der Staat als Feind und die

Symbole der Staatsgewalt als Hassobjekte. Wie ist das zu erklären? Und warum ist es in der Schweiz anders?

Um das zu verstehen, begeben wir uns probehalber in ein Dorf im Unterengadin. Soeben ist eine Familie neu hierhergezogen. Und schon bald flattert eine Einladung in den Briefkasten. Oder ist es eher eine Vorladung? Die Überschrift lautet: »Aufgebot«. Wer über 20 und unter 45 ist Jahre alt ist und im Dorf wohnt, ist automatisch Mitglied der Pflichtfeuerwehr. Das ist keine Option, kein Vorschlag, kein bloßes Ansinnen: Das wird allen Dorfbewohnern zugemutet. »Der Besuch der Veranstaltung ist obligatorisch.« Auf dem Bescheid prangt das Wappen der Gemeinde, *Cumún da Scuol*.

Natürlich kann man sich befreien lassen, man kann finanziell kompensieren. Aber die mentale Wirkung ist enorm. Angriffe auf Feuerwehrleute, auf die »Blaulicht-Fraktion« insgesamt, sind in der Schweiz quasi unbekannt. In Basel gibt es Hooligans, aber das sind Ausnahmen. »Es mag so etwas mal geben, aber das sind extreme Ausnahmen. Über die Situation in Frankreich oder Deutschland können wir uns nur wundern.«, sagen mir Vertreter der Feuerwehr und des Zivilschutzes im Kanton St. Gallen bei meiner Recherche. Liegt das einfach an der helvetischen Zurückhaltung – oder eben doch am Mechanismus der Pflichtfeuerwehr?

Neben der Pflichtfeuerwehr und eng mit ihr verbunden gibt es auch den sogenannten Zivilschutz. Auch dieser mag auf den ersten Blick wie aus der Zeit gefallen erscheinen. Aber hat nicht die Corona-Pandemie gezeigt, dass unvorhergesehene Dinge geschehen können, die auch moderne Gesellschaften vor komplexe logistische Aufgaben stellen können, die nur mit viel Personaleinsatz zu bewältigen sind?

Dazu gehören Hochwasserkatastrophen, Impfkampagnen, Evakuierungen.

Wer sich über die Aufgaben der Feuerwehr und des Zivilschutzes in der Schweiz informiert, hat den Eindruck, in ein Land am Abgrund zu blicken: Man fühlt sich zuständig bei: »Brandfällen, Explosionen, Menschenrettungen aller Art (z. B. Autounfälle, Liftunfälle etc.), Unterstützung des Rettungsdienstes 144, Tierrettungen (von Bienenvölkern bis zum Stier), Technische Hilfeleistungen (z. B. Fahrzeugbergungen, Wasserwehreinsätze etc.), Elementarereignisse (z. B. Sturm, Hagel, Wasser, Erdrutsch, Folgen von Schneelast), Ölunfällen, Chemieunfällen (im zugewiesenen Stützpunktgebiet), Erden von Bahnanlagen«. Ähnliche Aufgaben haben natürlich auch die freiwilligen Feuerwehren in Deutschland. Und doch kann man sich wundern über das Kompetenz-Portfolio einer wohlgemerkt auf der Basis einer »Miliz« operierenden Institution.

Hand- und Spanndienste:
Deutsche Traditionen

Aber vollends fremd ist die Vorstellung, dass die Gemeinde die Bürgerinnen und Bürger um tatkräftige Mithilfe bitten kann, nicht. Das deutsche Kommunalrecht kennt die sogenannten »Hand- und Spanndienste«. Wer ein Pferdegespann besaß, konnte zum Beispiel verpflichtet werden, umgestürzte Bäume, die nach einem Sturm einen Weg versperrten, zu beseitigen. Da die Gemeinden oft keine oder unzureichenden technischen und personellen Möglichkeiten hatten, war dies ein übliches Verfahren – und in Deutschland bis in die 1950er Jahre durchaus gebräuchlich. Nicht nur in Ausnahmefällen, bei Extremwetterlagen beispielsweise, konnte die Gemeinde sich die helfenden Hände holen, die sie brauchte.

In einer Handreichung zu den Hand- und Spanndiensten von 1953 wurden auch explizit die »Kraftfahrzeughalter« in die Pflicht genommen. Der Besitz eines Autos war damals noch so selten, dass ähnlich wie bei Pferdefuhrwerken aus den besonderen technischen Kapazitäten auch besondere Verpflichtungen gegenüber der Allgemeinheit abgeleitet wurden. Besonders bei »Fuhrunternehmern, Kohlenhändlern und dergleichen« seien die Kraftfahrzeuge äquivalent zu Gespannen zu werten, die Spanndienste daher von der Bindung an die Zugtierhaltung zu lösen.[13] Wer helfen kann, muss.

Heute sind die »Hand- und Spanndienste« eher ein Kuriosum, das vor allem in der Rechtsgeschichte behandelt wird. Zur Anwendung kommen sie nur noch in ganz wenigen Fällen. Doch noch immer heißt es unter in § 10 Absatz 5 der Gemeindeordnung: »Durch Satzung können die Gemeinden ihre Einwohner und die ihnen gleichgestellten Personen und Personenvereinigungen für eine bestimmte Zeit zur Mitwirkung bei der Erfüllung vordringlicher Pflichtaufgaben und für Notfälle zu Gemeindediensten (Hand- und Spanndienste) verpflichten.« Dass durch diese Regelung nicht gegen das Verbot von Zwangsarbeit verstoßen wird, ist in der Rechtswissenschaft Konsens.

Das Beispiel der Hand- und Spanndienste zeigt aber eine wichtige Rückwirkung demokratischer Zumutungen: Wer im Bewusstsein lebt, zu Diensten herangezogen werden zu können (oder dieses womöglich tatsächlich erfährt), wird die kollektiven bindenden Entscheidungen in der jeweiligen Gemeinde mit viel mehr Interesse verfolgen. Eine Politik, die den Bürgerinnen und Bürgern etwas zumutet, setzt sich selbst auch einem größeren Rechtfertigungsdruck aus: Waren die Dienste tatsächlich notwendig? Waren sie fair verteilt? Welche Versäumnisse in der Vergangenheit machten diesen Dienst – man denke beispielsweise an den sogenannten Deichdienst – überhaupt unvermeidlich? Wer »skin in the game« hat, wer tatsächlich mit anpacken muss, wird das alles nicht mehr unwichtig und uninteressant finden.

Die dunkle Seite: Bürgerwehren

Man könnte in der Schweizer Pflichtfeuerwehr und im Zivilschutz den Ausdruck einer langen republikanischen Tradition in der Schweiz sehen: Die Idee der Allmende-Güter stammt bekanntlich aus den Bergdörfern, in denen das Holz aus einem Gemeindewald gerecht und vor allem nachhaltig verteilt werden musste. Die Koordination des Verhaltens, der konkrete soziale Zusammenhalt, hat eine sehr anschauliche Dimension, wenn man mit Erdrutschen, Lawinen, Schneestürmen und Feuer konfrontiert ist.

Noch heute kennt man im Schweizer Recht das sogenannte »Heimatrecht«. Anders als der bloße Wohnort zeigt er eine Zugehörigkeit zu einer Solidargemeinschaft an. Wer »Heimatrecht« hat, ist in einer Gemeinde beispielsweise berechtigt, von Allmende-Gütern zu profitieren. In Schweizer Lebensläufen findet man daher, was sich in Deutschland nur noch auf Promotionsurkunden erhalten hat: die Angabe des Geburtsortes mit »Heimatrecht«. Man ist X Y »von Glarus«

oder »heimatberechtigt in Basel Stadt«. Interessanterweise ist neben dem Begriff des »Heimatortes« auch das Wort »Bürgerort« gebräuchlich. Der Geburtsort ist akzidentiell, der »Heimatort« aber essenziell.

Eine solche urwüchsig anmutende Form der Zugehörigkeit mag von außen prämodern erscheinen. Man sollte die Schatten dieser Form der Inklusion nicht verheimlichen. Wo es Inklusion gibt, gibt es auch Exklusion. Aber es scheint plausibel, das geringere Maß an Entfremdung zwischen den Bürgern und »dem Staat« auch dadurch zu erklären, dass diese Strukturen selbst die Menschen in die Feuerwehr integrieren. Die Pflichtfeuerwehr mag nur einen Bruchteil der Schweizer tatsächlich betreffen; die meisten werden sich wohl befreien lassen oder Ersatzdienste leisten. Aber sie verändern die Haltung. Sie lassen jeden Feuerwehrwagen als »meinen« oder »unseren« erscheinen. Der Staat – das sind eben nicht »die anderen« oder »die da oben«.

Ein zentrales Element lautete, dass dabei die Formgebung entscheidend ist. Und in der Tat kann man sich leicht vergegenwärtigen, wie gefährlich und undemokratisch jede Form von Milizentum werden kann, wenn sie »spontan« und »von unten« organisiert wird. Am Beispiel der USA hatten wir bereits gesehen, dass es einen Zusammenhang zwischen der Entprofessionalisierung und der Enthemmung im Krieg gibt.

Ein verwandtes Phänomen finden wir überall dort, wo sich Menschen zusammenrotten, um in selbsternannten Milizen oder »Bürgerwehren« das Gesetz in die eigenen Hände zu nehmen. Genaugenommen haben wir es auch hier mit einer allerdings besonders gefährlichen Form von Rollendiffusion zu tun: Der Begriff »Hilfspolizist« ist eigentlich ein Oxymoron. Hilfspolizisten verfügen weder über eine angemessene Ausbildung noch – was viel schwerer wiegt – über die Legitimation, die nötig ist, um legitime Zwangsgewalt im Namen der Allgemeinheit auszuüben.

Ein Plädoyer für die Einführung einer Pflichtfeuerwehr – oder ähnlicher Strukturen – darf also auf keinen Fall missverstanden werden als ein Aufruf zur Entprofessionalisierung hoheitlicher Aufgaben. Was der Staat leisten muss, kann letztlich nur der Staat leisten. Aber er kann es eben in vielen Fällen nicht ohne oder gar gegen die Bürgerinnen und Bürger leisten.

Gerade was die Formgebung betrifft, so ist das Milizsystem der Schweiz interessant. Denn diese Formgebung erfolgt hier eben nicht einfach »von unten«, sondern bleibt staatlich strukturiert: Die Vorladung zur Pflichtfeuerwehr wird von der Gemeinde ausgesprochen, ist mit Wappen übertitelt und nicht von einem privatrechtlich organisierten Feuerwehrverein ausgestellt. Und auch die Ämter im Milizsystem sind *Ämter* – mit präzise definierten Amtspflichten und Handlungsspielräumen. Wir sollten uns also nicht durch Worte irritieren lassen: Das Schweizer Milizsystem hat nichts mit den »Milizen« zu tun, die als Räuberbanden durch die Peripherie der Weltgesellschaft ziehen.

Die dunkle Seite des Milizsystems lässt sich wohl am einfachsten als die dunkle Seite der Gemeinschaft beschreiben. Wir hatten schon vor Gemeinschaftsduselei gewarnt. Im selben Maße, in dem ein Milizsystem das Zusammengehörigkeitsgefühl stärkt, droht es auch die Abgrenzung nach außen zu verstärken. »Unser Staat« – das kann eben auch bedeuten »nicht euer Staat«!

In der Schweiz ist diese Tonalität in den vergangenen Jahren immer spürbarer geworden. Bisweilen wird eine

Unterscheidung zwischen »bloßen Schweizern« und »echten Eidgenossen« benutzt. »Bloße Schweizer«, das sind dann Menschen mit Migrationshintergrund und Schweizer Staatsangehörigkeit, »Eidgenossen« aber »Bio-Schweizer«. Tragisch ist diese Entwicklung, weil ja gerade die Schweiz eine politische Gemeinschaft darstellt, die auf »Eid«, auf Schwur, auf Konvention und Entscheidung – nicht auf biologische Abstammung fußt. Nicht verwunderlich also, dass der Populismus in der Schweiz auch viel Gegenwind bekommt.

Auch die französische Präsidentschaftskandidatin Valérie Pécresse sprach von den »français de cœur« und den »français de papier«: Die einen hängen mit dem Herzen an Frankreich, die anderen sind bloß auf dem Papier Franzosen. Aus deutscher Perspektive kann man derartige Unterscheidungen nur als völkisch empfinden. Hier wird die Zugehörigkeit zu einer vorstaatlichen (Volks-)Gemeinschaft gegen die Staatsangehörigkeit ausgespielt. Gerade in einem republikanisch gedachten politischen Gemeinwesen muss die Zugehörigkeit über das Recht erfolgen, nicht über Abstammung, eine schwer definierbare Kultur oder sonstige schwammige Kategorien. Ob jemand dazugehört, darf sich allein an der Staatsbürgerschaft entscheiden; zwischen den »Franzosen des Herzens« und den bloßen »Franzosen des Papiers« zu unterscheiden, grenzt an Volksverhetzung.

Was aber folgt aus dem Beispiel des Schweizer Milizsystems? Zentral scheint, dass die demokratische Zumutung im Milizsystem in formalisierten, rechtlich geregelten Bahnen erfolgt. Ein tatsächlich demokratisches Milizsystem überbrückt die Grenze zwischen Staat und Gesellschaft, lässt sie aber nicht verschwimmen.

Tsahal – Die israelische Armee

1994. Claude Lanzmann veröffentlicht einen neuen Film. Der französische Dokumentarfilmer, Philosoph, Autor, Herausgeber ist damals bereits eine lebende Legende. Sein Film mit dem Titel *Shoah* hat einen neuen Begriff für den Holocaust eingeführt: Nicht das griechische Wort für ein Brandopfer wird seitdem meist verwendet, um die Ermordung der europäischen Juden zu bezeichnen, sondern das hebräische Wort für Katastrophe, *Shoah.*

Lanzmanns Film über den systematisch geplanten und mit erbarmungsloser Brutalität durchgeführten Völkermord an den europäischen Juden ist ein Film wie kein anderer. Lanzmann gibt hier den Überlebenden eine Stimme. Aber er lässt auch Täter zu Wort kommen, die ihre Gesinnung nicht verbergen. Die 540 Minuten des Films sind emotional kaum zu ertragen. Der französische Präsident François Mitterand hat ihn gesehen, so lässt der Elysée-Palast 1985 wissen. Zumindest in Frankreich ist Lanzmann eine Institution, eine moralische Autorität.

1994 also ein neuer Film von Lanzmann: *Tsahal.* Das ist das Akronym von *Tsava Haganah Leisrael* (Armee zur Verteidigung Israels), auf Englisch *Israel Defence Forces*, IDF. Wieder geht Lanzmann mit einer phänomenologischen Neutralität ans Werk. Er lässt Soldaten, Offiziere, Journalisten, Schriftsteller sprechen. Es entsteht das Bild einer Bürgerarmee. Hier weiß jeder und jede, worum es geht. Israel sieht sich einer ständigen existenziellen Bedrohung ausgesetzt. Über die Absichten der Feinde macht man sich keine Illusionen. Lanzmanns Film zeigt Juden, die sich wehren, die ihre Sicherheit in die eigenen Hände nehmen.

Lanzmann zeigt aber die ganze Ambivalenz dieses Vorgangs. Er lässt Soldaten zu Wort kommen, die von ihren Panzern sprechen wie von ihren Ehefrauen. Auch die Panzer geben die Liebe und Aufmerksamkeit, die man ihnen schenkt, zurück, so wird gesagt. Indem Lanzmann derartige Sätze einfach abfilmt, zeigt er die ganze Komplexität einer Bürgerarmee, entstanden aus einer Befreiuungsmiliz, mit der Gesellschaft durch unendlich viele Fasern und Kanäle verwoben. Man täte dem Film Unrecht, würde man ihn als ein Propagandawerk abtun, das lediglich jüdische Stärke glorifiziert. Nein, Lanzmanns Film irritiert, er wirft Fragen auf, zeigt Spannungen, Widersprüche, Abgründe.

Mit Israels Armee haben wir zweifellos einen Extremfall vor uns. Hier wird den Bürgerinnen und Bürgern eine Art Maximum zugemutet. Die Opfer, die Churchill in seiner Ansprache einforderte, gehören beinahe zum Alltag. Es herrscht eigentlich immer Krieg, gefühlt sowieso, aber eigentlich auch real. Nach dem Krieg ist in Israel immer vor dem Krieg. Wer sich nicht aus religiösen Gründen vom Wehrdienst befreien lassen kann, dient als Mann drei Jahre (seit 2020 nur noch zweieinhalb), als Frau zwei Jahre. Bekannt sind die Bilder von jungen Soldaten und Soldatinnen mit Miznefet, dem Stoffüberhang auf dem Helm, der Schatten spenden kann, aber auch die Tarnung erleichtern soll. Die IDF, die *Israel Defence Forces*, sind auch ein Beispiel dafür, wie eine allgemeine Wehrpflicht so etwas wie soziale Promiskuität herstellt. Die Rede von der IDF als einem sozialen *Schmelztiegel* reicht weit zurück. Es gibt durchaus Gründe, die Armee als die »wichtigste Institution im Land«[14] zu bezeichnen. Sie ist nicht nur Egalisierungsmaschine, sondern zugleich eine Bühne für die Auseinandersetzung der verschiedenen weltanschaulichen Lager. Aber ist sie auch eine geeignete Bühne? Initiativen wie *Breaking the silence* haben die Selbstkritik in die Armee selbst getragen und verteidigen den Anspruch, sich dem Sog des Militarismus entgegenzustellen.

Dass auch die Frauen eingezogen werden, hat durchaus Auswirkungen auf die Geschlechterrollen gehabt. Natürlich gibt es auch in Israel Sexismus. Aber wenn junge Frauen in Uniform und mit Sturmgewehr durch die Straßen schlendern, verändern sich die Vorstellungen darüber, welche Rolle wem zukommt. Uta Klein hat dieser Dimension der IDF eine ausführliche Studie gewidmet. 2001 kam sie zu dem Ergebnis: »Im *öffentlichen* Bewußtsein ist – trotz der Sichtbarkeit der Solda*tinnen* der Soldat männlich.«[15] Ob diese Aussage heute noch genauso zutrifft?[16]

Israel ist ein gutes Beispiel dafür, dass eine Demokratisierung des Militärs auch zur Militarisierung der Gesellschaft beitragen kann. Die heftigste Kritik daran kommt aus Israel selbst. In seinem sehr umstrittenen Buch über *Eine Armee wie keine andere* zeichnet beispielsweise Haim Bresheeth-Zabner das Bild einer Armee, die die Gesellschaft nicht etwa schützt, sondern regerecht dominiert.[17] Die heftigen Reaktionen auf sein Buch zeigen, wie stark umkämpft die Deutung der IDF ist.

Die in Israel populäre Kampfart namens *Krav Maga* (von Kampf*sport* kann man hier nicht mehr sprechen) setzt auf Enthemmung: Wenn man angegriffen wird, soll man den Gegner mit allen Mitteln ausschalten, so schnell wie irgend möglich. Alles darf und soll als Waffe verwendet werden, Stühle, Aschenbecher, Kugelschreiber. Man attackiert grundsätzlich die Schwachstellen, die Kehle, die Augen, die Hoden. Immer wieder laufen im israelischen Fernsehen die

Aufnahmen von Überwachsungskameras, die zeigen, dass solche Techniken erstens nötig und zweitens hilfreich sind.

Ist es unfair, Israel als eine militarisierte Gesellschaft zu beschreiben? Die Streitkräfte sind zu einem zentralen Raum der Netzwerkbildung und Karriereplanung geworden. Ohne vorangegangene Laufbahn bei der Armee wird es auch in der politischen Sphäre schwierig. Militärisches Denken strahlt in alle gesellschaftlichen Bereiche ab. Das ist vor dem Hintergrund der Erfolge nachvollziehbar, ja sehr gut verständlich, macht die Sache aber nicht harmloser.

Das Beispiel Israels zeigt beides: Dass eine Demokratie, die in Anspruch nimmt, die sich traut, harte Zumutungen zu formulieren, mehr Zusammenhalt generiert. Selbst die größten Kritiker der jeweiligen Regierung in Israel lieben ihr Land. Dass Zumutungen und erzwungene soziale Promiskuität als zentripetale Kräfte funktionieren, scheint sich am Beispiel Israels zu bestätigen. Aber es zeigt sich eben auch, dass im schlimmsten Fall die Zivilgesellschaft gar nicht mehr so zivil ist, dass Inklusion immer auch Exklusion bedeutet. Es werden eben nicht alle einberufen. Die Drusen schon, nicht aber die Muslime. Und die ultra-orthodoxen Juden auch nicht. Ein *melting-pot* sind die IDF also nur in bestimmter Hinsicht.

Der Fall Israels ist so außergewöhnlich, dass Übertragungen nicht möglich sind. Hier sind es die äußeren Feinde, die die Gesellschaft trotz aller weltanschaulichen Differenzen zwischen Säkularen und Orthodoxen zusammenhält. Israels Feinde sind real. Aber es gibt immer auch die Versuchung, Zusammenhalt durch imaginierte Feinde zu generieren. Dann tritt die dunkle Seite einer Milizarmee endgültig ans Licht.

Will man die Dimension der Zumutung in Demokratien rekonstruieren, so sollten diese Ambivalenzen auf keinen Fall aus dem Blick geraten. Immer besteht auch die Gefahr, dass die Demokratie ihren Bürgerinnen und Bürgern zu viel oder einfach das Falsche zumutet. Zumutungen sind nicht a priori wünschenswert oder demokratiestabilisierend. Es besteht wie überall die akute Gefahr von Überdosierungen oder Missbrauch.

Entscheidend scheint hierbei der kategoriale Unterschied zwischen Militärdienst und Bürgerdienst. Die Frage ist schlicht: Was ist primär? Geht, wer den Wehrdienst verteidigt, in den Bürgerdienst? Oder ist der Wehrdienst eine besondere Form des Bürgerdienstes? Das mag nach Kasuistik klingen, könnte aber einen kategorialen Unterschied machen. Denn die Frage lautet, welches Rollenmodell primär ist und welches sekundär. In Deutschland war unter dem Idealbild des »Bürgers in Uniform« immer auch eine »Verbürgerlichung« des Militärs beabsichtigt. Es ging nicht nur um eine Kasernierung der Nation[18], sondern auch um eine Zivilisierung des Militärischen. Die anhaltenden Skandale um rechtsextreme Umtriebe bei der Bundeswehr werfen daher sehr grundsätzliche Fragen auf. Werden hier etwa Errungenschaften rückabgewickelt?

An diesen Errungenschaften hatte auch der Aufstieg des Rollenmodells vom netten »Zivi« seinen Anteil. Patrick Bernhard arbeitete heraus, wie die konkrete Erfahrung, Hilfe durch Zivildienstleistende zu erhalten (bspw. durch »Essen auf Rädern«) dazu beitrug, das Bild vom langhaarigen »Revoluzzer« und »Drückeberger« langsam, aber sehr nachhaltig zu verändern.[19] Das ist in anderen Ländern ganz anders. Hier bilden Soldat und »Zivilist« noch echte Gegensätze.

Es geht dabei weniger um die Frage, was die Norm und was die Abweichung ist, sondern eher, welche Rolle die andere umfasst: Werden Bürgerinnen und Bürger zum Bürgerdienst einberufen und haben dann die Wahl, diesen als Wehrdienst abzuleisten? Dann ist auch die Rolle als Soldatin und Soldat mit der Rolle des *citoyen* eingerahmt. Zumindest könnte man dies erhoffen. Vor allem würde so jeder Gefahr einer schleichenden Militarisierung der Gesellschaft entgegengearbeitet.

Die Utopie der Universal Army

Dass die Idee, durch eine allgemeine Wehrpflicht so etwas wie soziale Durchmischung herzustellen, auch auf Abwege führen kann, lässt sich nicht nur am äußersten rechten Rand beobachten, wo derartige Phantasmen nicht überraschen. Nein, auch in der linken Avantgarde gibt es Theoretikerinnen und Theoretiker, die den »Kommunismus« (was immer das in diesem Kontext auch genau heißen mag) durch eine »Universal Army« herstellen wollen.

In einem von Slavoj Žižek hochgelobten Text entwickelt der Literaturwissenschaftler Fredric Jameson die Idee einer völlig durchmilitarisierten amerikanischen Gesellschaft: Alle sollen zu Armeeangehörigen werden. Allen stehe dann eine Gesundheitsversorgung, Nahrung, Wohnraum zur Verfügung.

Diese *Universal Army* wäre dann »ein erster Vorschein einer klassenlosen Gesellschaft« – und gerade deshalb provoziere seine Utopie so heftige Reaktionen. Und weiter:

»Diese Erfahrung sozialer Promiskuität ist aber genau das, worum es bei der Demokratie eigentlich geht (lassen wir dieses beschmutzte Wort in Zukunft lieber beiseite) und was eine Utopie beinhalten muss: Sie macht den ›Gattungscharakter‹ aus, um Marx' Begrifflichkeit zu benutzen, und die tiefste Bedeutung des Begriffs ›Kulturrevolution‹ besteht genau im Durchlaufen dieser Erfahrung, im Ertragen dieser Belehrung, denn diese bezeichnet den Übergang von einem Produktionsverhältnis zum anderen.«[20]

Die Militarisierung soll hier erneut einen *melting-pot*-Effekt herstellen. Aber nicht allein der positive Verweis auf die Kulturrevolution macht stutzig: Unklar bleibt an diesem Text, was hier ernst gemeint ist und was schlicht ein aberwitziges Gedankenexperiment darstellen soll. Wenn die ehemaligen sozialistischen Armeen des Ostblocks dafür gelobt werden, dass sie Kleidung selbst produzierten, oder gar die Armee der Volksrepublik Chinas als wunderbare Heimat für Autoren und Künstler gezeichnet wird, darf man sich fragen, ob diese Denkscherze nicht etwas geschmacklos ausfallen.[21] Dass ausgerechnet hier ein Weg aus den Aporien des radikaldemokratischen Denkens aufgezeigt wird, wie Žižek im Nachwort behauptet, wirkt wie eine groteske Behauptung, deren provokativer Charakter nur vor dem Hintergrund einer in progressiven Milieus verbreiteten ›Staatsphobie‹ erklärbar ist. Nur in diesem Echoraum stellt Etatismus einen Tabubruch dar.

Aber vielleicht lässt sich Jamesons Text über die *Universal Army* auch als eine literarische Fiktion lesen, als ein bloßes Gedankenexperiment. Dann wäre, wie Oliver Marchart argumentiert[22], nach Abzug der radikalen Rhetorik vor allem das Ideal sozialer Durchmischung, organisierter, ja erzwungener Zusammenarbeit zu retten. Diese soll die »Umfunktionierung« der Armee erzwingen, die in diesem Gedankenexperiment mit ihrem Anspruch, die Allgemeinheit zu verkörpern, an die Stelle einer Schule mit allgemeiner Schulpflicht tritt.[23] Und zugleich wäre die normative Ambivalenz dieser Hoffnung ausgesprochen. Die Frage wäre dann, ob es nicht andere, zivile Formen gibt, die Zumutung der Demokratie so zu kanalisieren, dass sie beantwortet wird.

Dass nach Putins Angriff auf die Ukraine die Debatte um die Wiederbelebung der Wehrpflicht begann, kann nicht überraschen. Aber eine Wehrpflicht droht nicht nur die beschriebene Militarisierung der Gesellschaft voranzutreiben. Sie scheint auch an den Bedürfnissen moderner Armeen vorbeizugehen. Ute Frevert hält die Idee der Wehrpflicht gar für historisch überholt.[24]

Wenn aber die Debatte um ein Pflichtjahr oder einen Bürgerdienst mit dem polemischen Verweis auf »Zwangsarbeit« weggewischt wird, siegen bloße Denkreflexe. Ein verpflichtendes freiwilliges Jahr könnte ja auch in Form eines *compulsory sustainability service* geleistet werden, eines »Nachhaltigkeitsdienstes«. In diesem Sinne ließe sich die Möglichkeit von Bürgerdiensten auch als ein Indikator für den Zustand einer Demokratie verstehen: Wenn demokratisch legitimierte Regierungen der Bevölkerung gar nichts mehr zumuten können, weil sie mit Ablehnung, Verweigerung, ja Hass und Gewalt rechnen müssen, spricht das nicht gegen die Idee der Bürgerdienste, sondern gegen die Zustände in dieser Demokratie.

8

Wahlpflicht: Entscheiden als Zumutung

Der 27. Juni 2021. Wer sich für den Zustand der Demokratie interessiert, blickt an diesem Sommerabend nach Frankreich. Es steht die zweite Runde der Regionalwahlen an. Die Partei des französischen Präsidenten Emmanuel Macron fährt peinliche Ergebnisse ein. Nur 5,4 Prozent sind es im zweiten Wahlgang landesweit. Nur ein einziger Regionalpräsident stammt aus der Partei des Staatsoberhauptes und Regierungschefs. Noch nicht einmal eine Million Wähler konnte die Partei des Präsidenten zusammenbringen.

Aber es gibt noch eine zweite Zahl, die erstaunen lässt: die Wahlbeteiligung. Rund zwei Drittel der Wählerinnen und Wähler haben sich der Wahl enthalten! Eine Zwei-Drittel-Mehrheit hatte besseres zu tun, war mit dem Angebot unzufrieden, lehnte den ganzen Vorgang ab – oder interessierte sich einfach nicht dafür! Diese Zahl ist so unglaublich, dass der deutsch-französische Fernsehsender ARTE auf seiner Homepage einen Übersetzungsfehler veröffentlicht: Nur zwei Drittel hätten gewählt, heißt es auf der deutschen Seite. Schön wär's! Zwei Drittel haben *nicht* gewählt, müsste die Übersetzung lauten.[1]

Betrachtet man die Ergebnisse nach Alterskohorten, wird das Bild nicht besser. In der Gruppe der 18 bis 24-jährigen sind sage und schreibe 87 % nicht wählen gegangen. In Frankreich ist man einiges gewohnt, aber diese Zahl löst einen Schock aus. Schnell werden Erklärungen vorgebracht. Die Regionalwahlen seien nicht so wichtig. Die Regionen seien als politische Einheit in Frankreich noch nicht ausreichend verankert. Außerdem sei das Wahlrecht so kompliziert, das schrecke viele Menschen ab. Und außerdem: das Wetter! Während des ersten Wahlgangs waren manche Regionen von schweren Gewittern betroffen.

In der Tat: Es kam viel zusammen. Eine territoriale Neuordnung, Corona, Sturm und Regen. Und dennoch! Welche Legitimität kann eine Regionalregierung beanspruchen, an deren Wahl sich nur ein Drittel der Wahlberechtigten beteiligt hat? Wird Demokratie hier zum Hobby einer Minderheit?

Das Hochamt der Demokratie

In Deutschland sind die Zahlen besser. Es sieht nicht überall so düster aus wie bei den französischen Regionalwahlen. Bei wichtigen Wahlen ist die Beteiligung relativ hoch, auch in Frankreich – und bei den Präsidentschaftswahlen 2020 auch in den USA. Problematisch sieht die Lage in Deutschland bei Kommunalwahlen, Landtagswahlen und vor allem den Wahlen zum Europäischen Parlament aus.

Wir haben also ein gemischtes, komplexes Bild vor uns, aber der Trend scheint doch mehr oder weniger einheitlich zu sein: Die Wahlen werden nicht mehr als Hochamt der Demokratie betrachtet. Man legt sich keine Krawatte an, holt nicht das Sonntagskleid raus, um die Rolle des

Souveräns auszufüllen. Die Gründe hierfür sind vielfältig – und wir haben sie teilweise auch schon genannt: Individuelle Präferenzen lassen sich nur schwer unter das Banner einer Partei oder einer Figur zusammenbinden. Es droht eine »Demokratie ohne Mehrheit« (Michael Koß), die den Parlamentarismus vor ganz neue Herausforderungen.[2]

Aber es gibt auch triviale Gründe. Manche haben schlicht etwas Besseres zu tun. Aus der Sicht vieler liberaler Demokratietheoretiker ist das auch unproblematisch. Sie argumentieren, dass es in einer Demokratie – anders als in einem totalitären System – auch ein Recht geben muss, sich *nicht* für Politik zu interessieren. Es ist aus dieser Perspektive das gute Recht freier Menschen, das Fernsehprogramm zu wechseln, wenn von Politik die Rede ist, am Zeitungskiosk vorbeizugehen, wo die Schlagzeilen auf den Auslagen prangen, und das Thema Politik im Gespräch mit Freunden zu meiden. Es müssen sich auch nicht alle für Fußball interessieren, Gott sei Dank! Warum also für Politik?

Und haben sie nicht Recht? Aus utilitaristischer Sicht ist es völlig irrational, wählen zu gehen. Die einzelne Stimme kann keinen Unterschied machen. Die kostbare Zeit nutzenoder zumindest lustmaximierend zu verbringen wäre viel smarter. Wer sich an derartigen Dingen beteiligt, ist dann einfach unklug, verschwendet seine Ressourcen.

Aus Sicht eines republikanischen Demokratieverständnisses ist Politik etwas ganz anderes als Sport oder Musik. Hier gilt: Man kann nicht nur, man *muss*. Demokratie wäre dann eher so wie Wasser, nicht wie Wein. Wein mag Geschmackssache sein, aber Trinkwasser ist eine öffentliche Aufgabe. Niemand hat das Recht, unser gemeinsames

Trinkwasser durch Ignoranz zu vergiften. Wasser ist eine *res publica*, eine gemeinsame Sache, und daher muss man sich um sie kümmern. Politik wäre dann eine notwendige Bedingung dafür, dass man ungestört den privaten Interessen nachgehen kann, nicht selbst der Ausdruck dieses Anspruchs auf Privatheit.

Nun wendet man aus dem liberalen Lager ein, dass die Bürgerinnen und Bürger sich schon melden werden, wenn ihnen etwas nicht oder nicht mehr passt. Die Rolle des bloßen Zuschauers wäre aus dieser Sicht legitim. Allerdings wird hier vorausgesetzt, dass im Falle einer Gefährdung der Demokratie, im Falle eines groben Missmanagements oder unerträglichen Stümperhaftigkeit diese Rolle verlassen wird.

Diese Vorstellung von Demokratie wäre eine minimale Vorstellung von Demokratie. Wie ein Tarnkappenflugzeug bewegt sich hier die Regierungsarbeit unter dem Radar der Aufmerksamkeit. Solange die Bürgerinnen und Bürger zufrieden sind, bleiben sie still, gehen nur gelegentlich wählen, halten sich mehr oder weniger raus. Aber wenn ihnen etwas nicht mehr in den Kram passt, empören sie sich, gehen auf die Straße, artikulieren ihren Unmut, strafen die Eliten bei Wahlen ab – bis die Politik ihren Kurs irgendwann korrigiert. »Wählen« bestünde dann vor allem in der Möglichkeit des »Abwählens«.

Ähnlich lässt sich auch der von John Keane geprägte Begriff der *monitory democracy* verstehen. Die Bürger verfolgen nach diesem Model die Aktivitäten der Repräsentanten aus kritischer Distanz. Sie schauen ihnen zwar auf die Finger (engl.: *to monitor*), werden aber erst dann wirklich aktiv, wenn eine echte Unzufriedenheit besteht.[3] Wichtiger als echte Beteiligung ist hier eine kritische Distanz zur Politik, ein gesundes Maß an Misstrauen.

Niedrige Wahlbeteiligung wäre aus Sicht einer liberal gedachten *stealth democracy* ganz unproblematisch: Wenn 87 Prozent der jungen Französinnen und Franzosen nicht wählen gehen, dann geht es ihnen offenbar so gut, dass sie keine nennenswerten Änderungen wünschen. Selbst schuld! Je höher die Wahlenthaltung, umso höher offenbar die Zufriedenheit.

Und aus republikanischer Sicht? Müsste sich die Sache da nicht ganz anders darstellen? Die Wahlenthaltung würde dann entweder bedeuten, dass die jungen Menschen nichts mehr von der Politik erwarten – oder sich einfach ihrer demokratischen Pflicht entziehen und es sich in ihren privaten Blasen bequem machen. Aber was kann man da tun?

In Deutschland ist es kaum bekannt, aber manche Demokratien benutzen einen auf den ersten Blick recht grob erscheinendes Gegenmittel: die Wahlpflicht. Die Wahlbenachrichtigung ist dann kein Berechtigungsschein mehr, auch keine unverbindliche Einladung, sondern schon eher so etwas wie eine Vorladung, ein »Aufgebot«, würde man wohl im Engadin sagen. Die Nachricht lautet dann: Es wird gewählt – und alle machen mit!

Antreten zum Wählen!

Um zu verstehen, dass dieser Gedanke der Demokratie weniger fremd ist, als es zunächst scheinen mag, lohnt ein Blick in die Geschichte der Wahlen. Heute assoziieren wir mir mit dem Begriff der Wahl die Wahlfreiheit – und meinen damit nicht nur die Option, zu wählen, wen man will, sondern auch: *gar nicht zu wählen.* »Sie haben die Wahl!« – das klingt heute nach dem weiter oben beschriebenen ökonomischen Muster einer konsumorientierten Haltung.

In der Tat hat der schrittweise Ausbau der Wahlbeteiligung, weg von einer auf reiche und männliche Mitglieder der Oberschichten hin zu einem tatsächlich allgemeinen Wahlrecht, auf die Einforderung von Beteiligung reagiert: Arbeiter und vor allem Frauen haben dieses Recht, sich an Wahlen beteiligen zu dürfen, in intensiven politischen Auseinandersetzungen erkämpft. Dass die Geschichte der Demokratie vor allem eine Geschichte dieser feministischen und antirassistischen Kämpfe ist, hat sich noch nicht vollends rumgesprochen.

Leicht vergisst man, wie lange dieser Prozess gedauert hat. Die USA werden oft als die »älteste Demokratie der Welt« angesprochen, zusammen mit der Schweiz. Aber wenn der Begriff der Demokratie auf das gleiche Recht auf Wahlbeteiligung einschließt, also eine echte Rechtsgleichheit der Bürgerinnen und Bürger, dann sind selbst die USA und die Schweiz eher junge Demokratien. Die systematischen Versuche, den Ausschluss von Afro-Amerikanerinnen zu beenden, begannen in den USA erst in den frühen 1960er Jahren, als Martin Luther King und die Bürgerrechtsbewegung die Bundesregierung dazu veranlassten, der Diskriminierung in vielen Teilstaaten entgegenzutreten. Die Historikerin Jil Lepore zeigt in ihrer Geschichte der USA, wie langsam und zäh die jeweiligen Fortschritte errungen wurden.[4] Das Versprechen der amerikanischen Unabhängigkeitserklärung – »gleich an Rechten geboren« – ist bis heute nicht wirklich eingelöst. Mehr noch: Die aktuellen Bemühungen der

Trumpisten laufen eindeutig darauf hinaus, afro-amerikani-sche Bürgerinnen und Bürgern die Stimmabgabe so schwer wie irgend möglich zu machen.

Und auch in der Schweiz ist die echte Gleichheit an der Wahlurne eine relativ junge Errungenschaft. Erst 1971 wurde die volle Wahlberechtigung für Frauen von den männlichen Schweizern in einer direkten Abstimmung beschlossen; in der deutschsprachigen Ostschweiz gab es dafür übrigens keine Mehrheiten. Im Oktober 1971 durften Frauen erstmals bei einer eidgenössischen Wahl mitstimmen. Im schönen Kanton Appenzell-Innerhoden musste 1990 gar das Bundesgericht einschreiten. Durch den berühmten »Frauen-stimmrecht-Entscheid« vom 27. November 1990 wurde der Kanton gezwungen, den Frauen auch auf kantonaler Ebene das volle Stimmrecht zuzusprechen. Aus feministischer Sicht beginnt die Schweizer Demokratie folglich 1990.

Wahlen als Instrument der Disziplinierung

Aber nicht immer und nicht in allen Fällen wurde das Wahl-recht auf Nachfrage der Ausgeschlossenen eingeführt. Wahlen können auch dazu dienen, Eliten zu legitimieren. Der Politikwissenschaftler Bernard Manin hat diese Funktion ausführlich beschrieben: Wahlen dienen auch dazu, eine »Wahlaristokratie« ins Amt zu heben. Sie verbinden nicht nur Eliten und Wahlvolk, sondern trennen die beiden zu-gleich: Die einen sind Wählerinnen und Wähler – die ande-ren aber Gewählte. Man geht zwar als Gleiche ins Wahlbüro rein, kommt aber ganz ungleich wieder heraus.

Und aus dieser Perspektive können Wahlen regelrecht zu einem Instrument der Disziplinierung werden. Wer wählen darf, muss gezählt, erfasst, bürokratisch einsortiert werden. Wer wählen darf, hat einen wohldefinierten Raum, um seiner Frustration Ausdruck zu verleihen. Die Historikerin Hedwig Richter hat in ihrer Rekonstruktion der Geschichte moderner Wahlen diese Dimension akzentuiert. Wahlen nehmen in Anspruch, sie können auch als eine Zumutung verstanden werden, nicht nur als eine Option, die man konsumieren kann oder auch nicht.[5]

Um diese These zu verstehen, muss man sich vor Augen führen, wie zu Beginn des 19. Jahrhunderts gewählt wurde: Im Anschluss an den Gottesdienst wurde in der Kirche die Wahlliste verlesen, dann Wahlvorschläge formuliert, dann mit weißen und schwarzen Kugeln, die in ein Gefäß gegeben wurden, abgestimmt. Das ganze Verfahren dauerte Stunden, ja manchmal sogar Tage.[6] Auch heute noch ist die Mitarbeit als Wahlhelferin oder Wahlhelfer ein anstrengendes Geschäft. Aber damals war selbst das Wählen Arbeit.

Die disziplinierende Funktion von Wahlen hat folglich eine handfeste Seite. Der Wahlvorgang selbst zwingt Gesellschaften dazu, sich zu organisieren, transparente Prozesse herzustellen. Auch die Eindämmung von Gewalt oder den im 19. Jahrhundert vor allem in den USA nicht unüblichen Saufgelagen musste hart erkämpft werden. Vor allem übt der Wahlmechanismus auch in das Überstimmt-werden ein: Disziplinierend wirkt die Pflicht zum sogenannten »loser's consent«, also der Tatsache, dass die Wahlverlierer (zumindest eigentlich!) den Wahlgewinnern gratulieren müssen. Wir hatten bereits gehört, dass dies auch schon für Athen eine wichtige demokratische Errungenschaft darstellte.

Dass Wahlen auch als Zumutung verstanden werden können, gilt indes nicht nur für das 19. Jahrhundert. Auch heute
können Wahlkämpfe, Wahlwerbung, Wahlplakate als eine
Belastung, ja Belästigung empfunden werden. Man kann
sich, in den etablierten Demokratien, dem Lärm des Wahl-
kampfs selbst beim besten Willen nicht entziehen. Zwar
gibt es keine formale Pflicht sich für die jeweiligen Wahlen
zu interessieren, aber die Imperative strahlen uns doch mehr
oder weniger subtil auf allen Kanälen entgegen.

Die eingangs thematisierte Wahlenthaltung wäre aus
dieser Sicht auch als eine Art Verweigerung lesbar: Man
entzieht sich der Zumutung von Wahlen. Man will mit »all
dem« nichts mehr zu tun haben, man »steigt aus«, ja man
»will sich das nicht länger zumuten«.

Diese Einstellung ist nur allzu verständlich. Denn in der
Tat ist die politische Kommunikation in Wahlkämpfen oft
eine Zumutung. Die Prosa von Wahlprogrammen ist oft un-
konkret, und die Slogans bestehen aus bloßen Phrasen. »Zukunft – wir sind dafür!« Wer soll so etwas ernst nehmen? Es
fällt leicht, sich über die Kommunikation in Wahlkampfzei-
ten lustig zu machen. Der Weg vom Original zur satirischen
Verballhornung ist kurz.

Aber die Allgemeinheit und Inhaltsleere der Wahlkampf-
kommunikation hat ja systematische Gründe. Parteien müssen möglichst viele Menschen ansprechen – und da ist es
besser, inhaltlich wenig zu sagen. Wenn dies aber zur Folge
hat, dass sich immer weniger angesprochen fühlen, weil sie
von den Phrasen abgeschreckt werden, hat die Demokratie
ein Problem.

Denn als erstes wenden sich jene ab, die bereits anderen
Zumutungen ausgesetzt sind. Der sogenannte sozio-ökono-

mische Faktor bei der Wahlbeteiligung ist ein altbekannter Effekt: Mehr Bildung, mehr Einkommen, mehr Vermögen führt im Durchschnitt zu mehr Beteiligung, nicht nur an Wahlen, sondern auch darüber hinaus.

Im Umkehrschluss bedeutet dies, dass sich die ökonomisch und kulturell schwächsten zehn Prozent der Bevölkerung besonders wenig an Wahlen beteiligen. Dies ist sicher nicht der einzige Grund, warum ihre Interessen nicht erfolgreich vertreten werden.[7] Aber wenn ein Teil der Bevölkerung sich aus dem politischen Prozess ausklinkt, fällt es umso leichter, eine Politik auf dem Rücken von prekär beschäftigen Menschen zu machen.

Gibt es keine Möglichkeit, entgegenzuarbeiten? Der Politikwissenschaftler Armin Schäfer hat in einem in Fachkreisen intensiv rezipierten Buch nachgezeichnet, wie die Interessen von sozial schwachen Menschen ignoriert werden. Und er hat eine mögliche Abhilfe zur Diskussion gestellt: Die Einführung einer Wahlpflicht.[8]

Wahlpflicht – einige Beispiele

Der 25. August 1830. Wir befinden uns im *Théâtre National de La Monnaie* in Brüssel, ein klassizistischer Bau, noch recht jung, mit herrlichen Säulen, einer großen Vortreppe. Der Geburtstag von König Wilhelm I. der Niederlande wird mit einer Opernaufführung gefeiert. Der König regiert nach preußischem Vorbild, autoritär und arrogant. Es wird das Stück *Die Stumme von Portici* gegeben. Den französischen Komponisten namens Daniel-François-Esprit Auber kennen heute nur noch eingefleischte Opernfans.

Als auf der Bühne in einem Duett von der Liebe zur Freiheit geträllert wird, kippt plötzlich die Stimmung im Saal. Der Funke springt von der Bühne in den Zuschauerraum, von der Fiktion in die Wirklichkeit über: Warum eigentlich immer nur von Freiheit reden und singen, statt sie sich wirklich zu erkämpfen? Erst tosender Applaus, dann Zwischenrufe. Wollen wir wirklich so tun, als würden wir unserem diktatorischen König alles Gute zum Geburtstag wünschen? Das tun wir nicht! *Vive la liberté*, schallt es plötzlich durch den Saal. Tumult bricht aus. Man beschließt, den vielen Worten endlich Taten folgen zu lassen, stürmt aus dem Opernhaus. Es folgen die schwersten Unruhen seit Jahren: Der Justizpalast wird gestürmt, mehrere symbolische Orte angegriffen. Am Ende fallen Schüsse, es gibt Tote.

Es wäre übertrieben zu sagen, die belgische Demokratie sei im Opernsaal auf die Welt gekommen. Die belgische Freiheitsbewegung hat jedoch zumindest einen wichtigen Zündfunken im Opernsaal erhalten. Nicht nur wegen der herrlichen Anekdote über die Macht der Kunst bleibt Belgien ein für die Demokratieforschung faszinierendes Land. Belgien ist ein bi-kulturelles (genaugenommen tri-kulturelles, es gibt noch eine deutsche Minderheit) Land. Vor allem aber gibt es in der belgischen Demokratie etwas, das in Deutschland (und nicht nur in Deutschland) undenkbar scheint: eine Wahlpflicht.

Eingeführt wurde sie in Belgien Ende des 19. Jahrhunderts, im Jahr 1893, um genau zu sein. Damals befürchtete das konservative Lager, die wachsende Rolle der Arbeiterschaft könne sie in eine strukturelle Defensive zwingen. Heute hat sie nur symbolischen Charakter. Eine Wahlpflicht ist auch in Belgien kein Wahl*zwang*. Man kann begründen, warum man nicht wählen geht, und kann eine geringe Buße entrichten. Natürlich wird niemand mit Zwangsmitteln ins Wahlbüro gezwungen. Und rund sieben Prozent der Belgierinnen und Belgier gehen regelmäßig trotz Wahlpflicht nicht wählen.

In der Terminologie der Verhaltensökonomie würde man wohl von einem *Framing* oder einem *nudge*, einem bloßen Stups sprechen: Es geht vor allem darum, den Wahlakt in ein anderes Licht zu rücken, ihn nicht als bloße Option, sondern als eine Form der Beteiligung erscheinen zu lassen, zu der man zumindest moralisch verpflichtet ist. Die juristische Pflicht ist so schwach sanktionsbewehrt, dass sie eigentlich nur ein Vehikel darstellt, um die Zumutung der Beteiligung zu kommunizieren.

Ganz konkret bedeutet dies, dass eine belgische Wahlbenachrichtigung in der Tat anders aussieht. Sie erinnert zumindest symbolisch daran, dass demokratische Beteiligung mehr als eine bloße Option ist. Und nicht nur in Belgien wird Bürgerinnen und Bürger eine solche Aufforderung zur Wahl zugemutet. Zu den klassischen Ländern mit Wahlpflicht gehören auch Australien und Brasilien. Selbst in Italien und Griechenland besteht rein formal nach wie vor eine Wahlpflicht, die allerdings nicht kontrolliert und sanktioniert wird.[9]

Die Strafen für Wahlenthaltung sehen von Land zu Land sehr verschieden aus. Meist geht es nur um eine symbolische Strafe, so etwa in Belgien – oder in Australien, wo man beim ersten Mal lediglich 20 australische Dollar zahlen muss, etwa so viel wie für falsches Parken. In anderen Ländern können die Strafen durchaus unangenehmer werden, vor allem bei wiederholter unbegründeter Wahlenthaltung.

Ein Aspekt tritt besonders hervor, wenn man die Praxis der Wahlpflicht global vergleicht: Immer wieder zeigt sich, dass marginalisierte und unterdrückte Gruppen auch von der Wahlpflicht ausgeschlossen wurden. In Australien galt die Wahlpflicht lange Zeit nicht für die Ureinwohner, die Aborigines, die – so muss man vermuten – nicht etwa geschont werden, sondern aus dem politischen Prozess ausgeschlossen bleiben sollten.

Auch die Frauen waren in vielen Ländern lange von der Wahlpflicht »befreit«, also de facto ausgeschlossen. Dies gilt für Länder wie Ägypten und Libanon. Die Doppelbedeutung des Begriffs der »Zumutung« wird hier besonders deutlich: Man wollte es den Frauen nicht zumuten. Es kann demütigend sein, von Zumutungen ausgespart zu werden. Und es kann integrierend wirken, in die Pflicht genommen zu werden.

Sarah Birch, die die umfangreichste globale Vergleichsstudie zum Thema Wahlpflicht vorgelegt hat, zeigt, wie vielfältig und verschieden die jeweiligen Praktiken sind.[10] Immer wieder kommt es auch zu Reformen und Neuregelungen, so dass der Gegenstand der Forschung hier in ständiger Bewegung ist. Wer zu diesem Thema forscht (und das sind in der Politikwissenschaft nicht sehr viele), hat nur wenige konstante Forschungsgegenstände.

Die »Stimmpflicht«

Ein solcher, auf der eigenen Tradition beharrender politischer Verband liegt direkt an der süddeutschen Grenze, südlich des Schwarzwalds: Im Kanton Schaffhausen gilt nach wie vor eine Wahlpflicht. Meist spricht man hier von »Stimmpflicht«, schließlich geht es nicht nur um die Wahl zu Parlamenten oder Gemeinderäten, sondern auch um direkte Abstimmungen. Schaffhausen ist der einzige Schweizer Kanton, in dem das Nichtwählen heute noch bestraft wird. In den meisten anderen Kantonen war spätestens Anfang der 1970er Jahre Schluss mit der Stimmpflicht.[11]

Schaffhausen ist allerdings mit rund 80 000 Einwohnern auch ein sehr kleiner Kanton. Und die Strafen belaufen sich mit einigen Franken auf rein symbolischer Ebene. Im März 2014 wurde die Strafe von drei Franken auf sechs Franken erhöht. Das wird niemanden in den Ruin treiben.

Eine Abschaffung der Wahlpflicht steht in Schaffhausen nicht zur Diskussion. Die Wahlbeteiligung ist enorm hoch; man sieht sich als demokratische Musterschüler, und die demokratietheoretische Forschung scherzt gar über den »Civis Exemplus Scaffhusiae«[12], den Schaffhausener Musterbürger, ein selten gewordenes aber gerade deshalb interessantes *political animal*? In der politischen Zoologie, in der meist von den Wölfen bei Hobbes, den Bienen bei Mandeville oder den Schafen bei Foucault die Rede ist, fehlt noch das Kapitel über dieses possierliche Tierchen aus Schaffhausen.

Die Stimmpflicht gilt in Schaffhausen – das stellt die »Staatskanzlei Kanton Schaffhausen« explizit klar – für alle Abstimmungen, nicht nur für diejenigen, die vom Kanton oder im Kanton durchgeführt werden, also auch für die eidgenössischen Abstimmungen. Die in der föderalen Struktur untergeordnete Ebene erzwingt hier folglich das Abstimmungsverhalten auch für die obere Ebene, die Eidgenossenschaft. Daher wird auf eidgenössischer Ebene immer wieder Schaffhausen als ein mögliches Vorbild angeführt.

Belgien, Schaffhausen, Australien – Wahlpflicht ist also nicht gleich Wahlpflicht. Und dennoch kommt in ihr eine grundlegende Haltung zum Ausdruck. Das *Framing* ist eben mehr als ein bloßes Oberflächenphänomen. Wie an einem Kristallisationspunkt entscheidet sich an der Frage der Wahlpflicht, ob man einem liberalen oder einem republikanischen Demokratieverständnis zuneigt.

Was bewirkt eine Wahlpflicht?

Die Debatte über die Wahlpflicht ist so alt, dass man bisweilen das Gefühl hat, alle Argumente seien ausgespielt.[13] In Deutschland flammt die Diskussion um eine mögliche Wahlpflicht immer wieder sporadisch auf. Schnell verebbt die Debatte meist wieder. Thorsten Faas geht in seiner Analyse davon aus, dass aufgrund der geringen Zustimmung in der Bevölkerung die Einführung einer Wahlpflicht in Deutschland nicht zu erwarten ist.[14] Und in der Tat deutet momentan nichts daraufhin, dass sie in Deutschland auch nur denkbar wird. Es stünde zu befürchten, dass jene, die dem demokratischen Rechtsstaat ohnehin mit Skepsis, ja Feindseligkeit gegenüberstehen, sich endgültig in der Rolle verfolgter Märtyrer sehen würden.

Aber welche Wirkungen ließen sich denn – jenseits eines »Widerstands« an den extremen Rändern – noch erwarten? In den Niederlanden wurde die Wahlpflicht 1970 abgeschafft. Seitdem ging die Wahlbeteiligung kontinuierlich zurück. Daraus sollte man keine einfachen Kausalitäten ableiten – doch es liegen jede Menge Evidenzen dafür vor, dass selbst eine nur symbolische Wahlpflicht das Verhalten, ja vielleicht sogar das Selbstverständnis der Bürgerinnen und Bürger verändert. Im Kanton Schaffhausen liegt die Wahlbeteiligung ebenfalls deutlich höher als im Schweizer Durchschnitt – und das liegt sicher nicht daran, dass man sich in Schaffhausen die paar Franken Konventionalstrafe nicht leisten kann.

Länder mit Wahlpflicht erreichen durchgängig eine höhere Wahlbeteiligung, meist um die 92 Prozent.[15] Dass selbst eine symbolische Wahlpflicht den entscheidenden »Stups« geben kann, um Menschen zur Beteiligung an der Wahlurne zu motivieren, scheint unbestreitbar. In der Fachliteratur wird die Wahlbeteiligung jedoch nur als ein Faktor unter mehreren genannt. Schon Ende der 1990er Jahre formulierte der legendäre Politikwissenschaftler Arend Lijphart die Vermutung, es könnte zu einem »spill-over«-Effekt kommen: Wer weiß, dass er wählen muss, wird Informationen über Politik nicht mehr so systematisch meiden, ja diese vielleicht sogar aktiv suchen. Die Hoffnung wäre, dass, wer sich mit Politik besser auskennt, irgendwann auch mehr Gefallen an der Beschäftigung mit Politik findet: Was als bloße Wahlpflicht begann wird dann irgendwann durch eine Art »Überlaufen« (*to spill over*) zu einem neuen, ganz allgemeinen Interesse an Politik.

Diese Vermutung liegt nahe, und sie hat plausible Gründe für sich. Die menschliche Aufmerksamkeit richtet sich auf diejenigen Dinge, die uns vertraut und wichtig erscheinen. Wer sich beispielsweise mit Architekturtheorie beschäftigt, dem werden in einer Stadt ganz andere Dinge auffallen als jemandem, der in der Sozialarbeit tätig ist. Lijpharts Vermutung lautete, dass die Wahlpflicht die Bürgerinnen und Bürger sozusagen mit Antennen für die Frequenz der Politik ausstatten könnte – zumindest in einem gewissen Maße. Verstehen wir die Wahlpflicht als Zumutung und Anspruch, so können wir auf Basis des in Kapitel 5 Gesagten nun vermuten, dass die Wahlpflicht zumindest ein Element in einer Subjektivierung sein kann: Wer über die Wahlpflicht als Bürgerin und Bürger angesprochen wird, wird auch als Bürgerin und Bürger antworten. Wenn wir uns gegenseitig das Wählen zumuten, entsteht auch mehr Mut zur Beteiligung. So zumindest die Hoffnung.

Die beiden Politikwissenschaftler Per Holderberg und Jan Ballowitz haben versucht herauszufinden, ob Arend Lijpharts Vermutung tatsächlich zutrifft. Dazu haben sie etwas unternommen, was in der Politikwissenschaft eine Seltenheit ist: ein Experiment. Insgesamt 2.047 Bürgerinnen und Bürger wurden in drei Erhebungswellen nach ihrem politischen Wissen, ihrer Mediennutzung und ihrem politischen Interesse befragt. In einem sogenannten »split-ballot-Verfahren« wurde nun die eine Gruppe einer simulierten Wahlpflicht ausgesetzt, die andere nicht. Die beiden Forscher nutzten die neusten Einsichten der Kognitionswissenschaften, um die Simulation so realistisch wie irgend möglich zu machen.

Das Ergebnis war erstaunlich: Das Experiment ergab keine signifikante Erhöhung des politischen Interesses. Abschließend stellen die beiden fest: »Die Vermutungen von Lijphart (…) zum spill-over-Effekt müssen auf Basis der vorliegenden Datenauswertungen zurückgewiesen werden.«[16] Eine »Politisierung durch Zwang« gelingt, so schließen die beiden, durch eine Wahlpflicht nicht.

Dieses Ergebnis scheint in der Tat ernüchternd. Aber vielleicht ist eine simulierte Wahlpflicht eben doch etwas anderes als eine tatsächliche? Und vielleicht vollziehen sich Prozesse der Subjektivierung auch nicht in wenigen Wochen oder Monaten. Arend Lijphart stellte sich eine unmittelbare Wirkung vor. Aber womöglich müssen die Zumutungsstrukturen von Demokratie auch Zeit haben, um ihre Wirkung zu entfalten.

Abschließend widerlegt ist eine positive Wirkung der Wahlpflicht durch das interessante Experiment von Per Holderberg und Jan Ballowitz jedenfalls nicht. Natürlich löst eine Wahlpflicht nicht wie ein magisches Zauberwort alle Probleme mit einem Schlag. Aber im Konzert verschiedener Mechanismen der »In-Anspruchnahme« könnte sie eine wichtige Stimme sein.

Vielleicht ließe sich bereits durch eine niedrigstufigere Veränderung etwas bewirken. Könnte man die Tatsache, dass es ein Privileg ist, wählen zu dürfen, nicht auch ästhetisch deutlicher vermitteln? Die Wahlbenachrichtigungen in Deutschland sehen meist dröge aus. Ein kräftiges »Allez, les citoyens!« strahlen sie nicht aus. Die für die Bundesrepublik typische Skepsis gegenüber jeder Form von Pathos ist einerseits sympathisch. Andererseits verliert sich die demokratische Praxis dadurch auch in einer seltsamen ästhetischen Abstinenz. Wäre es nicht ein Experiment wert, in einigen Wahlkreisen Bundesadler im Prägedruck zu verwenden?

Derartige Vorschläge mögen lächerlich wirken, zugegeben. Die Verpackung ändert den Inhalt nicht wirklich. Aber der Schein ist dem Wesen wesentlich. Dass eine Wahl eine ernste und wichtige Angelegenheit ist, darf eine Demokratie durchaus auch symbolisch kommunizieren. Beschämend ist ja, das anderorts die Menschen für ihr Recht auf eine freie und geheime Wahl ihr Leben riskieren. Das sollte man sich in Erinnerung rufen, wenn man den Ruf an die Wahlurnen ungehört verhallen lässt.

Bezeichnend erscheint mir indes, dass eine Wahlpflicht momentan als völlig undurchführbar gilt. Der Hass auf die Bundesrepublik, der in Teilen der Bevölkerung mit Inbrunst gepflegt wird, in ganz verschiedenen, sich dann aber auch wieder überlappenden Milieus, würde zweifellos auf gefährliche Weise genährt. Aber was sagt es über den Zustand unserer Demokratie aus, wenn bei uns undenkbar scheint, was in Belgien oder Schaffhausen völlig normal ist? Schon allein um diese Differenzen zu thematisieren, lohnt die Debatte über die Wahlpflicht.

9

Einberufung in einen Bürgerrat durch Los

Der Mensch hat ein ambivalentes Verhältnis zum Zufall. Vor allem unter den Vorzeichen der Moderne kommen uns Zufälle wie eine Demütigung vor, denn sie belegen, dass das moderne Projekt einer Kontrolle über die Welt, einer Berechenbarkeit von Abläufen, nicht vollends erreicht ist. Wenn durch die Verkettung von Zufällen Unfälle geschehen, hat irgendwer oder irgendetwas versagt. Eigentlich, so denken wir, sollten solche Zufälle ausgeschlossen werden.

Die Versuchung ist daher immer groß, in Zufällen besondere Zeichen der Vorsehung zu sehen. Ein Satz wie »Das kann ja wohl kein Zufall sein!« drückt diese Sehnsucht danach aus, in Zufällen einen höheren Sinn erkennen zu können. Wenn jemand durch einen Zufall zu Tode kommt, wird gesagt, es sei sein »Los« gewesen, und damit wollen wir sagen: Der radikale Zufall und die radikale Notwendigkeit konvergieren irgendwie.

Vielleicht ist es dieses Bedürfnis nach Bedeutsamkeit, dass uns andererseits die Zufälle suchen lässt. Nicht nur zieht es den Menschen an den Roulette-Tisch oder an die Lotto-Annahmestelle. Auch in Liebesdingen wünschen wir uns bedeutsame Zufälle. Es gibt doch nichts Schöneres als auf die Frage »Wie habt Ihr Euch kennengelernt?« eine Geschichte von einem bedeutsamen Zufall, einem schicksalhaften Umstand, einer unwahrscheinlichen, geradezu wundersamen Konstellation erzählen zu können. Hier wollen wir plötzlich nicht mehr eingestehen, dass es die Notwendigkeit algorithmischer Verkuppelung im Dating-Portal war, die zwei Menschen zusammengeführt hat. Aber was sollte daran anrüchig sein? Glauben wir wirklich, man dürfe dem Zufall nicht nachhelfen?

Die Griechen kannten für die Doppelbedeutung eines »schicksalhaften Zufalls« das Wort *tyché*: Die *tyché* ist beides: »bloßer« Zufall und andererseits schicksalhaftes Los. Es war die Vorbestimmung des Ödipus, seinen Vater erschlagen zu müssen. Dazu musste er diesem aber erst zufällig begegnen. Ein solches Denken scheint uns heute, im Zeitalter des professionellen *risk assessment*, fremd. Und doch kommt uns so manche Begegnung irgendwie schicksalhaft vor.

Dass der Zufall und das »Los« auch eng mit der Geschichte der Demokratie verknüpft waren, ist heute kaum noch bekannt. Die athenische Demokratie versuchte die Rechtsgleichheit der Vollbürger, die sogenannte Isonomie, durch den Zufall sicherzustellen. Die Grundidee, dass sich die Rollen von Regierten und Regierenden abwechseln müssen, sollte durch Losverfahren sichergestellt werden. Dies ist zweifellos ein radikaler Ansatz, um Oligarchiebildungen, Netzwerke und Machtkartelle zu vermeiden. Aber eigentlich ist es ein naheliegender Gedanke. Versteht man nämlich die Demokratie in Analogie zu einem Spiel, dann ist die systematische Integration von Zufällen nicht mehr ganz so abwegig, wie sie unter modernen Umständen erscheinen mag.

Natürlich gibt es auch Spiele, in denen der Zufall keine

Rolle spielt, beispielsweise Schach. Hier ist in der Tat alles berechenbar – und daher haben selbstlernende Algorithmen wie *Deep Blue* hier auch die Fähigkeiten des Menschen längst übertrumpft. Schach ist aber auch ein äußerst ernster Sport. Schweigend sitzen sich die Menschen bei den Turnieren gegenüber. Ihre Leistungen sind perfekt messbar, das globale Ranking lässt keinen Zweifel zu. Nicht zuletzt deshalb ist Schach als Metapher der Gesellschaft auch grausam, wie Christoph Möllers bemerkte: Wer hier verliert, ist ganz allein verantwortlich.[1] Schach macht zwar Spaß, ist aber kein Spaß.

Als »spielerisch« würden wir wohl in erster Linie Prozesse betrachten, die irgendeine Form von Unvorhersehbarkeit in sich tragen. Deshalb ist der Ball ein so wichtiges Element in vielen Spielen: Er ist eine Art materielle Randomisierungsmaschine. Im wilden Durcheinander vor dem Tor kann dann doch etwas geschehen, was so niemand beabsichtigte.

In anderen Spielen gibt es andere Optionen. Im Kartenspiel werden die Karten irgendwann neu gemischt. Selbst bei Monopoly wird gewürfelt. Und wenn sich auf einem Bolzplatz spontan Mannschaften bilden, tauscht man irgendwann durch, wenn man merkt, dass es langweilig wird, weil die einen viel besser spielen als die anderen. Spiele brauchen offene »Spielräume«, sie brauchen einen vorhersehbaren Grad an Unvorhersehbarkeit. Und vielleicht braucht auch die Demokratie solche »Freiheitsgrade«, ein Äquivalent zu rollenden Bällen, purzelnden Würfeln oder dem Mischen der Karten. Auch die Demokratie bedarf solcher Momente der Durchbrechung von Pfadabhängigkeiten, des Zufalls. Und wie so etwas aussehen könnte, kann man am Beispiel Athens sehen.

Die athenische Praxis

Athen? Warum immer Athen? Der Dichter Gottfried Benn publizierte 1934 einen Text mit dem Titel »Dorische Welt. Über die Beziehung von Kunst und Macht«.[2] Nicht Athen, sondern die vermeintlich ursprünglichere, rauere, »männlichere« und antifeministische dorische Hexapolis wird hier als rückwärtsgewandte Utopie gezeichnet. Benns Begeisterung für nackt ringende Männerkörper, seine offen rassistischen Spekulationen, sein völkischer Duktus sind aus heutiger Sicht beinahe unfreiwillig komisch. Sie machen zugleich eines deutlich: Wenn vom antiken Griechenland die Rede ist, sollte man sich vor Projektionen schützen. Auch Athen ist ein »Erinnerungsort«, ein Mythos, dessen Realität unter zahlreichen Sedimentschichten der Deutung erst freigelegt werden muss. Versuchen wir also möglichst unromantisch, pragmatisch auf die attische Demokratie zu blicken. Dazu müssen wir unser Erkenntnisinteresse klarer benennen.

Der Rückblick auf die griechische Praxis des Auslosens ist vor allem durch zwei politische Theoretiker in den Fokus geraten: Der in New York lehrende Franzose Bernard Manin und der deutsche Theoretiker Hubertus Buchstein haben in zwei wichtigen Monographien dafür geworben, die attischen Losverfahren nicht als historisch überkommene, ja völlig antiquierte Praxis abzutun.[3] Betrachten wir also zunächst, warum die Athener dem Los eine so große Bedeutung einräumten, um dann im zweiten Schritt eine neue Interpretation dieser Praxis vorzuschlagen.

Die attische Demokratie ist bis heute ein immer wieder aufgerufenes Idealbild. Das hängt schlicht damit zusammen, dass hier die Idee der Selbstregierung von Bürgern zum ersten Mal in eine fest etablierte Praxis umgesetzt wurde. Natürlich ist dieses Bild eine Idealisierung. Dass das antike Athen eine Sklavenhaltergesellschaft mit strenger Geschlechtertrennung darstellte, braucht man wohl kaum eigens zu erwähnen. So gesehen ist die attische Demokratie mit modernen, universellen Vorstellungen nicht kompatibel. Naive Schlüsse oder Übertragungen verbieten sich folglich, aber dies bedeutet meiner Meinung nach nicht, dass sich für das Verständnis moderner Demokratien gar nichts aus dem Fall Athen lernen ließe.

Bemerkenswert ist zunächst einmal, dass die attische Demokratie eigentlich keine »Professionalisierung« von Politik kennt. Das lässt sich vor allem an der deliberativen Praxis ablesen: In den Ratsversammlungen waren alle Vollbürger berechtigt, das Wort zu ergreifen. Das scheint uns heute, in den Massendemokratien, völlig unpraktikabel. Aber die Athener kannten keine »Delegierten« oder »Mandatsträger« in einem parlamentarischen Sinne. Ihre Praxis der Selbstregierung bedeutete, dass jeder Vollbürger für sich selbst sprechen konnte und musste – und folglich niemand stellvertretend für andere sprechen konnte.

Kann so etwas überhaupt funktionieren? In einer politischen Umwelt voller Polarisierung und Tribalisierung würden wir vermutlich ein großes Geschrei erwarten, keinen Austausch von Argumenten. Das Volk selbst im Parlament – das scheint, nicht zuletzt vor dem Hintergrund der Bilder von der Erstürmung des Kapitols wie das Schreckbild einer Herrschaft des Mobs. Haben sich die Athener in ihren Ratsversammlungen nicht einfach angeschrien? Offenbar nicht.

Die antiken Quellen stellen keine objektiven Berichte dar. Wer sich mit der athenischen Demokratie beschäftigt, muss immer in Rechnung stellen, dass auch schon die antiken Autoren ihre eigene Agenda hatten. Bei Platon kommt die Demokratie eigentlich nur als Herrschaft des Pöbels vor. Auch bei Aristoteles ist der Begriff selbst negativ konnotiert. Die bloße Zugehörigkeit zu einem *demos* berechtigt aus seiner Sicht noch nicht zur Mitgestaltung; es sollten die Tapfersten und Tugendhaftesten entscheiden.

Aber was erfahren wir aus den antiken Quellen über die konkrete Praxis in Athen? Zunächst gilt es wohl, ein Missverständnis auszuräumen: Ein Staat im modernen Sinne ist das antike Athen nicht. Im Französischen spricht man von *la cité*, was eine passende Übersetzung des griechischen Wortes *polis* darstellt. Unter einem Stadtstaat sollte man sich nicht jenen neuzeitlichen Verwaltungsstaat vorstellen, der im 16. und 17. Jahrhundert erstmals in Frankreich entsteht: Fustel de Coulanges' klassisches Buch über den »antiken Staat« würde man heute wohl anders übersetzen.[4]

Die Geschichte der athenischen Demokratie ist zudem äußerst wechselhaft. Es gab immer wieder Reformen und Umstürze. In Jochen Bleickens Standardwerk wird deutlich, dass diese Reformen wichtige Folgen für die Funktionsweise der athenischen Demokratie hatten.[5] Konzentrieren wir uns daher auf jene Aspekte, die die demokratischen Verfahren in der Zeit nach den Reformen des Solon und des Kleisthenes für unseren Kontext besonders interessant machen.

Worin genau bestand die Rolle der Losverfahren? Die sogenannte Prytanie, eine Art Geschäftsführung der Vollversammlung, bestimmte jeden Tag durch Los einen neuen Vorsitzenden. So sollte verhindert werden, dass durch Verfahrenstricks Einfluss auf die Entscheidungsfindung genommen wurde. Man sieht an diesem Beispiel bereits, dass das Losverfahren zugleich mit kurzen, ja sehr kurzen Amts-zeiten gekoppelt wurde.

Das Losverfahren kam aber auch und vor allem bei der Re-krutierung der Gerichte zum Einsatz. Professionelle Richter kennt die attische Demokratie nicht: Gerichte sind eigent-lich eher per Losverfahren zusammengesetzte Ausschüsse. Man geht davon aus, dass pro Jahr 6 000 Bürger Athens in solche Gerichtsversammlungen berufen wurden. Das Los-verfahren löste einen ganz erstaunlichen Effekt aus: Wenn A heute über B zu Gericht sitzt, muss A damit rechnen, dass morgen dieser B wiederum über ihn zu Gericht sitzen wird. Aber da dies in einer geradezu anonym großen Menge ge-schehen wird, ist hier kein *give-and-take* möglich. Eine Ge-richtsversammlung konnte aus 100 Personen bestehen.

Auch hier finden wir den Gedanken einer »Herrschaft der Gesetze«: Allein die Gesetze, nicht bestimmte Personen, sollen entscheidend sein. Dabei werden die Gesetze in der Literatur immer wieder personifiziert. In seinem Dialog *Kri-ton* lässt Platon die Gesetze in der Imagination vor Sokrates treten und mit ihm sprechen. Sie fragen Sokrates, ob er denn wirklich das Exil wählen wolle, oder ob er nicht auch und gerade im Moment eines Fehlurteils den Gesetzen und sei-ner *polis* die Treue halten sollte.

Das Los kam aber auch bei der Besetzung von Ämtern zum Einsatz. Hier stand der Gedanke im Hintergrund, dass Beamte, die durch Los in eine ständige Stellenrotation ver-setzt werden, weniger korruptionsanfällig sind: Jeder Posten ist immer nur eine Durchgangsstation. Dies impliziert na-türlich auch, dass man sich rekrutieren lassen muss. Demo-kratie ist in Athen auch schlicht und ergreifend Arbeit.

Bedeutet dies, dass es keinen Mechanismus der politi-

schen Repräsentation gab? Nun, es gab keine Parteien, keine
»Berufspolitiker«, keine Berufsrichter. Aber natürlich wurden beispielsweise »Strategen« als Heerführer ernannt, die
im Kriegsfall mit exekutiver Durchgriffsmacht Befehle ertei-
len konnten. Aber im Vergleich zu modernen, repräsentativen Demokratien waren diese Elemente einer Delegation
von Macht nur sehr schwach ausgebaut. Das Losverfahren
und die teilweise sehr kurzen Amtszeiten sollten einen
ständigen Austausch, einen permanenten Rollenwechsel
sicherstellen.[6] Dies konnte natürlich nicht verhindern, dass
einzelne Persönlichkeiten wie beispielsweise Perikles eine
herausragende Rolle spielten. Vor allem die rhetorischen
Fähigkeiten waren dabei entscheidend.

Ein zweiter, mit den Losverfahren verkoppelter Mechanismus der athenischen Demokratie mag auf den ersten
Blick trivial erscheinen: die Anwendung des Mehrheitsprinzips. Der Historiker Egon Flaig hat der Kulturgeschichte des
Mehrheitsprinzips eine ausführliche Studie gewidmet.[7] Er
hebt hervor, wie unwahrscheinlich, wie außergewöhnlich
es ist, dass eine unterlegene Minderheit die Entscheidung
der Mehrheit nicht nur akzeptiert, sondern aktiv an dessen
Umsetzung mitarbeitet.

Man muss sich noch einmal vor Augen führen, dass diese
Fähigkeit ja ganz handgreiflich gefragt war: Wenn die Mehrheit beschloss, eine neue Mauer zu bauen, um den Weg nach
Piräus zu schützen, mussten auch die Anhänger der Minder-
heitenposition das Projekt mittragen. Wir werden auf diese
Fähigkeit, nicht nur sich selbst zu regieren, sondern sich zugleich regieren *zu lassen*, nicht nur abzustimmen, sondern
sich überstimmen zu lassen, im Schlusskapitel ausführlicher
zurückkommen.

Neben dem Losverfahren und dem Mehrheitsprinzip ist es vor allem ein drittes Element, welches die antike Demokratie von den modernen Formen grundlegend unterscheidet: die Idee der Vollversammlung. Diese tagte in Athen regelmäßig, nach den vorliegenden Berichten wohl jeweils über einen ganzen Tag. Zu den erstaunlichsten Regeln dieser Vollversammlung, der *ekkleisia*, gehörte, dass dort jeder Rederecht hatte. Natürlich gab es vorbereitende Ausschüsse, und so mancherlei Vorschlag wurde wohl einfach abgesegnet. Dennoch: In den Parlamenten der repräsentativen Demokratie muss man das Rederecht durch Wahl gewinnen; man muss von Fraktionen für bestimmte Aufgaben gewählt werden. Und man kriegt dann, für wohldefinierte Zeiten und zu genau definierten Zwecken, das Rederecht.

Die Landsgemeinde von Glarus

Wir befinden uns im schönen Kanton Glarus. Der 5. September 2021. Hier kann man live mitansehen, wie die Demokratie in Athen in etwa funktioniert haben mag: Die sogenannte Landsgemeinde versammelt tatsächlich alle stimmberechtigten Bürgerinnen und Bürger des Kantons. Ursprünglich diente die Landsgemeinde auch dazu, die Bewaffnung der Bürgermiliz zu prüfen, aber die Degen, die anderorts zu Landgemeinden gebracht werden, vor allem in Appenzell-Innerrhoden, sieht man hier nicht. Dort kann man die ererbte Familienwaffe als Äquivalent zur Stimmkarte heben, aber in Glarus geht es nicht ganz so martialisch zu. Man sieht nur wenige Trachten; in den ersten Reihen dominieren dunkle Anzüge, weiße Hemden, Krawatten und Damenhüte.

Irgendwann hält die Frau »Landammann« Marianne Lienhard ihre Begrüßungsrede. Neben den Formeln für die Honoratioren wird auch die Gesamtheit angesprochen. Die erstaunliche Grußformel lautet: »Hochvertraute, liebe Mitlandleute!«. Und schließlich endet die Frau Landammann mit den Worten: »In diesem Sinne bitte ich für Land und Volk von Glarus um den Machtschutz Gottes und erkläre die Landsgemeinde 2021 als eröffnet.« Ein Sprechakt wie aus dem Lehrbuch, ein echter Vokativ! Die Landsgemeinde ist ins Leben gerufen.

Damit ist aber nur das erste von 23 Punkten auf der »Traktandenliste« abgearbeitet. Ein »Traktandum« ist etwas, worüber gesprochen und beschlossen werden muss. Als nächstes sind einige Ämter in der Justiz zu besetzen. Dann wird der »Steuerfluss« abgesegnet. Erst beim Thema Verkehrspolitik kommt es überhaupt zu einer Art Aussprache. Ist hier vielleicht doch vieles schon vorab ausgekungelt?

Es wird diskutiert und abgestimmt, Eingaben geprüft. Grundsätzlich darf Jeder und Jede ans Mikro treten. Und das Erstaunliche ist: Es funktioniert halbwegs, das zeigen auch die wissenschaftlichen Studien.[8] Niemand nervt die Versammlung mit idiotischen Exkursen, niemand beschimpft die anderen, niemand randaliert. Aus Schweizer Sicht mag das normal sein, aus externer Perspektive ist dieser zivilisierte Umgang miteinander bemerkenswert. Stundenlang geht so weiter. Das Traktandum 21, ein »Gesetz über die musikalische Bildung«, wird auf das kommende Jahr verschoben, auch darauf kann man sich einigen.

In Deutschland gibt es eine seltsame, ja arrogante Tendenz, diese Praxis als bloße nostalgische Folklore abzutun. In der Tat könnte man einwenden, in Glarus gäbe es ja ohnehin nichts zu entscheiden. Und in der Tat geht es dem Kanton ökonomisch gut, die Verhältnisse sind übersichtlich. Spektakuläre Richtungsentscheidungen liegen nicht an. Das Äquivalent zu Glarus wäre dann eine Gemeinderatssitzung einer mittelgroßen Stadt. Aber selbst im Gemeinderat sitzen ja »nur« Vertreterinnen und Vertreter. Außergewöhnlich ist die Vollintegration, die die Landsgemeinde zumindest prinzipiell herstellt: Ähnlich wie in der athenischen Demokratie schließen sich hier Demokratie und Repräsentation aus: »Selbstregierung« wird hier gewissermaßen noch wörtlich genommen. Natürlich gibt es auch hier Beteiligungseliten und sanfte Exklusionsmechanismen. Die empirische Forschung zeigt, dass sich in Glarus weniger Frauen als Männer beteiligen.[9] Auch hier bedeutet die bloße Möglichkeit also nicht unbedingt eine tatsächliche Beteiligung.

Aber der zentrale Unterschied liegt in dem Grundgedanken, dass Beteiligung nicht nur möglich ist, sondern erwartet wird. Man »muss« zur Landsgemeinde. Das Privileg ist auch eine Zumutung, die Zumutung ein Privileg. Denn in der Landsgemeinde ist man sichtbar. Nicht nur Repräsentanten, »die Politiker«, sind dann der Beobachtung durch die Öffentlichkeit ausgesetzt, sondern auch die Bürgerinnen und Bürger selbst.

Und das muss nicht immer nur angenehm sein. Zu wissen, dass die Nachbarn sehen, wie man abstimmt, kann auch zu Konformismus verleiten. Die Landsgemeinde ist das genaue Gegenteil einer Internetöffentlichkeit, in der man für die eigenen Sprechakte keinerlei Verantwortung übernehmen muss – oder dies zumindest glaubt. Es gibt auch einen gewissen sozialen Druck; ähnlich wie in Athen, wo man die Privatleute als *idiotês* bezeichnete, werden wohl auch in Glarus die Eigenbrötler, die sich aus allem heraushalten, schief angesehen.

Per Los in den Bürgerrat

In der Institution des Bürgerrats kommen beide Grundgedanken zusammen: Erstens die verzerrungsfreie Repräsentation, die Vorstellung, dass die »Delegierten« gerade nicht anders sein sollen wie »das Volk«. Zum zweiten aber die Idee des Losverfahrens. Umgesetzt wird dies in den »minipublics«, die vor allem in *British Columbia* durchgeführt werden.[10] Hierzu werden per Zufall ausgesuchte Personen zu Beratungsverfahren geladen und zur Aufarbeitung von Informationen und Optionen angeleitet. Meist wird diese Form der Rekrutierung als Beteiligungsverfahren, als Ausweitung des Inputs, gedeutet. Ich möchte hingegen eine Neudeutung versuchen, die den Umstand akzentuiert, dass hier nicht nur vorab gegebene Personen zur Beteiligung geladen werden, sondern durch die (Vor- bzw. Ein-)Ladung Persönlichkeiten mitgeformt werden. Der Charakter der moralischen (nicht notwendigerweise juristischen) Verpflichtung zur Beteiligung scheint hier ausschlaggebend.

Die Bürgerräte sollen einerseits Beteiligung ermöglichen – und eingangs wurde diese Vorstellung einer bloßen Ausweitung des Inputkanals kritisiert –, aber Bürgerräte leisten auch etwas anderes: Sie »berufen« zur Teilnahme, sie sprechen an. Sie stellen eine Zumutung dar.

Am deutlichsten lässt sich diese Wirkung vielleicht am

Beispiel Frankreichs zeigen. Hier waren es die Proteste der Gelbwesten, die Präsident Emmanuel Macron dazu bewegten, zunächst eine nationale *grand débat* durchzuführen, und schließlich einen Bürgerrat zur Klimapolitik einzuberufen. Viele kritisierten, es handele sich um eine strategisch eingesetzte Technik, die lediglich den Protest kanalisieren und letztlich lähmen sollte. Ein solcher Verdacht ist unwiderlegbar – manche Behauptungen lassen sich nicht falsifizieren. Hinterhältige Motive zu unterstellen ist einfach.

Aber die »eigentliche« Motivation des Präsidenten ist auch nicht relevant. Macron ging durchaus ein erhebliches Risiko ein, als er die *Convention citoyenne pour le climat* ins Leben rief. Die Ergebnisse setzten die Regierung auch tatsächlich unter Handlungsdruck. Es wurde deutlich, was alles denkbar, was alles möglich ist.

Eine zentrale Wirkung des Bürgerrats zur Klimapolitik bestand zudem darin, politischen Unmut konkretisieren zu müssen. Die Gelbwesten hatten eine Art abstrakte Negation produziert, ein »nicht so!«: Sie artikulierten ausführlich, was sie nicht wollten, wen sie hassten, warum sie die Eliten verachteten. Aber »konstruktive« Vorschläge blieben aus – und das war sogar ihr erklärtes Ziel. Im Bürgerrat indes mussten – und wurden auch – konkrete Handlungsoptionen formuliert.[11]

Bürgerräte spielen den Ball also an die Bürgerinnen und Bürger zurück: Nun können sie nicht mehr nur sagen, was sie *nicht* wollen; sie müssen auch formulieren, was sie wollen – und welchen Preis sie dafür zu zahlen bereit sind. Schon allein dieser Zwang zur Konkretisierung und Entscheidung ist eine Zumutung. Gefragt sind dann plötzlich Prioritäten, die Hierarchisierung von Wünschen, Entscheidungen. Entsprechend hat sich in Frankreich der Kontext verändert: Bernard Reber vom Pariser Forschungsinstitut CEVIPOF argumentiert, dass sich eine neue Kommunikationsebene etabliert hat: Ein wichtiger erster Schritt wurde getan; es wurden Erwartungen geweckt, die man auch in Zukunft nicht wird enttäuschen können.[12]

Eine weitere Zumutung, die in den Bürgerräten steckt, besteht in der Kommunikation selbst: Wer per Losverfahren in einen Bürgerrat berufen wird, muss sich mit Menschen auseinandersetzen, die er nicht kennt und vielleicht auch nicht kennen will. Kollektives Entscheiden ist – in jedem Gremium, immer schon – ein recht quälendes Unterfangen. Eine Zumutung der Demokratie, die in den Bürgerräten weitergegeben und erlebbar gemacht wird, ist schlicht die Qual der Gremiensitzerei. Womöglich steigt auch durch diese profane Erfahrung der Respekt vor Kommunalpolitikerinnen und Kommunalpolitikern.

Aber es gibt noch eine dritte Zumutung, die die Beteiligung in Bürgerräten mit sich bringt: Wer in einen Bürgerrat berufen wird, muss sich mit der Komplexität der Welt beschäftigen. In einer stark technisierten Gesellschaft hängt an jeder politischen Entscheidung ein Rattenschwanz an ökonomischen, ökologischen, sozialen Implikationen. Sich durch Expertenpapiere zu arbeiten, Gutachten zu studieren, Fachvorträge zu hören – all dies kann eine ziemliche Anstrengung bedeuten. Die dort gewonnen Erkenntnisse können eigene Weltbilder in Frage stellen. Es ist denkbar, dass manche Menschen manche Dinge gar nicht wissen *wollen*. In Bürgerräten können sie dieser kognitiven Zumutung aber nicht ausweichen. Bürgerräte nehmen in Anspruch, insofern man dort auch schlicht belehrt wird. Neben den finanziellen, körperlichen, emotionalen Zumutungen gibt es auch so etwas wie die kognitive Zumutung der Demokratie. Und Bürgerräte geben ihnen eine Form.

Ähnlich wie im Falle der Wehrpflicht oder auch der Pflichtfeuerwehr, scheint auch hier die Form der Ansprache entscheidend. Wird die Teilnahme an einem Bürgerrat als Option einer Artikulation von Input dargestellt oder aber als Bürgerpflicht, der man sich nicht entziehen sollte? Ob *minipublics* und Bürgerräte zu Institutionen werden, in denen Bürgerinnen und Bürger ›entstehen‹, ist offen. Vieles hängt davon ab, wie sie in Zukunft gestaltet sein werden. Kompensieren sie nur nachträglich, wenn eine Willensbildung aus dem Ruder lief? Oder werden sie zu einem routiniert eingesetzten Verfahren, das dann auch die entsprechende öffentliche Aufmerksamkeit genießt?

Die Erfahrungen, die man in *British Columbia* und Irland gesammelt hat, sind durchaus ermutigend. Auffallend ist hier vor allem, dass diese neuen Gremien besonders erfolgreich arbeiten, wenn sie eine möglichst präzise definierte Aufgabe bewältigen sollen. In Kanada ging es um eine Verfassungsreform, in Irland um das nationale Abtreibungsrecht.

Welche Rolle für Bürgerräte?

Manche Fachleute schließen daraus, dass die Bürgerräte den Weg in eine Demokratie weisen, die (mehr oder weniger) ohne Parteien und ohne Berufspolitikerinnen auskommen soll. Während das Repräsentationsprinzip die Demokratie verschließt, öffnet sie das System der Bürgerräte wieder.

Hélène Landemore plädiert in diesem Sinne für eine *Open Democracy*, eine offene Demokratie. Natürlich muss sie einräumen, dass auch in ihrer »offenen Demokratie« eine ganze Reihe von Interessensverbänden Einfluss nehmen würde – und man darf sich fragen, wie dies genau geschehen wird.[13] Aber sie geht – mit vielen anderen – davon aus, dass Bürgerräte eine ganz neue Form der Responsivität, der Reaktivität des politischen Systems provozieren würden. Und auch der eingangs bereits genannte David Van Reybrouck sieht in Bürgerräten die Lösung.

Diese Erwartungen wirken übertrieben. Wahlen tatsächlich zu ersetzen, wie es Van Reybrouck vorschwebt, scheint aus guten Gründen undenkbar. Christina Lafont warnt zurecht davor, mit neuen Beteiligungsformaten so etwas wie »Abkürzungen« des demokratischen Prozesses zu installieren: Statt langwieriger gesamtgesellschaftlicher Debatten würden dann Bürgerräte Entscheidungen fällen, ohne die Gesellschaft auf diese vorzubereiten oder die Konflikte wirklich auszutragen. Echte Demokratie, so Lafont, besteht gerade darin, zunächst den gesellschaftlichen Konsens zu verändern – und dann den neuen Konsens durch politische Entscheidungen auszudrücken. Echte Demokratie, so Lafont, benutzt keine »Abkürzungen«, sondern geht den langen, den anstrengenden Weg.[14]

Wir hatten einleitend zu zeigen versucht, dass es bei der Problemstruktur von »Syndromen« nur darum gehen kann, hilfreiche Beiträge zu leisten, nicht »Lösungen« anzubieten. Die Frage lautet also nicht, ob Bürgerräte, die Lösung sind, sondern ob sie hilfreich sein können. Und auf diese Frage wird man wohl erst dann gehaltvoll antworten können, wenn wir mehr Erfahrungen gesammelt haben. Interessant an Bürgerräten ist vielleicht gar nicht die Beteiligung, die sie ermöglichen, sondern die auf Losverfahren beruhende Rekrutierung, die sie implizieren.

Ließe sich die Inklusion durch Los auch anders denn in Bürgerräten nutzen? Denkbar wäre auch, dass man sie für gewisse Gemeinschaftsaufgaben (wie die Wahlhilfe) erkennbarer und öffentlich durchführt. Welche Wirkung hätte es auf die Haltungen von Bürgerinnen und Bürgern, wenn die ausgelosten Wahlhelferinnen und Wahlhelfer in den Zeitungen bekannt gemacht würden? »Diese Personen hat das Los getroffen«, so würden die Lokalzeitungen melden. Das könnte auch für andere Bürgerdienste und Funktionen in Beiräten gelten. Die Möglichkeit der Rekrutierung aller Bürgerinnen und Bürger wäre damit kommuniziert, zumindest ein Hauch von griechischer Isonomie inszeniert.

Die Demokratie würde womöglich nicht so sehr als »abgekartetes Spiel« erscheinen, in dem Postenbesetzungen in den Hinterzimmern der Parteien ausgekungelt werden. Es wäre keine naive, keine romantisierende, keine reaktionäre Wiederaufnahme antiker Vorbilder. Aber vielleicht die Wiederentdeckung von Mechanismen, die die Karten in der Demokratie immer mal wieder – zumindest etwas – durchmischen.

10

Gemeinsam urteilen:
Schöffen

7. November 2018, Washington D.C. Wie befinden uns am
Supreme Court, dem höchsten Gericht der USA. Richterin
Ruth Bader Ginsburg stürzt und bricht sich zwei Rippen.
Die 85jährige Juristin muss in Krankenhaus. Die Nachricht
läuft schnell über die sozialen Netzwerke. Es folgt eine Welle
der Solidaritätsbekundungen und Besserungswünsche. Aus
dem ganzen Land melden sich Menschen und wünschen
eine schnelle Genesung. Ruth Bader Ginsburg wird zu einer
Art Volksheldin.

Zu diesem Zeitpunkt hat die Richterin nicht nur politisch
schwere Zeiten hinter sich gebracht, sondern bereits zahlreiche schwere Erkrankungen durchgestanden. Ein Darmkrebs
wurde früh erkannt und konnte entfernt werden. Auch ein
Pankreaskarzinom (eigentlich bereits ein Todesurteil) hat sie
überlebt. Und auch am Herzen musste sie sich bereits ope-
rieren lassen. Sie ist eine tapfere Kämpferin, das kann jeder
wissen.

An diesem Tag im November beginnt jedoch eine bisher
unbekannte öffentliche Anteilnahme. Als sie zwei Jahre später, am 18. September 2020, stirbt, scheint eine Ära zu Ende
zu gehen: Im harten Brooklyn geboren und aufgewachsen
hat diese Frau nicht nur eine außergewöhnliche Karriere

erreicht, sondern vor allem als Symbol für die Rechte der Frauen ins ganze Land gestrahlt. Ihre Tätigkeit als Verfassungsrichterin war keine bloße juristische Fachtätigkeit, sondern ein Dienst an der Demokratie.

Kann man sich in Deutschland eine ähnliche Begeisterung für Richter oder Richterinnen des Bundesverfassungsgerichts vorstellen? Wohl eher nicht. Obwohl auch in Deutschland große Persönlichkeiten in Karlsruhe tätig waren und sind: Ernst-Wolfgang Böckenförde (auf den wir bereits zu sprechen kamen), Dieter Grimm, Roman Herzog, Jutta Limbach, Hans-Jürgen Papier, Andreas Voßkuhle, Gabriele Britz, Udo die Fabio, Susanne Baer. Auch diese Namen kann man kennen, aber der breiteren Öffentlichkeit sind wohl nur die wenigsten bekannt.

Kultstatus erreichen die höchsten Richter der Bundesrepublik wohl schon allein deshalb nicht, weil das deutsche Verfassungsgericht sich als viel weniger politisch versteht als der *Supreme Court* in den USA. Dort sind die Neubesetzungen öffentlich kommentierte, hochgradig politische Prozesse. Auch in Deutschland lassen sich Besetzungen sehr grob parteipolitischen Lagern zuordnen, aber Entscheidungen fallen hier konsensorientiert, in der Regel lautlos und ohne öffentliche Kommentierung. Spätestens mit Trump wurde der *Supreme Court* hingegen zum Schauplatz eines offen ausgetragenen Kulturkampfes. Beinahe wie ein Mafiaboss schien er von der auf seinen Vorschlag hin berufenen neuen Richterin, »Loyalität« zu verlangen.

Aber vielleicht ist diese Politisierung der Verfassungsgerichtsbarkeit nicht der einzige Grund, warum man in den USA anders auf den Supreme Court blickt. Die Rechtspflege wird in den USA viel stärker als gemeinsame Aufgabe verstanden. Die Tatsache, dass in Gerichtsverhandlungen ge-filmt werden darf, spiegelt den Umstand wider, dass man der Ansicht ist, was dort vorgehe, müsse von allen beobachtet werden können. Schon allein semantisch ist es hier schwierig zwischen *justice* im Sinne von Gerechtigkeit und *justice* im Sinne von Justiz zu unterscheiden: Recht soll nicht nur rechtens, sondern auch gerecht sein, so könnte man befürchten.[1]

Diese Aufladung des Justizwesens hat fragwürdige Konsequenzen. In einer Formel wie »to bring someone to justice« ist nur schwer zu entscheiden, ob da nun jemand der Justiz zugeführt werden soll oder ob man jemandem »Gerechtigkeit widerfahren« lassen möchte, ihn also juristisch oder physisch zur Strecke bringen will.[2] Die moralische und politische Aufladung des Rechtswesens führt auch dazu, dass Gerichtsverfahren bisweilen schwer kalkulierbar sind. Rechtsicherheit im Sinne einer Erwartungssicherheit ist hier in geringerem Maße gegeben als beispielsweise in Deutschland. Dazu tragen auch die Geschworenengerichte bei. Auch hier stoßen wir also auf Ambivalenzen.

Aber die Grundintuition, dass die Rechtspflege nicht einfach an Experten wegdelegiert werden kann, hat auch noch andere, vielleicht nicht nur negative Konsequenzen. Das amerikanische Rechtssystem kennt nämlich in Form der Jury-Verfahren einen paradigmatischen Mechanismus, bei dem die Bürgerinnen und Bürger zur Rechtspflege in die Pflicht genommen werden. Auch wenn diese Praxis aus guten Gründen nicht im deutschen Rechtssystem integriert wurde und aus systematischen Gründen nicht integrierbar scheint, so macht es eine genauere Betrachtung der Jury-Verfahren doch möglich, deren demokratietheoretische

Dimension zu analysieren. Ähnlich wie in der Institution des Schöffen werden hier nämlich auf exemplarische Weise Laien von Beobachtern zu Beteiligten.

»Die zwölf Geschworenen« als Demokratiedrama

In diesem Sinne lässt sich der Filmklassiker »Die zwölf Geschworenen« von 1957 (*Twelve angry men*, Regie: Sidney Lumet) nicht nur als Justiz-, sondern vielmehr als Demokratiedrama lesen. Zwar scheint es auf der Oberfläche um die Frage zu gehen, ob der Angeklagte schuldig ist oder nicht. Aber bei genauerer Betrachtung ist dieser Film kein Krimi, sondern ein Lehrstück über Demokratie.

An einer entscheidenden Stelle reflektiert einer der Geschworenen unvermittelt darüber, was es für die amerikanische Gesellschaft bedeute, dass zwölf normale Bürger in diese Jury berufen wurden. Bezeichnenderweise sucht der dabei nach dem korrekten Begriff für die »Einberufung«, stolpert aber über den Ausdruck »Benachrichtigung«: »Wir haben eine Verantwortung. Das ist ja das Erstaunliche an der Demokratie. Dass wir ... wie hieß das doch gleich? Ach ja, *berufen* wurden!« (what is the word ... Ah, notified)!«[3]

Immer wird in den Diskussionen der Geschworenen darauf verwiesen, dass es nicht nur um Strafrecht im Allgemeinen gehe, sondern um das demokratische Rechtssystem im Ganzen. Am Ende des Films verabschieden sich die Bürger auf den Treppen des Justizgebäude, im Hintergrund majestätische Säulen, eine klare Anspielung auf die athenische

Demokratie: Die Geschworenen waren eine demokratische »Gerichtsversammlung«.

Dass die Bürgerinnen und Bürger nach demokratischer Vorstellung die Legislative ernennen und die Exekutive genau überwachen sollen, ist trivial. Aber wie genau sieht eigentlich ein demokratisches Verhältnis zur Judikative aus? Kann es so etwas wie Beteiligung sinnvollerweise auch im Justizwesen geben? Deutschland kennt keine Geschworenengerichte – und der Blick in die USA lässt einen dafür dankbar sein. Die Tatsache, dass vor den Jurys die rhetorischen Fähigkeiten der Rechtsvertreter von zentraler Bedeutung sind, ist erschreckend. Aber auch in Deutschland gibt es Schöffen.

Was genau leisten Schöffen?

Beginnen wir vielleicht ganz trivial: Wann und wie beteiligen sich Bürgerinnen und Bürger überhaupt an der Rechtspflege? Meist wohl durch Klagen: Die Formel »J'accuse!«, »Ich klage an!«, ist ein zentraler Sprechakt des selbstbewussten *citoyen*. Zola ist unvergessen. Aber das Anklagen hat keineswegs nur die Dimension eines bloß subjektiven Einspruchs gegen das Allgemeine. Nicht nur moralisches Anklagen ist eine Option. Klagen kann auch als Pflicht erfolgen – nicht *gegen* das Allgemeine, sondern *für* oder im Namen des Allgemeinen.

Dieser Grundgedanke findet im deutschen Recht in der Verpflichtung zur Anzeige geplanter Straftaten ihren Ausdruck, § 138 StGB. Hier werden insgesamt acht Tatbestände aufgeführt, die zur Anzeige gebracht werden müssen, wenn man von ihrer Vorbereitung erfährt. Das Unterlassen kann mit bis zu fünf Jahren Haft geahndet werden.

Wer geplante Straftaten zur Anklage bringt, arbeitet der Staatsanwaltschaft zu. Wer hingegen als Schöffe aktiv ist, arbeitet auf der Seite der Rechtsprechung. In fast allen Demokratien gibt es vergleichbare Institutionen und Mechanismen einer »Beiordnung« von Laienrichterinnen und Laienrichtern. Zumindest in Deutschland kann man in diese Funktion »berufen« werden. Hier wird die Mitarbeit an der Rechtspflege zur Zumutung: Es ist nicht ganz leicht, sich diesem Ruf zu entziehen.

Interessant ist der demokratietheoretische Grundgedanke, der sich in der Figur des Schöffen ausdrückt: Das Rechtssystem ist anders als das Wirtschaftssystem kein Mechanismus, der bloß individuelle Bedürfnisse (nach Rache, Gerechtigkeit, Strafe etc.) befriedigt. Urteile werden »im Namen des Volkes« gesprochen, also im Namen der Allgemeinheit. Den Rechtsfrieden wieder herzustellen, ist ein Ziel, das allen zugutekommt, nicht nur jenen, die konkret betroffen sind.

Am deutlichsten wird dieser abstrahierende Gedanke, diese Idee des Gemeinwohls, wohl in der Figur der Generalprävention. Hier steckt die Allgemeinheit bereits im Begriff: Dass eine Straftat geahndet wird, soll nicht nur den Straftäter abschrecken, sondern »generalpräventiv« wirken, also öffentlich kommunizieren, dass Übertretungen auch tatsächlich bestraft werden. Verurteilungen sind immer auch Kommunikationsakte, die sich an die Gesellschaft insgesamt richten. Daraus folgt eine wichtige Differenz zwischen dem Rechtssystem und anderen Teilsystemen der Gesellschaft: Die Interaktionen mit dem Wirtschaftssystem kann man durch Sparsamkeit minimieren, die Begegnung mit dem Kunstsystem durch Desinteresse vollends vermeiden. Aber wer glaubt, sich dem Rechtssystem entziehen zu können, landet bei den »Reichsbürgern«.

Der Paragraph über die Strafbarkeit der Nichtanzeige geplanter Straftaten macht paradigmatisch deutlich, dass die »Rechtspflege« nicht vollständig an den Staat delegiert werden kann, sondern dass alle Bürgerinnen und Bürger einer Republik an ihr teilhaben. Die Zwangsverpflichtung zum Schöffen ist eine klassische demokratische Zumutung. Wer beispielsweise in Baden-Württemberg zum Schöffen bestimmt wird, kann sich dieser Rekrutierung nur schwer entziehen. Die detaillierte Liste mit möglichen Ausnahmen zeigt überdeutlich die Stärke des Imperativs: Die Berufung zum Schöffenamt ablehnen dürfen in Baden-Württemberg: »Mitglieder des Bundestags, des Bundesrats, des Europäischen Parlaments, eines Landtags oder einer zweiten Kammer; Personen, die in der vorhergehenden Amtsperiode die Verpflichtung eines Schöffen oder einer Schöffin an vierzig Tagen erfüllt haben (...); Ärzte und Ärztinnen, Zahnärztinnen und Zahnärzte, Krankenschwestern, Kinderkrankenschwestern, Krankenpfleger, Hebammen und Entbindungspfleger; Apothekenleiterinnen und Apothekenleiter, die keine weiteren Apothekerinnen oder Apotheker beschäftigen (...) etc.«[4] Wer nicht in einem Parlament oder an einem Krankbett gebraucht wird, so wird uns mitgeteilt, hat seinen staatsbürgerlichen Pflichten als Schöffe nachzukommen.

Auch hier geht die Zumutung zugleich mit einer Exklusion einher: Definiert ist natürlich auch, wer *nicht* Schöffe werden darf: Menschen ohne deutsche Staatsangehörigkeit, Personen, die von Gerichten als unzurechnungsfähig eingestuft wurden und Straftäter, die zu mehr als sechs Monaten Haft verurteilt wurden. Erneut sehen wir: Dass man von einer Zumutung ausgespart wird, muss kein Privileg sein, es kann auch eine Strafe, eine Exklusion darstellen.

Und wie wirkt sich das Schöffenamt auf diejenigen aus, die berufen werden? Die Konfrontation mit dem Rechtssystem macht zunächst eine gewisse Einarbeitung nötig. Bemerkenswert ist, dass in den entsprechenden Handreichungen nicht nur die praktische Arbeit erklärt wird, sondern zugleich so etwas wie eine Einführung in grundlegende rechtsphilosophische Überlegungen stattfindet. Dass ein Rechtstaat lediglich formales Recht sprechen kann, ohne den Anspruch erheben zu können, damit so etwas wie tatsächliche Gerechtigkeit ins Werk zu setzen, dass also, auch wenn das Recht danach strebt, gerecht zu sein, Recht nicht einfach dasselbe ist wie Gerechtigkeit, ist ein doch recht anspruchsvoller Gedanke. Dieser Gedanke wird den Schöffen in der Handreichung der *Bundeszentrale für politische Bildung* gleich einleitend ausgebreitet.[5] Das Schöffenamt ist auch eine Art *learning by doing*.

In einer rechtspolitischen Streitschrift stellten Hasso Lieber und Ursula Sens schon 1999 die Frage, ob ehrenamtliche Richter »Demokratie oder Dekoration am Richtertisch« seien.[6] Die Gefahr, dass Laienrichter nur scheinbar beteiligt werden, besteht natürlich. Aber in der Regel nehmen die berufenen Schöffen ihre Rolle sehr ernst. Und auch hier ist davor zu warnen, eine symbolische Rolle als »nur« symbolisch abzuwerten: Dass auch eine »normale« Bürgerin oder ein »normaler« Bürger ein gewichtiges Wort haben, hat symbolpolitisch durchaus eine Wirkung. Wenn sich Heranwachsende vor einem Jugendschöffengericht verantworten müssen, wird ihnen vor Augen geführt, dass sie der Gesellschaft insgesamt geschadet haben. Gerade hier haben Schöffen eine wichtige Funktion. Sie bauen eine Brücke zwischen dem abstrakten Rechtssystem und der Lebenswelt der Jugendlichen.

»Unser« Rechtsstaat?

Solche Brücken sind auch bitter nötig. In kaum einen Bereich wird die einleitend beschriebene »Entfremdung« so schnell und harsch erkennbar wie im Falle der Ausdifferenzierung des Rechtssystems. Die Klage darüber ist alt. Verwaltung und Recht wurden schon in den 1960er Jahren als »Systeme« beschrieben, die dann einer irgendwie authentischen und zugänglichen »Lebenswelt« gegenübergestellt wurden. Viel war davon die Rede, diese »Systeme« hätten ein Eigenleben angenommen, würden sich der Kontrolle und Steuerung entziehen und daher den Bürgerinnen und Bürger als etwas Fremdes gegenübertreten.

Hier lässt sich nun eine strukturelle Frage nicht mehr vermeiden, die das gesamte Projekt einer »Demokratie als Zumutung« betrifft: die Frage, ob Rollenwechsel in einer funktional ausdifferenzierten Gesellschaft überhaupt noch möglich und wünschbar sind. Die Frage nach den Laienrichtern ist aus dieser Perspektive nur ein Paradigma, ein Beispiel, an dem sich ein allgemeineres Problem zeigt.

Dieses Problem lässt sich vielleicht am leichtesten mit dem Begriff der *Ausdifferenzierung* fassen. Komplexe, moderne Gesellschaften tendieren demnach dazu, die Wissensfelder immer kleinteiliger zu parzellieren. Dass ein

Arzt sich nur für Nieren zuständig fühlen könnte, muss im 18. Jahrhundert noch absurd erschienen sein. Heute aber sind die Spezialisten auf immer engere Teilgebiete spezialisiert: Man ist dann nicht nur Virologin, sondern Virologin mit der Spezialisierung auf Corona-Viren. Man beschäftigt sich nicht nur ausschließlich mit der niederländischen Geschichte, sondern mit der niederländischen Geschichte in der zweiten Hälfte des 16. Jahrhunderts. Und selbst in der Nierenheilkunde gibt es vermutlich Dutzende Teilgebiete.

Diese Spezialisierung kann absurde Formen annehmen. Ich erinnere mich an eine Podiumsdiskussion, bei der wir Diskutanten nach der Zukunft der EU gefragt wurden. Der Kollege neben mir antwortete, er sei auf die Fischerei-Politik der EU spezialisiert. Zur EU und zur europäischen Integration könne er also nichts sagen – aber falls es noch Fragen zum Thema Kabeljau gäbe, stünde er gerne zur Verfügung. Diese Komik war wohlgemerkt unfreiwillig. Ich verbiss mir die sarkastische Bemerkung, beim Thema Kabeljau müsse man differenzieren.

Die Tatsache, dass eine produktive politische Auseinandersetzung in vielen etablierten Demokratien so schwer geworden ist, hängt auch damit zusammen, dass in einer hochtechnisierten Gesellschaft die Menschen sehr spezialisierte Arbeitsfelder haben. Und natürlich erklären sich aus dieser Ausdifferenzierung auch die enormen Effizienzgewinne, die gigantischen Fortschritte, die seit der Neuzeit erfolgt sind. Wer möchte heute schon einen Arzt aus dem 18. Jahrhundert konsultieren? Dann lieber einen Nephrologen von heute!

Daraus könnte man den Schluss ziehen, dass Schöffen und Laienrichter einen Anachronismus darstellen. Sie mögen angemessen gewesen sein, als es um Hühnerdiebstahl, Wirtshausschlägereien oder Beleidigungen ging. Aber das komplexe Rechtsgeflecht einer europäischen Mehrebene-Governance und die Untiefen der Wirtschaftskriminalität überfordern Laien. Bürgerdienste wären aus dieser Perspektive auch deshalb verschwunden, weil sie in einer komplexen Gesellschaft gar nicht mehr möglich sind. Überall, so könnte das Argument lauten, brauchen wir »Profis«, keine Bürgerinnen und Bürger. Der Soziologe Niklas Luhmann vertrat diese These und betonte, die Trennung gesellschaftlicher Funktionssysteme sei die Bedingung für das Funktionieren moderner Gesellschaften.

Es scheint schwer, gegen dieses Bild der Gegenwartsgesellschaft zu argumentieren. Vielleicht lässt es sich am einfachsten durch das Verfahren einer *reductio ad absurdum* widerlegen. Würden sich in unserer Gesellschaft tatsächlich nur Fachfragen stellen, die von Fachleuten »korrekt« beantwortet werden könnten, wäre Demokratie unmöglich. Dann würden wir aus guten Gründen in einer Expertokratie leben. Ein jedes Politikfeld hätte dann seine Expertinnen und Experten. Der demokratische Willensbildungsprozess würde sich erübrigen. Aber Schöffen sind hilfreich. Und Bürgerdienste sind möglich.

Denn die sachliche und fachliche Expertise ist in vielen Fällen nur die Vorbedingung dafür, ein Urteil zu fällen, das auch mit Präferenzen und Werturteilen zusammenhängt, mit der Setzung von Prioritäten, mit der Berücksichtigung von Prinzipien, dem Abwägen von Aspekten. Wäre das Rechtswesen ein opakes, selbstreferenzielles Gebilde, verständlich und nachvollziehbar nur für Volljuristen mit Prädikatsexamen, hätte die Demokratie ein Problem. Wenn in einer Gesellschaft Schöffen nicht mehr möglich sind, spricht das nicht gegen die Schöffen, sondern gegen die Rechtspraxis in dieser Gesellschaft. Und gerade im Jugendstrafrecht dürfte es in den meisten Fällen um Delikte gehen, die auch für Laien verständlich sind. Luhmanns Einwand ruft die Grenzen möglicher Rollenübernahmen in Erinnerung, aber seine Modernetheorie sollte nicht dazu verleiten, die Überspezialisierung für unvermeidlich zu halten.

11

Politische Bildung: Subjektivierung in der Schule

Kann eine Romanlektüre politisch sein? In einer Diktatur ist das zweifellos der Fall. Im »Gottesstaat« Iran macht sich verdächtig, wer Madame Bovary liest – oder gar noch Anrüchigeres. Aber in einer Demokratie? Es bedarf wohl besonderer Umstände, damit ein klassischer Roman von 1678 zum Verkaufsschlager und seine Lektüre zum politischen Statement wird. Zumindest in Frankreich ist auch dies möglich. Der kleine Band *Die Prinzessin von Clève* avancierte nach einer Äußerung des damaligen Präsidenten Nicolas Sarkozy im Frühling 2009 zum Politikum. Sarkozy hatte öffentlich erklärt, man soll die Schülerinnen und Schüler nicht mit so unbrauchbaren Texten wie der Novelle *La Princesse de Clève* behelligen. Die Schule solle fit machen fürs Leben, fit für den Arbeitsmarkt.[1]

So etwas sagt man in Frankreich nicht ungestraft. Demonstratives Lesen wurde schlagartig zu einer Form des politischen Widerstands. Die Autorin Marie-Madeleine de La Fayette wurde zu einer Ikone des französischen Feminismus erklärt. Schnell war der besagte Band ausverkauft, und in der Métro saß man nebeneinander, demonstrativ vertieft in die amourösen Komplikationen der gepuderten Hofschranzen um 1560. War es nicht schlicht atemberaubend, nachzuvollziehen, wie die arme Prinzessin, hin- und hergerissen zwischen Vernunft und Leidenschaft, schließlich darum bittet, auf dem Land versauern zu dürfen? War es nicht faszinierend, in einer nicht enden wollenden Einleitung zunächst über die sozialen Verstrickungen einer Unzahl von Höflingen ins Bild gesetzt zu werden?

Ehrlich gesagt: Nein, war es nicht. Das Buch mag als frühe Form des historischen Romans interessant sein, als Quelle zur Erforschung höfischer Geselligkeit vielsagend – aber ein Lesevergnügen ist der Text eher nicht. Darum ging es den Franzosen aber auch nicht. Es ging um etwas Prinzipielles: Zweck und Wesen der *Ecole républicaine*. Ist die Schule nun dazu da, uns auf den Arbeitsmarkt vorzubereiten, oder aber sollen wir – zum Beispiel durch Literatur – zu besseren, zu anderen, zu wahren Menschen gemacht werden? Nicolas Sarkozy war ein Mythos auf die Füße gefallen, der Mythos der französischen Schule, die alle Menschen, groß und klein, zu Bürgerinnen und Bürgern der Republik erzieht.

Der Kampf um die *Prinzessin von Clève* zeigt wie in einem Brennglas, wie eine demokratische Debatte über die richtige Subjektivierung aussieht. Es geht hier nicht darum zu entscheiden, was Subjekte wissen sollen, sondern was für Subjekte eigentlich »gemacht« werden sollen. In modernen Demokratien ist die Schule, oder allgemeiner gesprochen das Bildungssystem, wohl der wichtigste Ort der Subjektivierung. Wenn wir heute überhaupt noch irgendwo in Anspruch genommen werden in unseren Demokratien, dann wohl nicht durch eine Wehrpflicht, sondern durch die Schulpflicht. Mit unserem Staat machen wir zunächst (und in vielen Fällen beinahe ausschließlich) in der Schule Bekanntschaft.

Wenn dies stimmt, müsste sich ein gestörtes Resonanzverhältnis zwischen Staat und Gesellschaft auch und gerade in den Schulen ablesen lassen. Und ist es nicht genau so? Kaum ein Politikfeld wirkt so aussichtslos frustrierend, in kaum einem Feld wirkt der Staat so strukturell überfordert. Daher ist hier die Gefahr auch besonders groß, wohlfeile Forderungen aufzustellen. »Mehr Bildung!« ist zwar immer richtig, aber auch zu allgemein, um hilfreich zu sein.

Eine andere Perspektive auf Bildung: In Anspruch nehmen

Vielleicht nähert man sich der anderen Perspektive auf Bildung (und insbesondere politische Bildung) durch einen Umweg. Wieder fragen wir nach der Subjektivierung. Wieder fragen wir: Was wird zugemutet, wie wird angesprochen und wie wird geantwortet? Alles was oben über Ökonomisierung, Emotionalisierung und Infantilisierung gesagt wurde, scheint auch auf die Bildung zuzutreffen. Das Bildungssystem ächzt unter einem Ökonomisierungsdruck; es soll noch schneller, noch mehr Abiturienten produzieren, besser in acht als in neun Jahren. Zugleich wird im Bildungssystem wahnsinnig viel emotionalisiert und moralisiert. Und am deutlichsten zeigt sich dort wohl der Trend zur Infantilisierung und Gamifizierung.

Diese Trends sind zu groß, um sie hier erschöpfend abzuhandeln. Vokabeln im Rahmen eines *games* zu lernen, mag hilfreich und sinnvoll sein. Aber es gibt auch eine fragwürdige Tendenz, Inhalte durch *Gamification* mundgerecht zu machen. In manchen Projekten werden Schülerinnen und

Schüler aufgefordert, in einem Computerspiel Konzentrationslager zu entwerfen. Dies soll Hemmungen abbauen und schwierige Inhalte leichter zugänglich machen. Ernsthaft? Der Völkermord an den europäischen Juden, die Schoah, als Inhalt eines Computerspiels?[2] Was sagt es aus, dass man überhaupt auf so eine Idee kommt?

Demokratie als Lerngemeinschaft

Im Kapitel über die Infantilisierung politischer Kommunikation hatten wir gesehen, dass es einen fatalen Trend gibt, politische Kommunikation zu pädagogisieren. Die Kritik an dieser Form der politischen Kommunikation wird von liberalen Kritikern auf das republikanische Staatsverständnis insgesamt ausgeweitet: Ein *nanny-state,* der auftritt wie eine Gouvernante, drohe die Bürgerinnen und Bürger beständig mit erzieherischen Maßnahmen zu belästigen. Und war nicht die Idee bei der Wahlpflicht in der Tat, diese könne eine im weitesten Sinne »erzieherische Maßnahme« sein? Das ist zumindest ein naheliegender Vorwurf.

Auch hier ist eine Reflexion der aufgerufenen Bilder und Metaphern hilfreich: Der Staat als Vater, die Republik als Mutter – und die Bürgerinnen und Bürger als Kinder, als »les enfants de la patrie«, wie es in der Marseillaise so schön heißt. Diese Hintergrundmetaphorik schlägt bis in die trivialste politische Kommunikation der Gegenwart durch: Angela Merkel als »Mutti«, Atatürk als »Vater der Türken« – oft, zu oft wird in Verwandtschaftsbeziehungen gedacht.

Die republikanische Tradition scheint hierzu eine besondere Affinität zu haben. In Frankreich wird die Republik gerne als *Marianne* personifiziert. Die Familie ist eine Schicksalsgemeinschaft – und das soll auch die Nation, die Republik sein. Auch hat die republikanische Tradition eine besondere Beziehung zu einer staatlich verantworteten Bildungs- und Erziehungsarbeit. Es ist kein Zufall, dass die *école républicaine* zu den Pfeilern der französischen Demokratie gerechnet wird.

Der Grundgedanke lautet hier, dass Gesellschaft nicht nur durch Recht und Wirtschaft zusammengehalten wird, sondern letztlich eine Lerngemeinschaft darstellt. Politische Gemeinschaften sind demnach immer auch Erziehungsgemeinschaften, soziale Räume, in denen Personen sich gegenseitig erziehen. Das gegenseitige »Sich-zum-Bürgermachen« hört sozusagen nie vollends auf, die ganze Gesellschaft ist (auch) eine Art Schule. Politische Auseinandersetzungen dienen nicht nur dazu, konkurrierende Interessen zu verrechnen, sondern sich gegenseitig über die eigentlichen, die wirklichen, die »besseren« Interessen zu belehren. Es ist aus dieser Sicht völlig normal, ja wünschenswert, dass wir uns gegenseitig (weiter) erziehen.

Dass also in Frankreich »les enfants de la patrie«, die Kinder der Nation, angesprochen werden, hat einen systematischen Grund: Zur *res publica*, zur Allgemeinheit, befinden sich die Individuen immer in einem Spannungsverhältnis wie ein Sportler zu seinem Coach. Der Coach mag nerven, aber er will uns auch dabei helfen, besser zu werden.

In liberalen Ohren klingt dies sehr schief und falsch. Wer mit liberalen Argumenten auf die persönliche Verantwortung abstellt, muss betonen, dass jede Bildungsgeschichte irgendwann ein Ende hat: Schule ist etwas für Kinder, nicht für Erwachsene. Nichts schlimmer als ein Staat, der mit dem

Erziehen gar nicht mehr aufhört! Er mag den einzelnen ja bestrafen, sanktionieren, im schlimmsten Fall gar einsperren. Aber erziehen? Wollen wir uns in der politischen Debatte in der Tat darüber streiten, was wir wollen *sollten*? Reicht es nicht, wenn wir einfach den Kuchen gerecht aufteilen, so dass alle halbwegs fair bedient sind?

Aus dieser liberalen Perspektive ist die allgemeine Schulpflicht eine Art Maximum dessen, was ein demokratischer Staat seinen Bürgerinnen und Bürgern zumuten kann. Jede Bildung, die über ein Minimum hinausgeht, müsste dann freiwillig erfolgen, auf privater Initiative basierend. Der Staat mag dabei helfen, aber er sollte Bildungsanstrengungen nicht durch Eingriffe befördern.

Wenn man jedoch Demokratie aus systematischen Gründen auch als Zumutung versteht, stellt sich die Sache ganz anders dar. Demokratische Prozesse muten uns dann *immer schon* und *unvermeidlich* Lernprozesse zu. Demokratisch handeln und aushandeln, bedeutet dann immer auch, voneinander zu lernen.

Condorcet: Demokratie als Bildungsprojekt

Paris, der 20. April 1792. Wir befinden uns in der *Assemblée nationale*, dem französischen Revolutionsparlament. Noch ist Robespierre nicht an der Macht, die *terreur* noch nicht ausgebrochen. Es kann noch offen debattiert werden. Das Wort ergreift heute eine der wohl faszinierendsten Personen der französischen Geistesgeschichte: Condorcet.

Der Marquis ist Mathematiker, Philosoph, Autor. Schon

als Jüngling galt er als mathematisches Genie. Mit 26 Jahren wurde er bereits in die königliche Akademie der Wissenschaften gewählt. Heute tritt er ans Rednerpult, um eine Grundsatzrede zu halten. Der französische Titel lautet: *L'organisation générale de l'instruction publique* – das heißt in etwa: die allgemeine Organisation öffentlicher Bildung. Wobei das französische Wort *instruction* ein bisschen weniger romantisch klingt als das deutsche Wort *Bildung*, eher nach *Anleitung* oder *Ausbildung*.

Was nun folgt, ist so ausgefuchst und durchdacht, dass Condorcet am Folgetag den Faden wieder aufgreifen muss. Es folgt nichts weniger als ein Bauplan für ein modernes Schul- und Bildungswesen. Condorcet beginnt ganz grundsätzlich – und wird dann schnell sehr konkret. Es sei eine Gemeinschaftsaufgabe, alle Menschen mit jenen Kenntnissen und Fähigkeiten auszustatten, die es ihnen erlaubten, das eigene Leben selbstständig zu bestreiten, »Seine Rechte auszuüben« (»exercer ses droits«), die eigenen Pflichten zu erfüllen. Und nun folgt eine Stelle, die eine genaue Lektüre verdient:

> »Einem jeden unter ihnen die Fähigkeit das eigene Handwerk zu vervollkommnen, sich in die Lage zu versetzen, jene sozialen Funktionen zu erfüllen, zu denen er mit Recht berufen ist, und all jene Talente zu entfalten, die ihm von der Natur gegeben wurden, um dadurch eine tatsächliche Gleichheit zwischen den Bürgern herzustellen und jene Gleichheit Wirklichkeit werden zu lassen, die das Gesetz anerkennt – darin besteht das höchste Ziel der nationalen Bildung. Und vor diesem Hintergrund stellt sie für die Politik eine Aufgabe der Gerechtigkeit dar.«[3]

Hier haben wir sehr klar die Vorstellung einer Republik vor Augen, in der die Bürger mit Recht zu sozialen Funktionen »berufen« sind (»être appelé«). Vor allem aber zeigt der Schluss des Absatzes, auf was das Bildungssystem abzielt, worauf es hinarbeitet: auf Gerechtigkeit, auf die Realisierung jener Gleichheit, die das Rechtssystem lediglich abstrakt versprechen kann.

Damit ist aber auch gesagt, worauf »Bildung« nicht oder zumindest nicht primär abzielt: auf die Zulieferung kompetenter Mitarbeiterinnen und Mitarbeiter für das Wirtschaftssystem. Zwar sollen die Bürger in die Lage versetzt werden, ihr Leben eigenständig zu bestreiten. Aber die »instruction publique« soll sich eben nicht an den Imperativen eines Arbeitsmarktes orientieren.

Ist Condorcets Traum in Erfüllung gegangen? Er selbst fiel in Ungnade. Er gehörte zu jenen Kindern der Revolution, die gefressen wurden. Als die *terreur* immer näher rückte, versuchte er unterzutauchen, wurde dann gefangengenommen und starb unter unklaren Umständen. Die Revolution hat einen ihrer klügsten Köpfe auf dem Gewissen. Was blieb, ist sein gigantisches Werk. Es enthält neben mathematischen und naturwissenschaftlichen Abhandlungen eine berühmte Theorie des Fortschritts, deren deutsche Übersetzung bereits 1797 bei dem legendären Tübinger Verleger Cotta erschien. Wer an den Fortschritt glaubt, glaubt an Condorcet, meist ohne es zu wissen.

Aber sein Traum von einer *école républicaine*, einem fairen, erfolgreichen Bildungssystem steht heute im Kontrast zur Wirklichkeit. Zumindest reißt in Frankreich die Diskussion über die Krise der Schule, ja des Bildungssystems insgesamt nicht ab. Nicht jedes furchtbare Bild, das hier gezeichnet wird, darf man für die Realität selbst nehmen. Und doch muss man sagen, dass in Frankreich die Krisensymptome vielleicht besonders deutlich hervortreten. Disziplinprobleme, verrottete Schulgebäude, zu große Klassen, die Konkurrenz der digitalen Medien – viele dieser Probleme kommen uns bekannt vor. Die Schule als Zumutung ist in einer Krise.

Aus dieser Einsicht lassen sich nicht direkt Folgerungen für ein gelingendes Bildungssystem oder eine erfolgreiche politische Bildungsarbeit ableiten. Aber die Perspektive ändert sich: Schulen sind dann nicht mehr Zuarbeiterbetriebe, die Arbeitskräfte für die Wirtschaft »produzieren«, sondern demokratische Institutionen. Was in der Schweiz als »Schulpflege« bezeichnet wird, ist dann eben nicht nur eine Aufgabe für Spezialisten oder »die Profis«.

Der Begriff der *école républicaine* ließe sich dann noch mal anders deuten: Er könnte auch besagen, dass Schulen eigentlich Orte sein sollten, an denen nicht einzelne Lehrerinnen und Lehrer unterrichten, sondern an denen die *Republik* unterrichtet. Diese Idee ist in Frankreich immer noch lebendig. Und wie andere demokratische Ideale auch, erwacht sie zu neuem Leben im Moment der Krise. Als der Gemeinschaftskundelehrer Samuel Paty im Oktober 2020 von einem Islamisten enthauptet wurde, fühlte sich die Republik selbst angegriffen. Die Französinnen und Franzosen waren zutiefst schockiert. Und zugleich kam ans Licht, wie weit die Wirklichkeit von den Idealen Condorcets entfernt ist.

Die Rolle der Musik bei Aristoteles

Vor einer verkitschten Darstellung antiker Praktiken hatten wir bereits gewarnt. Trotzdem lohnt zur Kontrastierung ein Blick in jene Schriften, die ideale Bildungsziele formulieren. In der *Politik* des Aristoteles findet sich ein achtes »Buch« (wir würden heute von einem Kapitel sprechen), das oft ignoriert wird. Plötzlich beginnt Aristoteles von etwas zu sprechen, was nach unserem heutigen Verständnis mit Politik nichts zu tun hat: von Musik. Hatten wir nicht in der Landsgemeinde von Glarus gehört, dass ein Gesetz zur Musikerziehung auf der Traktandenliste stand? Womöglich gehört selbst die musikalische Erziehung zu den Zumutungen der Demokratie. Dies behauptet zumindest Aristoteles

Sein philosophischer Lehrer Platon stand der Musik äußerst skeptisch gegenüber. Bekanntlich kann Musik die Emotionen in Wallung bringen. Das kam dem Meisterphilosophen sehr verdächtig vor. Dass sein Schüler Aristoteles nun so ausführlich über die musikalische Erziehung der Jugend spricht, hat daher zu anhaltenden Diskussionen in der Aristoteles-Forschung geführt.[4] Anders als Platon beschreibt Aristoteles die Musik als ein heilsames Mittel, das die Gefühle nicht nur in Aufwühlung bringt, sondern beispielsweise gegen die Traurigkeit besänftigend wirkt. Dass sein Schüler, der Musiktheoretiker Aristoxenos, den Meister beeinflusst hat, darf zurecht vermutet werden.

Die antike Musikpraxis zu rekonstruieren ist äußerst schwierig. Wie diese Musik geklungen haben mag, wie genau gesungen und gespielt wurde, lässt sich nur erahnen. Interessanter ist vor diesem Hintergrund, was nach Aristoteles die musikalische Erziehung überhaupt für einen Zweck haben soll. Nach ihm geht es um das Sich-Erfreuen, das Unterscheiden von brauchbaren und unbrauchbaren Liedern. Der Umgang mit den Tönen vermittelt ein Gespür für Proportionen. Musik übt also die Urteilskraft, das angemessene Einsetzen von Mitteln, nicht zu laut, nicht zu leise. Und wenn laut, dann im richtigen Moment.

Vieles an diesem achten Buch ist heute rätselhaft. Der Groll gegen das Flötenspiel kommt uns heute skurril vor. Man kann nicht gleichzeitig flöten und singen – aber was soll daran so schlimm sein? Und warum soll ausgerechnet die dorische Tonskala besonders für die Erziehung geeignet sein? Soll – wie bei Gottfried Benn – das Dorische womöglich besonders »männlich« sein? Und warum verleitet das Phrygische zum Enthusiasmus? Die ausgeklügelte Tonartencharakteristik ist wohl nur aus einem sehr spezifischen Kontext zu verstehen. Die musiktheoretischen und musikpädagogischen Debatten der damaligen Zeit scheinen uns aus der Distanz sehr fremd. Aristoteles stellt das Lernen der Freude klar gegenüber. Ein berühmter Satz aus diesem Abschnitt lautet: »Beim Lernen spielt man nicht. Lernen tut weh.«[5] (Pol. 1339 a 25) Schon Aristoteles opponierte gegen die Gamification der Welt und plädierte für Zumutungen. Zugleich aber soll die musikalische Erziehung zur Muße anleiten.

Interessant ist vielleicht gar nicht so sehr, was Aristoteles im Einzelnen über die musikalische Erziehung sagt, sondern an welcher Stelle er es sagt: im Kontext der Politik. In den modernen, liberal geprägten Gesellschaften ist die Vermittlung dieser Kompetenzen größtenteils privatisiert. Die ästhetische Erziehung ist immer mehr an den Rand gedrängt, privatisiert worden. In Grundschulen wird der Musikunterricht oft von fachfremden Lehrkräften unterrichtet. Wenn der Sportlehrer den Musikunterricht gestaltet, dann tut Lernen tatsächlich weh. Und diese Feststellung ist keine Kritik an Sportlehrern, sondern an der Lehrplangestaltung.

Dabei wird gerade in der Musik das Resonanzverhältnis zwischen Gesellschaft und Individuum materiell erkennbar: Schwingungen entstehen hier im wörtlichen Sinne. Die Rede von der Resonanz ist dabei kein Kitsch: In Resonanz gebracht zu werden, ist nicht ausschließlich angenehm. Anspruchsvolles Musizieren in der Gruppe ist immer auch eine Zumutung. Wenn ein Knabenchor das Weihnachtsoratorium singt, wird von jedem Individuum verlangt, sich einzufügen.

Das gemeinsame Musizieren macht plastisch deutlich, was durch Zumutung möglich wird, vielmehr nämlich, als allein möglich wäre. Einen vierstimmigen Choral kann man eben nicht allein singen. Insofern scheint es kein Zufall zu sein, dass die Musik am Ende der *Politik* des Aristoteles plötzlich als Paradigma kollektiven Handelns erscheint. Statt einer Militarisierung könnte man sich auch eine Musikalisierung der Gesellschaft vorstellen.

Nun lässt sich eine Demokratie nicht nach dem Vorbild des gemeinsamen Musizierens allein konzipieren. Aber welche Konsequenzen dürfen wir erwarten, wenn zahlreiche junge Menschen die Erfahrung des gemeinsamen Musizierens gar nicht mehr machen und stattdessen das solipsistische Zocken auf dem Smartphone zum Paradigma des Handelns wird? Es lohnt, so scheint mir, auch dieses rätselhafte achte Buch der *Politik* zur Kenntnis zu nehmen.

Der »Schuldienst« im weitesten Sinne

Mehr Bildung, mehr ästhetische Bildung zu fordern, mag wohlfeil klingen. Die Diskussion über den richtigen Weg zu besseren Schulen ist unendlich alt, und sie wird auch nie beendet sein. Es wäre auch unrealistisch und unfair, nur in apokalyptischen Tönen zu malen. Vieles geschieht bereits, anderes ist auf dem Weg. Eine Theorie der Demokratie als Zumutung kann zu den Einzelaspekten wenig beitragen; sie kann nur Anregungen liefern, über den Rahmen nachzudenken, in dem wir über unser Schul- und Bildungssystem diskutieren.

Die Frage, warum beispielsweise Dänemark in der Bildungspolitik um so vieles erfolgreicher ist, mag viele Einzelgründe haben. Aber der zentrale Unterschied liegt eben nicht in technischen Details, sondern in der Frage, was sich die Gesellschaft unter »Bildung« und »Schule« überhaupt vorstellt. Ist die Schule ein Ort, an dem man die Kinder abgibt, damit sie von »Profis« auf »das Leben« vorbereitet werden. Mit »dem Leben« ist dann meist der Arbeitsmarkt gemeint. Oder ist die Schule ein Lebensort, an dem Bürgerinnen und Bürger dabei unterstützt werden, ihre Talente zu entfalten? Dies würde ja keineswegs ausschließen, dass diese Bürgerinnen und Bürger am Ende auch lebenstüchtig sind, dass sie – mit Condorcet gesprochen – in der Lage sind, ihr Leben eigenständig zu bestreiten. Die Schule wäre dann weder ein Ausbildungszentrum noch ein bloßer Schutzraum.

12

Zumutung konkret:
Ein Gedankenexperiment

Über die Zumutungen der Demokratie kann man im Jahr 2022 nicht mehr schreiben, ohne nach Kiew zu blicken. Die Appelle des ukrainischen Präsidenten Wolodymyr Selenskyj formulieren Zumutungen in Reinform: Zu den Waffen! Schnell folgten auch Freiwillige aus anderen Ländern. Die Tapferkeit und der Mut der Ukrainerinnen und Ukrainer riefen Respekt und Bewunderung hervor. In Deutschland wurde gejammert, wenn man eine FFP2-Maske tragen soll, und in der Ukraine verabschiedeten sich die Väter von ihren Kindern. Der postheroische »Westen« wirkte da mit einem Mal beinahe lächerlich.

Aber eine bloße Rückkehr in die Denkfiguren, Bilder und rhetorischen Strategien heroischer Zeiten scheint weder möglich noch wünschenswert. Zwischen maximaler Opferbereitschaft (»the ultimate sacrifice«) und ökonomisiertem Privatismus muss es ein Drittes geben. Ein Bürgerdienst muss nicht militaristisch sein, ja er darf nicht militaristisch sein, wenn er wirklich dazu beitragen soll, die Demokratie zu stärken und nicht am Ende gar zu gefährden.

Im Folgenden möchte ich einige Möglichkeiten skizzieren, wie auf der Ebene von Gemeinden, Bundesländern und auf der Ebene des Bundes Maßnahmen aussehen könnten, die den Zumutungen der demokratischen Beteiligung eine Form geben. Diese Vorschläge fußen auf Gesprächen mit Akteuren aus der Verwaltung und Politik. Ein zentrales Anliegen dabei ist es, nicht eine praxisferne Utopie zu entwickeln, sondern umsetzbare Strategien und Vorschläge, die an bestehende Praktiken andocken und diese weiterentwickeln.

Dazu gilt es zunächst in Erinnerung zu rufen, dass mit dem *Freiwilligen Sozialen Jahr* (FSJ) und dem *Bundesfreiwilligendienst* bereits entsprechende Infrastrukturen bestehen. Mein Vorschlag ist zudem sehr viel niedrigschwelliger als das »80/20-Konzept«, das Harald Welzer mit Studierenden der Universität Sankt Gallen entwickelt hat.[1]

Wenn vom »Bürgerdienst« die Rede ist, so kann es leicht zu Missverständnissen kommen. In manchen Gemeinden werden unter diesem Begriff die Dienste *für* die Bürger subsumiert. Was sonst »Amt für öffentliche Ordnung« oder »Bürgerbüro« heißt, bietet dann Bürgerdienste an: Dienstleistungen *für* Bürger. Dass es die Bürgerinnen und Bürger selbst sein könnten, die einen Dienst leisten, scheint offenbar schwer vorstellbar. »Dienstleister« soll der Staat sein, nicht die Bürgerinnen und Bürger.

Dabei gibt es ihn schon, den Bürgerdienst und die Bufdis. Diese gälte es lediglich weiterzuentwickeln, zu systematisieren. Vor allem aber: sie universell verpflichtend zu machen. Nehmen wir an, es gäbe einen allgemeinen, verpflichtenden Bürgerdienst von sechs Monaten für alle Staatsbürgerinnen und Staatsbürger, die das 18. Lebensjahr vollendet haben.

Alle anderen leisten bis zum fünfzigsten Geburtstag sechs Stunden pro Jahr. Alle staatlichen Ämter, gemeinwohlorientierte Organisationen, Einrichtungen des jeweiligen Bundeslandes (Museen etc.) und Vereine können hierfür entsprechende Dienststellen anbieten. Arbeitgeber müssen ihre Mitarbeiter für den jährlichen »Bürgertag« freistellen. Dieser kann frei gewählt werden. Befreiungen vom Bürgertag sind möglich, zum Beispiel für Eltern mit kleinen Kindern, für chronisch Kranke und zahlreiche andere Ausnahmen. Eine kurze schriftliche Begründung reicht, um sich freistellen zu lassen. Niemand wird mit Gewalt gezwungen.

Lässt sich antizipieren, welche Auswirkungen derartige Regelungen haben könnten? Die erzwungene »soziale Promiskuität«, die vor allem Jameson ins Zentrum stellt, würde sich nicht automatisch, aber vielleicht doch in Teilen einstellen. Natürlich wäre zu befürchten, dass neue Formen sozialer Segregation entstehen: Dienststellen, in den bestimmte soziale Milieus unter sich sind – und auch unter sich sein wollen. Man wird dies nicht völlig vermeiden können, auch wenn man in Teilbereichen mit Losverfahren arbeiten könnte, zum Beispiel, indem man Vorschläge per Losverfahren zuteilt.

Zudem werden nicht alle Versuche einer erneuten sozialen Segregation erfolgreich sein. Und junge Menschen werden ihre Tätigkeit nicht nur nach dem Kriterium der Gruppenzugehörigkeit aussuchen, nicht nur nach Nimbus und sozialem Status der jeweiligen Dienststelle fragen, sondern auch nach der Tätigkeit selbst: Will ich ein Jahr zur Feuerwehr? Zur Seenotrettung, in die auswärtige Kulturpolitik oder in die Altenpflege? Will ich am Ende einen Rettungsschwimmerschein, eine Sanitätshelferausbildung oder Erfahrungen im Nationalpark Schwarzwald sammeln? Vielleicht stellt auch jemand fest, dass eine Karriere als Pilotin bei der Luftwaffe durchaus attraktiv ist. Auch die Geschlechterrollen ließen sich durcheinanderbringen. Es wäre zu hoffen, dass Menschen mit ähnlichen Interessen, aber divergierenden sozialen Hintergründen aufeinandertreffen.

Die Ebene der Gemeinden: Vom Putztag zur Pflichtfeuerwehr

Eine erste Anlaufstelle könnten zweifellos die Kommunen sein. So war es auch zu Zeiten des Zivildienstes. Städtische Krankenhäuser, kommunal verantwortete Pflegedienste, Feuerwehren und Sozialdienste bilden das Rückgrat gelingender Staatstätigkeit in Deutschland. Ohne die Städte und Gemeinden wäre auch ein Bürgerdienst undenkbar.

Wir hatten am Beispiel der Pflichtfeuerwehr in der Schweiz gesehen, dass gerade in ländlichen Regionen die kommunale Identifikation besonders stark und besonders einfach ist: Die Vorladung der Kommune kommt dort mit dem Wappen des Dorfes ins Haus. Die Feuerwehrkommandantin kennt man vermutlich ohnehin persönlich. In einer Situation, in der zumindest in manchen ländlichen Regionen eine Art soziale Wüstenbildung droht, in der die sozialen Netze immer dünnmaschiger werden, könnte der Bürgerdienst wie eine zentripetale Kraft wirken.

Aber auch in den Städten scheint es nötig, die Menschen durch Zusammenarbeit im ganz wörtlichen Sinne zusammenzubringen. Einen Stadtpark von Müll zu befreien ist keine gemütliche, keine schöne Aufgabe, sondern eine Zumutung. Aber ist nicht zu vermuten, dass langfristig ein solcher Park anders betrachtet wird? Nicht als ein Service, den die Stadt bereitstellt, sondern als »unser« Park?

Gerade die Ebene der Kommunen bietet die Möglichkeit, echte konkrete Einblicke in das Funktionieren moderner Staatlichkeit zu erlauben. Die Entfremdung besteht ja in Teilen auch darin, dass viele Menschen gar nicht wissen, wie eine Verwaltung, wie ein Gemeinderat, wie ein Kreistag funktioniert.

Die Landesebene:
Regionale Zugehörigkeit

Auf der Ebene der Bundesländer und Regionen ist das Spektrum möglicher Bürgerdienste ebenfalls breit. In Deutschland sind die Bundesländer für viele exekutive Aufgaben zuständig. Oft ist das Gefühl der Zughörigkeit stärker regional als national ausgeprägt: Man lässt sich eher vom Freistaat Bayern mit Zumutungen belästigen, als von einer Bundesbehörde in Berlin.

Bundesländer, Kantone oder Regionen haben den großen Vorteil, dass hier – ähnlich wie im Falle der Kommunen – die örtliche Nähe in der Regel eine höhere Identifikation bewirkt. Berlin oder Paris mögen weit weg sein – aber man versteht sich als Sachse oder Bretone. Wenn den Bürgerinnen und Bürgern offenstünde, auf welche Ebene sie ihren Bürgerdienst ableisteten, könnte dies natürlich dazu führen, dass Lokalpatrioten unter sich bleiben. Aber zumindest wäre so eine niedrigere Schwelle zu überwinden, um sich überhaupt demokratischer Zumutung zu stellen. Und warum sollte die Identifikation mit einer Region – einer Landschaft – anrüchig sein?

Der Bund: Über Bufdis und
ihre Verallgemeinerbarkeit

Die Bundesebene würde nicht nur die Möglichkeit bieten, den Bürgerdienst in Form eines Wehrdienstes abzuleisten. Zweifellos würden auf diese Weise zum einen mehr Menschen ohne verdächtig ausgeprägtes Vorinteresse an Waffen die Optionen in der Bundeswehr kennenlernen. Das Modell vom »Staatsbürger in Uniform« wäre dann vielleicht leichter aufrechtzuerhalten, in rechte Echokammern käme frischer Wind.[2] Eine Rückkehr zu großen Massenheeren ist jedoch trotz der neuen Bedrohungslage nicht zu erwarten. Die Technisierung der Verteidigung schreitet so schnell voran, dass statt Panzergrenadieren wohl eher Programmierinnen gesucht werden.

Aber gerade deshalb scheint eine bessere Verzahnung der Bundeswehr mit der Gesellschaft nötig. Die Armeen in Demokratien dürfen nicht zu Echokammern von Waffennarren werden. Ein Bürgerdienst würde zumindest bewirken, dass die Türen regelmäßiger aufgehen – und zugleich den Angehörigen der Bundeswehr mehr Anerkennung zuteil wird, weil sie nicht mehr unter dem Verdacht stehen, ihren Beruf aus dem fragwürdigem Interesse an Gewalt gewählt zu haben.

Die Ebene des Bundes hat auch ganz andere Möglichkeiten, Bürgerdienste anzubieten – und von ihnen zu profitieren. Selbst die auswärtige Kulturpolitik könnte über ins Ausland verschickte junge Lehrerinnen und Lehrer profitieren. Wer sein eigenes Land im Ausland repräsentiert hat – und sei es »nur« als Sprachlehrer an einem Goethe-Institut – wird dieses Land verstärkt als »sein Land« wahrnehmen.

Gibt es eine bessere Präventionsarbeit gegen Nationalismus als den Austausch junger Menschen?

Europa dienen – ist das denkbar?

Und selbst ein europäischer Bürgerdienst ist denkbar. Schon jetzt gibt es den *Europäischen Freiwilligendienst* (EFD). Aber man stelle sich probehalber vor, junge Menschen aus verschiedenen europäischen Ländern würden *verpflichtend* gemeinsam einen Dienst leisten, dessen Effekte erwünscht und dessen positive Resultate erfahrbar sind. Vielleicht würden bereits drei Monate der handfesten »Zusammenarbeit« einen merklichen Effekt haben. Die »europäische Zusammenarbeit« wäre dann kein abstrakter Begriff mehr, sondern würde beim Schutz des Wattenmeeres, bei der Versorgung Geflüchteter oder in der Altenpflege erfahrbar.

Ein europäischer Bürgerdienst könnte auch der sogenannten »no-*demos*-These« entgegenarbeiten. Diese besagt, dass es keinen europäischen *demos* gebe – und es daher auch keine europäische Demokratie geben könne. Die europäische Integration muss aus dieser Perspektive wie ein Haus ohne Fundament erscheinen: Allein die Nationalstaaten wären dann legitime Mechanismen kollektiver Selbstregierung. So sehen das die Gegner der europäischen Integration.

Man könnte einwenden, dass damit der *demos* zu einer Art *ethnos* gemacht wird: Ein Staatsvolk ist in der Regel nicht einfach gegeben, sondern wird immer schon »gemacht«. Die deutsche Geschichte ist dafür das beste Beispiel. Der Einigung Deutschlands hätte man auch im 19. Jahrhundert bereits die »no-*demos*-These« entgegenhalten können. Bayern und Preußen – wie soll das je zusammenpassen?

Wenn jedoch Menschen mit EU-Staatsbürgerschaft, als Bürgerinnen und Bürger von EU-Mitgliedstaaten, auswählen können, ob sie ihren Bürgerdienst kommunal, regional, national oder europäisch leisten, muss sich niemand »zwangseuropäisiert« fühlen. Die verschiedenen Zugehörigkeiten können dann in ihrem sich gegenseitig ergänzenden Charakter erfahren werden. Nicht die intellektuelle und juristische Durchdringung der europäischen Multi-Level-Governance stünde dann auf dem Lehrplan, sondern die konkrete Erfahrung, dass sich Ebenen der Verantwortung ergänzen können.

Aber hat die EU überhaupt Aufgaben, an denen sich Bürgerinnen und Bürger sinnvoll beteiligen könnten? Zumindest für einen sechsmonatigen Grunddienst stellen sich hier keine Probleme. »Europäisch« wird ein solcher Dienst schon dadurch, dass er in einem anderen EU-Land abgeleistet wird. Dies könnte auch in der Vermittlung von Fremdsprachen erfolgen. Gibt es für Schülerinnen und Schüler etwas Charmanteres, also junge Sprachassistenten als Aushilfslehrer zu haben? Der europäische Gedanke würde so ein sympathisches Gesicht bekommen.

Wer seinen »Bürgertag« auf europäischer Ebene leisten will, wird sich nicht an genuin europäischen Aufgaben beteiligen können. Und natürlich sind auch hier die Ambivalenzen und Gefahren zu beachten: Weder den Schutz der EU-Außengrenzen noch die Überprüfung europäischer Industrienormen wird man Bürgerdienstlern überlassen wollen. Aus einem europäischen Bürgerdienst darf auf keinen Fall so etwas wie eine Bürgerwehr werden. Aber könnte man dann nicht ersatzweise an Schulen darüber berichten, welche Auswirkungen die europäische Integration auf das eigene Berufsfeld hat, sechs Stunden in einem Jahr? Und wer das nicht will (oder kann), könnte immer noch die sechs Stunden in einem europäischen Bürgerrat verbringen.

Das Beispiel zeigt, dass im Detail viel Kreativität gefragt ist. Ein Bürgerdienst wird nur dann als erträgliche Zumutung erlebt werden, wenn er genug Spielräume, Freiheitsgrade, Nachjustierungsoptionen offenlässt. Und womöglich wird man auch hier die Option anbieten müssen, sich über ein Tagesgeld einfach freizukaufen. Aber wer weiß, vielleicht wird die Neugierde ja von Jahr zu Jahr größer, und irgendwann macht man dann doch mit beim Bürgertag.

Wo machst Du Deinen Bürgertag?

Wichtiger noch als Rekrutierung der jungen Menschen ist vielleicht die soziale Promiskuität über Altersgrenzen hinweg. Schon heute leben wir in einer Gesellschaft, in der eine regelrechte Segregation nach Alter herrscht: Nicht nur arm und reich meiden sich, auch jung und alt.

Man stelle sich probehalber vor, eine jede Staatsbürgerin und ein jeder Staatsbürger müsste sechs Stunden pro Jahr einen Bürgerdienst leisten. Dieser kann in der Mitarbeit bei der Wahlhilfe bestehen, in der Mitarbeit einer Putzkolonne, die den Stadtpark auf Vordermann bringt, oder im Zupacken in einer Suppenküche. Man stelle sich einen Moment vor, am Arbeitsplatz würden die jeweiligen »Bürgertage« angemeldet. »Wo gehst Du hin?« »Ah, interessant, ich habe mir etwas anderes ausgesucht.«

Vor allem aber stelle man sich vor, was an diesen Arbeitsplätzen geschieht: Begegnungen über soziale Grenzen hinweg. Vielleicht auch Frustrationen, Konflikte, genervtes Augenrollen, aber sicher nicht nur. Natürlich wird man mit Menschen zu tun haben, deren Ansichten, deren Lebenswandel, deren Präferenzen einem unangenehm oder zumindest fremd sind. Wenigstens sechs Stunden im Jahr kann man dem dann nicht aus dem Weg gehen. Es kann damit gerechnet werden, dass durch eine solche Exposition auch die Resilienz steigt: Man kann sich auch daran gewöhnen, dass andere ganz anders denken, fühlen, leben.

Vor allem ist auf einen Effekt zu hoffen, der aus der sozialpsychologischen Forschung gut bekannt ist: Dinge können selbstverständlich werden. Die Veränderung unserer kollektiven Einstellung zum Rauchen ist hierfür ein gutes Beispiel. Einst war es normal, dass in Schulpausen, in Universitätsseminaren, an Arbeitsplätzen, in Zügen und Restaurants geraucht wurde. Heute ist all dies völlig undenkbar geworden. Im Gegenteil: Man staunt im Rückblick darüber, welche Zumutungen man früher normal fand. Und andere Beispiele ließen sich anführen. Die Gurtpflicht wurde einst als das Ende der persönlichen Freiheit, als Angriff auf die Menschenrechte kritisiert. Und heute?

Dass Handlungen und Gewohnheiten selbstverständlich werden können, spricht weder für noch gegen sie. Auch verwerfliches Verhalten kann selbstverständlich werden. Die Frage, ob eine Demokratie, die sich auch als Zumutung versteht, ob eine Wahlpflicht, ein Bürgerdienst, die Auslosung in Bürgerräte möglich ist, hängt davon ab, ob eine Gesellschaft dies wünscht. Welche Vorstellung von Demokratie dominiert? Welche Demokratie wollen wir haben? Das ist die eigentliche Frage, die durch die Mechanismen der Zumutung gestellt wird und über die im demokratischen Prozess selbst und natürlich nicht nur auf der Ebene der politischen Theorie gestritten werden muss.

13

Ausblick:
Freiheit und Beteiligung

Demokratie nervt. Und das ist auch völlig normal. Demokratie ist eine Zumutung, sie ist anstrengend, langwierig, bisweilen schlicht ermüdend. Viel bequemer ist es, wenn ein vermeintlich starker Mann (oder seltener eine starke Frau) durchregiert, wenn man sich keine Gedanken machen muss. Genau mit diesem Versprechen einer radikalen Reduktion von Komplexität locken die Feinde der Demokratie. Sie locken in die Unfreiheit.

Und dennoch wollen die Menschen in großer Mehrheit in Demokratien leben. Je deutlicher sich die Feinde der Demokratie zu erkennen geben, umso kostbarer erscheint die Freiheit.

Freiheit – wer würde bezweifeln, dass sie den Kern von Demokratie ausmacht? Demokratie ermöglicht nicht nur Freiheit, sie ist selbst Ausdruck von Freiheit. Der Begriff stellt so etwas wie die Leitwährung der Moderne da. An ihm müssen sich Institutionen und Verfahren messen lassen. Auf den ersten Blick könnte es so scheinen, als könne man sich – unter Demokratinnen und Demokraten – zumindest auf den Wert der Freiheit einigen.

Noch einmal: »Zeitenwende«

27. Februar 2022. Der Deutsche Bundestag kommt an einem Sonntagvormittag zu einer Sondersitzung zusammen. Bundeskanzler Olaf Scholz spricht von einer Zeitenwende. Nach dem Überfall Putins auf die Ukraine vollzieht die Regierung eine völlige Kehrtwende. 100 Milliarden sollen für die Bundeswehr bereitgestellt werden. Der ukrainische Botschafter erhält stehenden Applaus. Nur die Fraktion der AfD bleibt sitzen.

Wer als Demokratin oder Demokrat angegriffen wird, muss sich als Demokratin oder Demokrat verteidigen. Für einen kurzen Moment stellt sich eine unbekannte Einigkeit her: Was Demokratie bedeutet, was »der Westen« ist, was Freiheit ist, scheint plötzlich völlig klar.

Doch der Schein trügt. Klar ist vor allem die Negation: Wer Menschen mit Nervengift tötet, Oppositionelle wie Alexei Nawalny in Schnellverfahren am Flughafen aburteilen lässt, wer andere Länder überfällt, Wohnviertel bombardieren lässt, gehört nicht zum Westen. Wir erkennen Unfreiheit sehr schnell. Was Unfreiheit ist, scheint völlig unstrittig zu sein. Aber folgt daraus, dass auch der Begriff der Freiheit trivial ist?

Freiheit mag ein Schlüsselbegriff der Gegenwart sein, der die philosophischen und politiktheoretischen Debatten seit der Neuzeit wie ein Gravitationszentrum zusammenhält. Aber was genau wir mit »Freiheit« meinen, ist äußerst unklar. Besteht Freiheit darin, ohne Geschwindigkeitsbeschränkung auf deutschen Autobahnen fahren zu dürfen? Freie Fahrt für freie Bürger? Oder umgekehrt darin, von der Belästigung und Gefährdung durch Raser »frei« zu sein?

Mit Verweis auf die Freiheit als zentralem Wert scheint sich alles und sein Gegenteil begründen zu lassen. Man könnte daraus folgern, der Wert der Freiheit sei eine bloße »Kontingenzformel«. Mit diesem Begriff bezeichnete der Soziologe Niklas Luhmann Begriffe, die eine kontrollierte Mehrdeutigkeit produzieren: Ihr Inhalt ist nicht völlig beliebig, eröffnet aber doch einen großen Interpretationsspielraum. Die Kontingenzformeln dienen, so Luhmann, vor allem dazu, Entscheidungen zu legitimieren; sie sind rhetorische Figuren.

Kann man also den Begriff der Freiheit verabschieden? Oder kann die Theorie der Demokratie als Zumutung auch das Verhältnis von Demokratie und Freiheit in ein neues Licht rücken?

Zunächst einmal hilft, um den Nebel etwas zu lichten, die klassische Unterscheidung zwischen *negativer* und *positiver* Freiheit. Die Freiheit *von* (negative Freiheit) schützt uns vor Verboten und Einschränkungen; die Freiheit *zu* (positive Freiheit) eröffnet uns individuelle und kollektive Handlungsoptionen. In diesem Sinne lässt sich beispielsweise der Begriff der Religionsfreiheit nach zwei Seiten ausbuchstabieren. Gemeint ist mit Religionsfreiheit nicht nur (und nicht in erster Linie) die Freiheit *von* Religion, also das Recht, nicht mit Religion behelligt zu werden, sondern auch und in erster Linie das Recht *auf* freie Religionsausübung – individuell oder in einer Gemeinschaft.

Diese Unterscheidung geht auf den Philosophen und Ideenhistoriker Isaiah Berlin zurück. Sein Aufsatz über den Begriff der Freiheit gehört zu den klassischen Texten der politischen Theorie.[1] Berlin fasste damit zusammen, was bereits in der Auseinandersetzung zwischen Kant und Hegel thematisiert wurde. Kant hatte sehr deutlich gesehen, dass eine Freiheit, die auf bloße Ungebundenheit reduziert wird, ins Chaos führt: Wer macht, was er oder sie gerade will, wird zu einem – in Kants schöner Terminologie – »pathologisch affizierten Bewusstsein«. Es sind dann immer äußere Impulse, die das Handeln anleiten.

Die Freiheit, dies, das oder doch etwas ganz anders zu tun, wird problematisch, wenn sie den Menschen in einen reaktiven Modus lockt, in dem er nur auf die eigenen Launen reagiert. Kants Beschreibung des pathologisch affizierten Bewusstseins klingt erschreckend aktuell: Die digitalen Aufmerksamkeitsmaschinen der Gegenwart erziehen den Menschen zu genau dieser passiven Geschäftigkeit, zu einer bloßen Abfolge von kleinen Plötzlichkeiten.

Kants Antwort bestand bekanntlich in der Idee des Sittengesetzes: Es ist nach Kant die Unterwerfung unter das Gesetz, die die eigentliche Freiheit herstellt. Wer sich an das Gesetz der Moral bindet, tut nicht mehr nur, was ihr oder ihm gerade durch den Kopf geht, sondern erlangt Freiheit durch Selbstbindung. Der Mensch handelt dann frei, weil er auch gegen die kurzfristigen Neigungen dasjenige tut, was er *eigentlich* will. Freiheit besteht dann in Selbstbindung, in der Bindung an das Gesetz der Moral. In alltäglicher Form kann dies auch durch bloße Maximen geschehen, also Regeln, die man sich selbst aufstellt, um dem Leben Struktur zu geben.

Aus Hegels Perspektive war diese Konzeption von Freiheit auf halbem Wege stehengeblieben. Richtig war aus Hegels Sicht die These, dass Freiheit nicht in Ungebundenheit bestehen kann. Aber dasjenige, woran sich der Mensch bindet, entsteht nach Hegel nicht in irgendwelchen solipsistischen Überlegungen, nicht in einsamen Selbstgesprächen oder einem von Natur aus immer schon gegebenem Sittengesetz, sondern in einer konkreten, historisch gewachsenen Sittlichkeit. Auch für Hegel besteht Freiheit nicht in Ungebundenheit. Auch Hegel denkt – in der Terminologie von Isaiah Berlin – so etwas wie »positive Freiheit«. Aber anders als Kant denkt Hegel Freiheit als eine soziale Praxis, als etwas, was durch Interaktion, die Entwicklung von Strukturen, Institutionen, gegenseitige Anerkennung entsteht.

Und wir heute? Wie denken wir Freiheit? Die Corona-Krise hat in dieser Hinsicht zwei ganz gegenläufige Einsichten zutage gefördert. Zum einen wurde deutlich, dass sehr viele Bürgerinnen und Bürger durchaus bereit sind, auf negative Freiheiten zu verzichten, sich einzuschränken und sich einschränken zu lassen, ja teilweise drakonische Maßnahmen mitzutragen. Zumindest in der ersten Phase konnte man darüber staunen, wie viel Einschränkung von Freiheit in demokratischen Gesellschaften akzeptiert wird. In Frankreich waren die Ausgangssperren noch strenger: Hier musste man zeitweise nachweisen, dass man sich tatsächlich nur in einem definierten Radius von der eigenen Wohnung entfernte.

Zum anderen aber wurde spätestens ab Herbst 2021 deutlich, dass es auch eine Minderheit gibt, die auf ihre negative Freiheit pocht, in erster Linie auf die Freiheit *von* einschränkenden Maßnahmen. Die Kritik an der unübersichtlichen, bisweilen hektisch adaptierten Politik der Regierung kam in zwei Varianten. Viele waren der Ansicht, die Beschränkungen seien nicht mehr angemessen, nicht gut begründet, nicht Teil einer kohärenten Strategie. Vor allem wurde kritisiert, dass bestimmte Maßnahmen nicht gegen ihre

Nachteile aufgewogen wurden. Gegen diese Kritik lässt sich wenig sagen, im Gegenteil: Angemessenheit und Ausgewogenheit von Maßnahmen sind immer geboten. Jedes sachdienliche Argument muss hier willkommen sein. Das war nicht immer der Fall.

Pervertierung von Freiheit

Aber es gab auch andere Stimmen, Stimmen, die die individuelle Freiheit verabsolutierten. Das Recht auf negative Freiheit wird dann zu einer Größe, die in gar keiner Relation zu anderen Größen mehr steht: Bewegungsfreiheit, Impffreiheit, Gewerbefreiheit wäre dann *in keinem Fall* einschränkbar, *um jeden Preis* hochzuhalten.

Wie auch immer man die demokratische Reaktion auf die Pandemie einschätzen will, als hysterisch, planlos und übertrieben oder aber als angemessen, klug und weitsichtig: Das Beispiel zeigt in jedem Fall, was demokratische Politik heute im Kern umtreibt: Die Frage nach einer angemessenen Interpretation des Begriffs der Freiheit. Genau diese Frage stellte die Pandemie: Was genau kann »Freiheit« in Demokratien bedeuten? Vor allem die Klimakrise konfrontiert uns mit dieser Frage. Sie ist die eigentliche strukturelle Herausforderung für die entwickelten Gesellschaften, die durch akutere Krisen nur überlagert wird. Und auch sie wird uns dazu zwingen, über den Begriff der Freiheit erneut nachzudenken.

Der Begriff der »Verbotspartei« zeigt an, dass hier viel Verwirrung besteht. Sind Verbote denn an sich demokratiegefährdend? Was genau bedeutet dann Freiheit? Ist es die Freiheit, sich nicht für Politik interessieren zu dürfen? Ist es auch die Freiheit, alle Zumutungen abzuweisen? Sind Wahlpflicht, Bürgerdienste, Bürgerräte, eine anspruchsvolle Bildungspolitik schon freiheitsgefährdend, antidemokratisch?

In der Debatte um einen verpflichtenden Bürgerdienst wird oft dieses Bild gezeichnet. Beinahe unvermeidlich fällt das Wort »Reichsarbeitsdienst«. Zwangsarbeit sei verboten. Man wolle die Menschen in einen Frondienst zwingen. Aber war der Zivildienst wirklich Zwangsarbeit? Ist die rein ökonomische Sicht auf Politik schon so tief in unser Denken eingedrungen, dass alles, was auch nur entfernt nach einer Zumutung aussieht, sofort die Assoziation eines totalitären Terrorregimes hervorrufen muss?

Eine undifferenzierte Verwendung des Begriffs »Faschismus« wurde seit den 1970er Jahren dem links-alternativen Milieu vorgeworfen. Manchen waren die Flächenbombardements in Vietnam wie eine Fortsetzung des nationalsozialistischen Vernichtungskrieges erschienen. Kapitalismus und Faschismus schienen, wenn nicht identisch so doch irgendwie verschwägert. Als man bei Max Horkheimer den Satz fand »Wer aber vom Kapitalismus nicht reden will, sollte auch vom Faschismus schweigen«, sah man sich bestätigt.

Heute wird der Vorwurf, die repräsentative Demokratie bewege sich in Richtung eines neuen Totalitarismus, von rechts benutzt, um die Demokratie in Verruf zu bringen. Ein merkwürdiges Insistieren auf »Freiheit« geht dann einher mit einer nationalistischen und populistischen Gesinnung, einem autoritären Politikverständnis. »Freiheitlich« – so nennen sich in Österreich die Mitglieder und Anhänger der FPÖ, einer Partei, die aus gutem Grund im Verdacht steht,

mit Rechtsextremen zu paktieren. Es gibt auch eine Perver-
tierung des Freiheitsbegriffs, bei dem die »Freiheit« darin besteht, endlich wieder offen antisemitisch agieren zu können,
rücksichtslos sein zu dürfen, alle Hemmungen und moralischen Restriktionen endlich hinter sich zu lassen. Das Einbringen moralischer Aspekte wird dann als »Moralisierung«
diffamiert.

Die Grenzen der
individuellen Freiheit

Der heroische Widerstand der ukrainischen Bevölkerung
gegen Putins Aggression zeigt aber gerade etwas anderes:
Nicht eine Freiheit als Ungebundenheit, sondern eine Freiheit, die auch darin besteht, sich rekrutieren zu lassen. Die
Ansprachen des Präsidenten Wolodymyr Selenskyj klangen
wie ein Echo auf Churchills Rede: Er sprach seine Bürgerinnen und Bürger nicht wie Kinder, nicht wie Krämerseelen,
nicht wie gefühlige Nervenbündel an, sondern als *citoyennes* und *citoyens*. Die Freiheit, die die Ukrainer so tapfer ver-
teidigten, war nicht Freiheit, in Ruhe gelassen zu werden,
sich den Zumutungen der Demokratie zu entziehen. Es war
eine andere Form von Freiheit.

Der von Olaf Scholz bemühte Begriff der Zeitenwende
betrifft nicht nur die deutsche Außenpolitik, das endgültige
Ende eines Ausweichens vor den Feinden. Nur auf der Oberfläche geht es um den Wehretat oder die Energiepolitik. Eine
echte »Zeitenwende« betrifft auch die Art und Weise, wie
der Begriff der Freiheit verstanden und gelebt wird.

Die Behauptung, die persönlichen Freiheiten würden

immer weiter eingeschränkt, ist nicht falsch. Es gibt systematische Gründe dafür, dass die Regelungsdichte in entwickelten Gesellschaften zunimmt: Die Fortschritte in den Natur- und Sozialwissenschaften machen Wechselwirkungen erkennbar, die früher verborgen blieben. Je feinmaschiger unsere naturwissenschaftliche Weltwahrnehmung wird, umso genauer wissen wir, wem wir wie mit welchem Verhalten schaden. Und so entstehen Rauchverbote und Flugscham. Die Idee demokratischer Freiheit wird sich folglich nicht einfach mit alten Modellen retten lassen. Können wir Freiheit auch anders denken? Können wir sie so denken, dass die Zumutung der Demokratie nicht einfach als Angriff auf unsere individuelle Freiheit verstanden werden muss? Nur wenn demokratische Regierungen sich trauen, die Zumutungen der Realität weiterzugeben, sie explizit zu artikulieren, können Herausforderungen wie der Klimawandel überhaupt adressiert werden.

Passivitätskompetenz: Sich bestimmen lassen

Der Begriff der Freiheit scheint nach einer klassischen Lesart ein durch und durch aktives Subjekt vorauszusetzen. Kant nannte diesen Gedanken die Vorstellung absoluter »Spontaneität«. Oft stellen wir uns Freiheit so vor, dass ein souveränes Subjekt einen absoluten Anfang setzt. Bisweilen wird diese Verbindung auch ästhetisch anschaulich. Der Topos des Aufbruchs ist eine literarische und cinematographische Veranschaulichung dieser Vorstellung von Freiheit: »Ich bin dann mal weg« ist ein Satz, der ausgesprochen wird, um individuelle, »negative« Freiheit zu behaupten und zu verteidigen.

Derartige Veranschaulichungen des Aufbruchs sind tief in unserer Kultur verankert. Dutzende Beispiele ließen sich dafür anführen: Helden stechen in See stechen, reiten in den Sonnenuntergang oder steigen ins Auto. Filme wie *Good Will Hunting* oder *Gran Torino* enden vielsagend mit dem Bild des davonfahrenden Wagens: Die Selbstbehauptung ist erfolgreich erkämpft, und das heroische Subjekt sucht sich ungebunden seinen Weg ins Leben. Uns wird eine Art individuelle Unabhängigkeitserklärung vorgeführt.

Natürlich lassen sich diese Bilder und Imaginationen auch als eine kulturelle Errungenschaft lesen. Das gilt besonders für die Varianten einer literarischen Bearbeitung weiblicher Selbstbehauptung. Menschen, die gegen alle Widerstände ihren Weg gehen, beeindrucken uns aus gutem Grund. Wenn es überhaupt etwas gibt, was »den Westen« ideologisch ausmacht, dann wohl die Vorstellung individueller Abwehr- und Schutzrechte, sogenannter »subjektiver Rechte« – Rechte, die nicht von einer Gruppenzugehörigkeit abhängen, sondern nur von Einzelpersonen in Anspruch genommen werden können. Die Tatsache, dass es in freien Gesellschaften auch skurrile Menschen gibt, macht das Leben bunt und interessant. Die Pluralität von Lebensentwürfen, die Buntheit individueller Leidenschaften machen das Leben schön. Eine offene Gesellschaft braucht auch kauzige Gestalten.

Aber womöglich führt uns der Mythos vom individuellen Aufbruch auch in eine demokratietheoretische Sackgasse. Wo ein jeder und eine jede nur noch sagt: »Ich mach' mein Ding!«, wird es schwierig Mitspieler für das Spiel der Demokratie zu finden. Eine Gesellschaft in der immer alle *nur* »ihr Ding« machen, kann nicht funktionieren. Diese These ist kein Angriff auf die legitime Diversität der Lebensformen.

Zudem fällt das Bild von der Freiheit als ungebundener Spontaneität gegen die Einsichten zurück, die wir in Kapitel 3 der »Subjektivierungstheorie« zugeschrieben haben. Vollkommen und ausschließlich aktiv ist der Mensch ja nie. Als responsives, »antwortendes« Wesen steht er immer in komplexen Resonanzverhältnissen. Die Vorstellung vom souveränen und ungebundenen Heroen wäre demnach selbst das Ergebnis einer Subjektivierung. Wer glaubt, ganz spontan aufzubrechen, folgt damit womöglich nur einem Skript, das ihm von Kindesbeinen an vorgelebt wurde. Vermeintlich individueller Antikonformismus kann sehr konformistisch sein, »Querdenken« eine Mode.

Um begrifflich aus dieser Sackgasse herauszufinden, scheint es notwendig, die Unterscheidung von aktiv und passiv noch einmal grundlegend in Frage zu stellen. Meist nehmen wir diese Unterscheidung als etwas natürlich Gegebenes hin. *Natürlich*, so könnte man sagen, gibt es Tennisbälle, die *passiv* geschlagen werden, und Tennisspieler, die *aktiv* schlagen. Unsere Sprache impliziert ja, dass diese Unterscheidung unvermeidlich ist. Sie schlägt den Ball, der Ball wird geschlagen.

Andere Sprachen kennen deutlichere Nuancen zwischen aktiv und passiv. Im Falle des Japanischen gibt es gar eine lange Debatte über die Frage, inwiefern Sätze ohne grammatisches Subjekt möglich sind. Hier bezeichnet das Thematisierungspartikel *wa*, worum es in einem Satz geht, nicht aber, wer oder was »Akteur« ist. Ein Satz wie »Morgen ist Sonntag« wäre im Japanischen wörtlich wohl eher mit »Was

Morgen angeht (*wa*), so ist es ein Sonntag« anzugeben. Der amerikanische Übersetzer des Schriftstellers Haruki Murakami hat diesen Fragen ausführliche Reflexionen gewidmet.[2] Wie weit die Unterschiede und deren Folgen für die Mentalität und Weltwahrnehmung in einer Kultur tatsächlich reichen, ist indes umstritten. Ist der »subjektlose« Satz im Japanischen nur ein Mythos?

Aber wir müssen gar nicht bis nach Japan gehen, um zu sehen, dass unsere vermeintlich natürliche Polarität von aktiv und passiv keineswegs naturgegeben ist. Das Altgriechische kennt neben dem Aktiv und Passiv noch ein drittes *genus verbi*, das Medium. Auch das Lateinische hat eine Spur dieser Struktur in den Deponentien, den lediglich passivischen Verben mit aktiver Bedeutung, beibehalten. Das Verb *videri* (erscheinen) hat beispielsweise noch die Konnotation eines nicht nur vollends aktivischen *Erscheinens*, sondern auch eines *Sich-Zeigens*.

In diesem Sinne ist auch das griechische Medium zu verstehen: weder ganz aktiv, noch ganz passiv, eben irgendetwas in der Mitte. Meist werden zur Erläuterung Beispiele angegeben, die eher in Richtung der reflexiven Verben gehen: Ich wasche mich. Bin ich dann aktiv oder passiv? Aber das griechische Medium ist nicht auf die Form reflexiver Verben zu reduzieren.

Vielleicht nähert man sich dieser grammatischen Form besser über den Umweg des Bayrischen. Hier finden wir beispielsweise die Formulierung »es hat mir geträumt«. Sie macht deutlich, dass es Handlungsweisen geben kann, die sich zwischen aktiv und passiv bewegen: Natürlich sind wir als träumende aktiv; aber zugleich »träumt es uns«.

Die deutsche Wendung »ich erinnere mich« enthält noch

einen Anklang dieser Form des Mediums. Sich beim Genuss einer Madeleine zu erinnern, ist demnach keine vollends souverän-aktive Tätigkeit, sondern auch ein unfreiwilliger Akt. Das Sich-Erinnern wird aber durch falsche Übersetzungen aus dem Englischen dazu gemacht, wenn wir die deutsche Formulierung durch ein »Ich erinnere es« ersetzen und damit den medialen Charakter in der Benennung eines blanken Akkusativobjekts verschwinden lassen. Aber klingt es nicht anmaßend, arrogant und schlicht dumm, wenn wir sagen: »Oh ja, ich erinnere ihn! Es war in 2011!«?

Die Zumutungen der Freiheit

Der Philosoph Hans-Georg Gadamer war der Ansicht, dass diese Form eines schwebenden »Zwischen« typisch sei für die Momente, in denen wir in einem Spiel aufgehen. Wenn ein Spiel eine echte Eigendynamik entwickelt, dann sind es nicht wir, die (aktiv) ein Spiel spielen, das (passiv) gespielt wird. Vielmehr sind wir dann »im Spiel«. Selbst bei einem intensiven Tennisspiel, so dürften wir folgern, spielen wir nicht nur, sondern werden gewissermaßen auch gespielt: Noch bevor das Frontalhirn reagieren kann, lässt uns das Rückenmark nach dem Aufschlag des Gegners hechten. Welches »Ich« ist da nun gesprungen?

Für die Frage eines demokratischen Sich-Ansprechen-Lassens haben diese Überlegungen weitreichende Folgen. Denn sie setzen so etwas wie eine Passivitätskompetenz voraus. Nicht nur in unseren Aktivitäten müssen wir uns demnach schulen und weiterbilden. Zur Sozialisierung gehört es auch, sich in aktiver Passivität zu schulen. Kinder müssen beispielsweise lernen, sich beim Zahnarzt behandeln *zu lassen*. Oder sie müssen lernen, bei einem Theaterabend die Dinge erst einmal auf sich wirken *zu lassen*. Bedarf nicht auch die Demokratie der Fähigkeit von Bürgerinnen und Bürgern, sich regieren zu lassen, sich in Anspruch-Nehmen *zu lassen*?

Das klingt nach Untertanenstaat, nach autoritärem Denken. Aber diese Kompetenz wäre dann eben keine bloße Passivität mehr, sondern eher ein mediales Geschehen: Aus dem zunächst passiven Anspruch wird die Aktivität der Beantwortung. Eine Mehrheitsentscheidung zu akzeptieren und an ihrer Umsetzung zu arbeiten, ist die Fähigkeit, sich (auch) regieren zu lassen. Das ist keine Unterwürfigkeit, sondern eine erlernte, reflektierte Kompetenz.

Eine solche Lesart des demokratischen Prozesses verschiebt den Fokus. Natürlich haben Bürgerinnen und Bürger gute Gründe, sich darüber zu ärgern, dass der Staat – nicht nur in der Pandemie! – überfordert war. Aber welchen Beitrag leisten wir Bürgerinnen und Bürger zu dieser Überforderung? An welcher Stelle mangelt es auch einer Passivitätskompetenz von Bürgerinnen und Bürgern? Unsere demokratische Freiheit wäre vor diesem Hintergrund anders zu deuten, nicht als Recht darauf, in Ruhe gelassen zu werden, nicht als Anrecht auf Leistungen einer Politik, die liefern soll, sondern als Einbindung in ein Gewebe von Ansprüchen, die wir formulieren, denen wir uns aber auch aussetzen müssen. Der Anspruch der Demokratie, der sich an uns richtet, wäre dann nicht die bloße Einschränkung von Freiheit, sondern selbst Ausdruck von Freiheit. Wir könnten dann, mit dem altgriechischen Medium im Hinterkopf, sagen: Demokratie ist etwas, was wir uns zumuten.

Nachwort

Mein Dank gilt der Landeshauptstadt Stuttgart, die es mir durch das Manfred-Rommel-Stipendium erlaubte, dieses Buch zu schreiben. Ebenfalls aus dem Stipendium hervorgegangen ist eine Reihe ausführlicher Gespräche, die unter dem Titel »Der Demokratie-Podcast« bei den entsprechenden Anbietern zugänglich sind. Christoph Möllers, Hedwig Richter, Cristina Lafont, Fritz Kuhn, Dirk Jörke, Hélène Miard-Delacroix, André Bächtiger und Paula Diehl danke ich nochmals für die Mitarbeit an diesem Projekt. Außerdem hat das Buch sehr von einem ausführlichen Gespräch mit Oliver Marchart profitiert, der am 4. Juli 2019 im *StadtPalais – Museum für Stuttgart* mit mir über die Frage diskutierte »Was kann die Demokratie von uns verlangen?«.

Neben vielen anderen Freunden und Kollegen, mit denen ich meine Thesen diskutierte, möchte ich vor allem den Studierenden der Universität Stuttgart und der Université Panthéon-Assass in Paris für die intensiven Diskussionen danken. Gerade bei diesem Thema scheint mir der intergenerationelle Dialog sehr wichtig.

Nach längeren Diskussionen habe ich beschlossen, in diesem Buch zumindest teilweise das generische Maskulinum zu verwenden, um beispielsweise die Dopplung (»Bürgerinnen und Bürger«) nicht zu ermüdend werden zu lassen. Ich teile das Anliegen einer sprachsensiblen Gleichstellungspolitik, sehe aber gleichzeitig die Herausforderung, Texte nicht zu sperrig werden zu lassen. Ich hoffe, dass mir angesichts dieses Zielkonflikts ein vernünftiger Mittelweg gelungen ist.

Felix Heidenreich, Stuttgart, im Februar 2022

Anhang

Anmerkungen

Einleitung: Zeitenwende

1 Dass Autoritarismus ansteckend ist und wie er exportiert wird, zeigt: Snyder, Timothy, *The Road to Unfreedom: Russia, Europe, America*, New York 2018.

2 Dass man aus der Überwindung vorangegangener Krisen nicht auf die Zukunft schließen darf, führt David Runciman vor: *Confidence Trap: A History of Democracy in Crisis from World War I to the Present*, Princeton 2017.

3 Eine Warnung vor historischen Analogien formuliert David Runciman: Das Ende der Demokratie könnte, so seine Warnung, nicht mit Fackelumzügen und Gewalt, sondern auch ganz leise und unbemerkt eingeläutet werden. Runciman, David, *How Democracy Ends*, London 2018.

4 Walther, Barbara F. *How Civil Wars Start And How to Stop Them*, New York 2022.

5 Vgl. auch: Schäfer, Armin und Michael Zürn: Krisenspirale und demokratische Entfremdung: Der Siegeszug des Populismus, in: *Blätter für deutsche und internationale Politik* 66 (2021), 12, S. 54–64.

6 Wenn im Folgenden aus stilistischen Gründen generisch von »dem Bürger« die Rede ist, so sind die Bürgerinnen stets mitgemeint. Vgl. auch das Nachwort.

7 Im deutschen Sprachraum lauten die entsprechenden Schlagworte dann Politikverdrossenheit, Politikerverdrossenheit oder Parteienverdrossenheit.

8 Ich verwende den Begriff der Resonanz hier anders als Hartmut Rosa rein deskriptiv, nicht normativ. Vgl. meine Kritik an Rosa:

Heidenreich, Felix, »Hartmut Rosas Resonanz – Lösung oder Heuristik«, in: *Philosophische Rundschau*, Bd. 63, (2016), S. 184–194.

9   Vgl. hierzu z. B. Schäfer, Armin, *Der Verlust politischer Gleichheit. Warum die sinkende Wahlbeteiligung der Demokratie schadet*, Frankfurt am Main 2015.

10 In diesem Sinne definiert auch Jan-Werner Müller den Begriff »Populismus«: Ein sich auf Unmittelbarkeit berufener Anspruch auf exklusiven Ausdruck des Willens »des« Volkes. Vgl. Müller, Jan-Werner, *Was ist Populismus? Ein Essay*, Berlin 2016. Zur Diskussion um einen angemessenen Begriff des Populismus vgl. auch: Paula Diehl, »Die Komplexität des Populismus. Ein Plädoyer für ein mehrdimensionales und graduelles Konzept«, in: *Populismus: Konzepte und Theorien (Totalitarismus und Demokratie / Totalitarianism and Democracy – Zeitschrift für Internationale Diktatur – und Freiheitsforschung / An International Journal for the Study of Dictatorship and Liberty*, 8/2011, Heft 2, S. 273–291.

11 Ein klassischer Indikator hierfür ist die sinkende Bereitschaft, sich in klassischen Parteien zu engagieren.

12 Dieser »Anspruch« wird besonders anschaulich in der hier in modifizierter Form verwendeten legendären Graphik des Illustrators James Montgomery Flagg (1877–1960) »I want you for U.S. Army«, der wohl prägendsten Ausgestaltung der amerikanischen Staatsallegorie von *Uncle Sam*.

13 Möller, Christoph, *Demokratie – Zumutungen und Versprechen*, Berlin 2008.

14 So der einleuchtende Vorschlag bei: Reitz, Tilmann, *Bürgerlichkeit als Haltung. Zur Politik des privaten Weltverhältnisses*, München 2003.

Krisendiagnosen im Vergleich

1   Yascha Mounk, »How Political Science Gets Politics Wrong«, in: *The Chronicle of Higher Education*, 30. Oktober 2016.

2   Vgl. Merkel, Wolfgang (Hrsg.): *Demokratie und Krise*, Wiesbaden 2015; Mounk, Yascha, *The People vs. Democracy: Why Our Freedom Is in Danger and How to Save It*, Harvard 2018. Vgl. auch das Sonderheft des *Journal of Democracy* mit dem Titel *Democracy in Decline?*

(1/2015), hrsg. von Diamond, Larry und Marc F. Plattner. Eine Analyse der entsprechenden Leitbegriffe vgl.: Heidenreich, Felix: »Krise, Erosion, Niedergang der Demokratie – oder doch ein ganz normales Unbehagen?«, in: *Neue Politische Literatur*, 3/2016, S. 403–412.

3 Bishop, Bill, *The Big Sort: Why the Clustering of Like-Minded American is Tearing Us Apart,* Boston 2009.

4 Guilluy Christophe, *La France périphérique: Comment on a sacrifié les classes populaires*, Paris 2015.

5 Katz, Josh, »›Duck Dynasty‹ vs. ›Modern Family‹: 50 Maps of the U.S. Cultural Divide«, in: *New York Times* vom 27. Dez. 2016.

6 Die Politikwissenschaftlerin Bonnie Honig hat daraus eine sehr interessante Neubewertung von *Public Things* im wörtlichen Sinne abgeleitet. Vgl. Bonnie, Honig, *Public Things: Democracy in Disrepair (Thinking Out Loud: The Sydney Lectures in Philosophy and Society)*, New York 2017.

7 Goodhart, David, *The Road to Somewhere: Wie wir Arbeit, Familie und Gesellschaft neu denken müssen. Die populistische Revolte und die Zukunft der Gesellschaft*, München 2020.

8 Krastev, Ivan, *Europadämmerung. Ein Essay*, Berlin 2017, vor allem: S. 55–71.

9 Mit den Leitmetaphern einschlägiger Krisendiagnosen habe ich mich anderorts beschäftigt: »Krise, Erosion, Niedergang der Demokratie – oder doch ein ganz normales Unbehagen?«, in: *Neue Politische Literatur*, Heft 3 (2016), S. 403–412.

10 Rosanvallon, Pierre, *Die Gegen-Demokratie: Politik im Zeitalter des Misstrauens*, Hamburg 2017.

11 Thaa, Winfried: »Kritik und Neubewertung politischer Repräsentation: vom Hindernis zur Möglichkeitsbedingung politischer Freiheit«, in: *Politische Vierjahresschrift (PVS)*, Bd. 49, (2008) S. 618–640.

12 Schmitt, Carl, *Der Begriff des Politischen* (1932), 9. Auflage, Berlin 2015. Die Frage, wie sich Schmitts Gebrauch der Terminologie wandelte, muss hier ausgeklammert bleiben.

13 Beck, Ulrich, *Die feindlose Demokratie. Ausgewählte Aufsätze*, Ditzingen 1995.

»Angebote machen« – Demokratie als Konsum

1 Van Reybrouck, David, *Gegen Wahlen: Warum Abstimmen nicht demokratisch ist*, Göttingen: Wallstein 2016.

2 Ob dies auf ein bestimmtes Milieu und eine bestimmte soziale Schicht oder tatsächlich für die Gesellschaft insgesamt gilt, kann bestritten werden: Reckwitz, Andreas, *Die Gesellschaft der Singularitäten: Zum Strukturwandel der Moderne*, Berlin 2017.

3 Aus der breiten Literatur sei hier nur beispielhaft verwiesen auf: *Handbook of Deliberative Democracy*, hrsg. von André Bächtiger, John S. Dryzek, Jane Mansbridge und Mark E. Warren, Oxford 2018.

4 Nanz, Patrizia / Claus Leggewie, *Die Konsultative*, Sonderausgabe der Bundeszentrale für politische Bildung, Bonn 2016.

5 Diesen widersprüchlichen normativen Erwartungen an demokratisches Regieren bin ich andernorts detaillierter nachgegangen: »Von »Governance« zurück zu »Government«? – Vier Antinomien des guten Regierens in der Demokratie«, in: Heinrich Böll Stiftung (Hrsg.), *Schriften zur Demokratie, Band 62: Gutes Regieren. Maßstäbe und Kriterien in der liberalen Demokratie*, Berlin 2021, S. 22–29.

Die falsche Ansprache

1 Dem Buch des Philosophen Benjamin Barber ist aus meiner Sicht zu wenig Beachtung geschenkt worden: Barber, Benjamin, *Consumed!: Wie der Markt Kinder verführt, Erwachsene infantilisiert und die Demokratie untergräbt*, München 2008.

2 Vgl. meinen Beitrag: »Gefühle ins Recht setzen: Wann sind politische Emotionen (noch) demokratisch?«, in: ZPol, Bd. 23 (4/2013), S. 575–583.

3 Welzer, Harald, *Mentale Infrastrukturen. Wie das Wachstum in die Welt und in die Seelen kam*, hrsg. von der Heinrich-Böll-Stiftung, Berlin 2011.

Eine Demokratie, die in Anspruch nimmt

1 Churchill, Winston, *Reden in Zeiten des Krieges*, ausgewählt, eingeleitet und erläutert von Klaus Körner, übersetzt von Walther Weibel, Hamburg/Wien 2002, S. 52–53.
2 Joas, Hans, *Die Sakralität der Person*. Eine neue Genealogie der Menschenrechte, Berlin 2011.
3 Skinner, Quentin, *The Foundations of Modern Political Thought*, Volume 1, Cambridge 1998, hier: S. 139–143.
4 Derrida, Jacques, *Gesetzeskraft*, Der »mystische Grund der Autorität«. Frankfurt am Main 1996. Vgl. auch: »Unabhängigkeitserklärungen«, in: Derrida, Jacques / Friedrich Kittler, *Nietzsche – Politik des Eigennamens. Wie man abschafft, wovon man spricht*, Berlin 2000, S. 9–19.

Eine andere Bürgerlichkeit

1 Wenn Kant von »Republik« spricht, geht es ihm in erster Linie um Rechtsstaatlichkeit. Zum Kontext und genaueren Einordnung der Formel bei Kant vgl. Pawlik, Michael, »Kants Volk von Teufeln und sein Staat«, in: *Jahrbuch für Recht und Ethik / Annual Review of Law and Ethics*, Bd. 14, (2006), S. 269–293.
2 Vgl. zu, Beispiel: Niethammer, Lutz, »Einführung: Bürgerliche Gesellschaft als Projekt«, in: Ders. et al (Hrsg.), *Bürgerliche Gesellschaft in Deutschland. Historische Einblicke, Fragen Perspektiven*, Frankfurt am Main 1990, S. 17–38.
3 Kondylis, Panajotis, *Der Niedergang des bürgerlichen Denk und Lebensform. Die liberale Moderne und die massendemokratische Postmoderne*, Weinheim 1991.
4 Ebda., S. 15.
5 In diese Richtung zielt auch die Kritik an Kondylis' Begriff des Bürgers bei: Lohmann, Hans-Martin, »Wirtschaftsbürger, Bildungsbürger, Konsumbürger – der Bürger bleibt«, in: Horst, Falk (Hrsg.), *Panajotis Kondylis. Aufklärer ohne Mission. Aufsätze und Essays*, Berlin 2007, S 125–131.
6 Zur »subjektivierungstheoretischen« Debatte vgl. Saar, Martin, »Analytik der Subjektivierung: Umrisse eines Theorieprogramms«,

in: Gelhard, Andreas, Thomas Alkemeyer und Norbert Ricken (Hrsg.), *Techniken der Subjektivierung*, Paderborn 2013, S. 17–28.

7   Lévinas, Emmanuel, *Quatre lectures talmudiques*, Paris 2005.

8   Vgl. Lévinas, Emmanuel, *Le temps et l'autre*, Paris 1983, S. 62–67, hier besonders: S. 63.

9   Marion, Jean-Luc, »L'altérité originaire de l'ego. Une relecture de Descartes, Meditatio H«, in: Marco M. Olivetti (Hrsg.), *Philosophie entre éthique et ontologie*, Mailand 1996, S. 583–597.

10 Wiederabgedruckt in: Lévinas, Emmanuel, *Les Imprévus de l'histoire*, Paris 1994, S. 23–33.

11 Althusser, Louis, *Ideologie und ideologische Staatsapparate. Aufsätze zur marxistischen Theorie*, Berlin 1977.

12 Vgl. paradigmatisch: Foucault, Michel, *Die Hermeneutik des Subjekts. Vorlesungen am Collège de France 1981/82*, Frankfurt am Main 2004.

13 Foucault, Michel, *Technologien des Selbst*, Frankfurt am Main 1993. In den Gesammelten Schriften (*Dits et Ecrits*) finden sich zahlreiche thematisch verwandte kleinere Schriften.

14 Vgl. zum Beispiel: Wolf, Maryanne, *Proust and the Squid: The Story and Science of the Reading Brain*, London 2008. Wolfs Arbeiten sind für Stiegler von zentraler Bedeutung.

15 Ein guter Einstieg in Stieglers Arbeit stellt, so hoffe ich, das ausführliche Interview dar, das ich zusammen mit Florian Weber-Stein mit Stiegler geführt habe: Heidenreich, Felix / Florian Weber-Stein, *Digital Pharmacology. Exploring the Craft of Collective Care*, Bielefeld 2020.

16 Konstanze Baron, »Der Morgenrock des Philosophen, oder: Was die Dinge mit dem Denken zu tun haben«, in: Frauke Berndt / Daniel Fulda (Hrsg.), *Die Sachen der Aufklärung – Beiträge zur DGEJ-Jahrestagung 2010 in Halle a.d. Saale*, Hamburg 2012, S. 592–605. Meine politiktheoretische Perspektive vgl. »Denis Diderots affektökonomische Theorie der Dinge als Klugheitslehre und historisches Indiz«, in: Schlünder, Susanne / Andrea Stahl (Eds.), *Affektökonomien: Konzepte und Kodierungen im 18. und 19. Jahrhundert*, Opladen 2017, S. 137–150.

17 Ariely, Dan, *Predictable Irrational. The Hidden Forces That Shape Our Decisions*. New York, London, 2008, hier: S. 67–88.

18 Seel, Martin, *Sich bestimmen lassen. Studien zur theoretischen und*

praktischen Philosophie, Frankfurt am Main 2002. Ich komme im Abschlusskapitel auf diese Gedankenfigur ausführlich zurück.

19 Ernst-Wolfgang Böckenförde, »Die Entstehung des Staates als Vorgang der Säkularisation«, in: *Säkularisation und Utopie. Ebracher Studien. Ernst Forsthoff zum 65. Geburtstag*, Stuttgart u.a. 1967, S.75–94.

20 Die Unterscheidung wird in der Regel zurückgeführt auf die klassische Studie von: Ferdinand Tönnies, *Gemeinschaft und Gesellschaft. Grundbegriffe der reinen Soziologie*. Wissenschaftliche Buchgesellschaft, Darmstadt 2010. Tönnies Unterscheidung zwischen »Wesenswille« und »Kürwille« scheint mir heute terminologisch überholt. Vor allem durch Plessners Rezeption in *Die Grenzen der Gemeinschaft* (1924) gewann die Unterscheidung an Bedeutung.

21 Putnam, Robert, B., *Bowling Alone – The Collapse and Revival of American Community*, New York, 2000, hier: S.113f.

Vom Wehrdienst zum Bürgerdienst

1 Shustermann, Noah, *Armed Citizens. The Road From Ancient Rome to the Second Amendment*, Charlottesville / VA 2020.

2 Vgl, hierzu den Abschnitt in: Ellis, Joseph J., *George Washington: Eine Biographie*, München 2005., S.29f.

3 Zum Verhältnis von Armee und Nation in Frankreich vgl. auch: Krumeich, Gerd: »Zur Entwicklung der »nation armée« in Frankreich bis zum Ersten Weltkrieg«, in: Roland G. Förster (Hrsg.), *Die Wehrpflicht. Entstehung, Erscheinungsformen und politisch-militärische Wirkung* (= Beiträge zur Militärgeschichte. Bd.43), München 1994.

4 Zum Krieg in der Vendée vgl. Martin Jean-Clément, *La Guerre de Vendée. (1793–1800)*, Paris 2014. Vgl. auch die verdichtete Darstellung in: Reichardt, Rolf E., *Das Blut der Freiheit. Französische revolution und demokratische Kultur*, 2. Auflage, Frankfurt am Main 1999, hier: S.49–54,

5 Stoker, J. Donald (Hrsg.), *Conscription in Napoleonic Era. A Revolution in Military Affairs?*, London 2009.

6 Hippler, Thomas, *Soldats et citoyens: Naissance du service militaire en France et en Prusse*, Paris 2006. Vgl. auch: Schmitt, Bernhard,

Armee und staatliche Integration: Preußen und die Habsburgermonarchie 1815 – 1866. *Rekrutierungspolitik in den neuen Provinzen,
staatliches Handeln und Bevölkerung*, Paderborn 2007.

7   Den Ambivalenzen von Inklusion und Exklusion in multiethnischen politischen Gebilden haben Jörn Leonhard und Ulrike von
Hirschhausen ein Themenheft des *Journal of Modern European
History* gewidmet. Hier wird deutlich, dass die in Frankreich und
Preußen entwickelte Modell einer durch die allgemeine Wehrpflicht
entstehenden »Nation Waffen« in multiethnischen Imperien, in
der Habsburgermonarchie, im Russischen Reich, im Osmanischen
Reich und im *British Empire* nur eine begrenzte Integrationskraft
entfalten konnte. Leonhard, Jörn / Ulrike von Hirschhausen (Hrsg.),
Multi-Ethnic Empires and the Military: Conscription in Europe
between Integration and Desintegration (1860–1918), in: *Journal of
Modern European History*, Bd. 5, 2007/2, S. 164–308.

8   P. Rogger / Regula Schmid Keeling. (Hrsg.), *Miliz oder Söldner?:
Wehrpflicht und Solddienst in Stadt, Republik und Fürstenstaat
13.–18. Jahrhundert*, Paderborn 2019.

9   *Avenir Suisse*: Ein Bürgerdienst für alle. Der freiwillige Einsatz im
Milizsystem wird immer unbeliebter. Was tun?, Zürich 2013. PDF
online verfügbar.

10 *Avenir Suisse*, Bürgerstaat und Staatsbürger. Milizpolitik zwischen
Mythos und Moderne, Zürich, 2015. S. 202.

11 Ketterer, Hanna, Stefan T. Güntert, Jeanette Oostlander, Theo
Wehner, »Das ›Schweizer Milizsystem‹: Engagement von Bürgern
in Schule, Kirche und politischer Gemeinde, in: Wehner, Theo /
Stefan T. Güntert (Hrsg.), *Psychologie der Freiwilligenarbeit. Motivation, Gestaltung und Organisation*, Heidelberg 2015, S. 221–246,
hier:, S. 244.

12 »Immer mehr Angriffe auf Polizisten und Rettungskräfte«, in: HAZ
vom 20.12.2018.

13 Krüger, Paul, *Hand- und Spanndienste*, Stuttgart/Hannover 1953,
hier: S. 10.

14 Benn, Aluf, »Zahal – die wichtigste Institution im Land«, in: Dachs,
Giesela (Hrsg.), *Länderbericht Israel*, Bonn (BpB) 2016, S: 418–450.

15 Klein, Uta, *Militär und Geschlecht in Israel*, Frankfurt am Main 2001,
S. 299.

16 Neuere Berichte zum Thema *gender* in der IDF bietet beispielsweise

das *Israel Democracy Institute*, ein unabhängiger Think Tank in Jerusalem (https://en.idi.org.il).

17 Bresheeth-Zabner, Haim, *An Army Like No Other: How the Israel Defense Forces Made a Nation*, London/New York 2020.

18 Vgl. hierzu die klassische Arbeit: Frevert, Ute, *Die kasernierte Nation. Militärdienst und Zivilgesellschaft in Deutschland*, München 2001.

19 Bernhard, Patrick, *Zivildienst zwischen Reform und Revolte. Eine bundesdeutsche Institution im gesellschaftlichen Wandel 1961–1982*, München 2005, hier: S. 410–412.

20 Jameson, Fredric, »An American Utopia«, in: ders., *An American Utopia. Dual Power and the Universal Army*, hrsg. von Slavoj Žižek, London 2016, S. 1–96, hier: 62. (Übersetzung F.H.)

21 Ebda. S. 29.

22 Marchart, Oliver, »Apologie des Etatismus. Vorschläge zur Behebung des institutionentheoretischen Defizits radikaler Demokratietheorie«, in: Herrmann, Steffen / Flatsch, Matthias (Hrsg.), *Institutionen des Politischen. Perspektiven der radikalen Demokratietheorie*, Baden-Baden 2020, S. 169–202.

23 Ebda., S. 193–194.

24 Frevert, Ute, *Die kasernierte Nation*, a.a.O.

Wahlpflicht: Entscheiden als Zumutung

1 https://www.arte.tv/de/videos/RC-021183/rekordenthaltung-bei-regionalwahlen-in-frankreich/.

2 Koß, Michael, *Demokratie ohne Mehrheit?. Die Volksparteien von gestern und der Parlamentarismus von morgen*, München 2021.

3 Keane, John, *The Life and Death of Democracy*, New York 2009.

4 Lepore, Jil, *These Truths. A History of the United States*, New York 2018.

5 Richter, Hedwig, *Moderne Wahlen, Eine Geschichte der Demokratie in Preußen und den USA im 19. Jahrhundert*, Hamburg 2017. Hier: S. 49 ff.

6 Richter, a.a.O., S. 48–49.

7 Vgl. hierzu die bereits genannte Studie von Armin Schäfer, *Der Verlust politischer Gleichheit: Warum die sinkende Wahlbeteiligung der*

Demokratie schadet (Schriften aus dem Max Planck Institut (MPI) für Gesellschaftsforschung, 81), Frankfurt am Main 2015.

8 Ebda., vgl. vor allem das Schlusskapitel, in dem Schäfer die Frage der Wahlpflicht diskutiert.

9 Einen guten systematischen und zudem sehr aktuellen Überblick bietet auch: Singh, Shane P., *Beyond Turnout. How Compulsory Voting Shapes Citizens and Political Parties*, Oxford 2021. Erstaunlich ist diese empirische Studie auch insofern, als hier die Frage, ob denn nun eine Wahlpflicht zu empfehlen sei, am Ende nicht beantwortet wird (S. 178). Dass diese Frage nicht nur mit empirischen »costs« und »benefits« zusammenhängt, sondern auch mit normativen Präferenzen (liberal oder republikanisch), scheint gar nicht vorstellbar.

10 Birch, Sarah, *Full Participation: A Comparative Study of Compulsory Voting*, Manchester 2009.

11 Eine genaue Übersicht zur Geschichte der Wahlpflicht in den einzelnen Schweizer Kantonen liefert: Schwegler, Eveline, *Motivstrukturen unter Stimmzwang – Sind die Schaffhauser die Schweizerischen Musterbürger?* Working Paper No 42, 2009, published by the Center for Comparative and International Studies (ETH Zurich and University of Zurich).

12 Ebda. S. 36.

13 Eine Art summarische Auflistung liefern: Brennan, Jason / Lisa Hill, *Compulsory Voting: For and Against*, Cambridge 2014.

14 Faas, Thorsten, »Thinking about Wahlpflicht: Anmerkungen zu einer überfälligen Diskussion«, in: *Zeitschrift für Politikwissenschaft (ZPol)* 22 (3)/ 2012, S. 407–418.

15 Vgl. hierzu die ausführliche Darstellung bei Schäfer, a.a.O., S. 207–228.

16 Holderberg, Per / Jan Ballowitz, »Politisierung durch Zwang? Ein Experiment zur Veränderung des Informationsverhaltens, des politischen Engagements und des politischen Interesses unter den Bedingungen einer gesetzlichen Wahlpflicht«, in: *Zeitschrift für Politikwissenschaft (ZPol)* 30, S. 401–423 (2020), hier: S. 419.

Einberufung in einen Bürgerrat durch Los

1   Möllers, Christoph, »Politikkolumne. Reflexionen über »Verdienst« nach Besuch eines Schachturniers«, in: *Merkur*, Oktober 25, 2021.

2   In: Benn, Gottfried, *Essays und Reden in der Fassung der Erstdrucke* (Gesammelte Werke), Frankfurt am Main 1997, S. 283–309.

3   Manin, Bernard, *Kritik der repräsentativen Demokratie*, Berlin 2009; Buchstein, Hubertus, *Demokratie und Lotterie: Das Los als politisches Entscheidungsinstrument von der Antike bis zur EU*, Frankfurt am Main 2009.

4   Fustel de Coulanges, Numa Denis, *Der antike Staat*, Stuttgart 1981.

5   Bleicken, Jochen, *Die athenische Demokratie*, 4. Auflage, Paderborn 1995. Als Einstieg ebenfalls geeignet: Davies, John K., *Das klassische Griechenland und die Demokratie*, 4. Auflage, München 1991.

6   Bleicken, Jochen, *Die athenische Demokratie*, a. a. O.

7   Flaig, Egon, *Die Mehrheitsentscheidung. Entstehung und kulturelle Dynamik*, Paderborn 2012. Flaigs Thesen sind heftig diskutiert worden. Vgl. zum Beispiel im Themenheft der Zeitschrift *Erwägen-Wissen-Ethik*, Heft 3 (2014).

8   Vgl. zum Beispiel: Gerber, Marlène / Sean Mueller, »When the People Speak – and Decide: Deliberation and Direct Democracy in the Citizen Assembly of Glarus, Switzerland«, in: *Policy & Politics* 46(3), S. 371–390.

9   Gerber, Marlène, / Hans-Peter Schaub / Sean Müller, »O Sister, Where Art Thou? Theory and Evidence on Female Participation at Citizen Assemblies.«, in: *European Journal of Politics and Gender* 2(2)/ 2019, S. 173–195.

10 Zentral ist hier: Fishkin, James S., *When the People Speak: Deliberative Democracy and Public Consultation*, Oxford 2009.

11 Zu den interessanten Vorschlägen gehört beispielsweise die Idee, Werbung für besonders klimaschädliches Verhalten zu verbieten. Die Vorschläge sind online einsehbar: https://www.conventioncitoyennepourleclimat.fr.

12 Reber, Bernard, »Ende des Lockdowns für die demokratische Debatte. Grand Débat national und Convention Citoyenne pour le climat«, in: *Frankreich-Jahrbuch 2020*, Heidelberg 2021, S. 135–157.

13 Landemore, Hélène, *Open Democracy. Re-Inventing Popular Rule for the 21st Century*, Princeton/Oxford 2020. Sie betont: »What

is certain is that, as it is already the case in electoral democracies, a plethora of associations and intermediary bodies not primarily motivated by electoral goals would still exist in an open democracy, and they could be expected to perform some of the functions of aggregating information interests, and arguments so as to feed the deliberations occurring at various levels of the polity.« (S.148) Aber will man dann nicht lieber politische Parteien als entscheidende vermittelnde Körperschaften der Interessensartikulation, die – zumindest in Ländern wie Deutschland – gewissen Ansprüchen auf innerparteiliche Demokratie entsprechen müssen und deren Finanzierung gewissen Mindeststandards von Transparenz unterliegt?

14 Lafont, Cristina, *Unverkürzte Demokratie. Eine Theorie deliberativer Bürgerbeteiligung*, Berlin 2021.

Gemeinsam urteilen: Schöffen

1 Vgl. hierzu einführend: Heidenreich, Felix. *Theorien der Gerechtigkeit. Eine Einführung*, Opladen 2011. Eine zweite Auflage ist in Vorbereitung.

2 Ebda.

3 So das wörtliche Zitat in Reginald Roses Drehbuch.

4 https://www.service-bw.de/leistung/-/sbw/Ehrenamtliche+Richterin+oder+ehrenamtlicher+Richter+Schoeffen+beim+Strafgericht++berufen+werden-875-leistung-0.

5 Lieber, Hasso / Ursula Sens, *Basiswissen Schöffenamt*, Bonn 2020.

6 Lieber Hasso, Ursula Sens (Hrsg.), *Ehrenamtliche Richter. Demokratie oder Dekoration am Richtertisch? Eine rechtspolitische Streitschrift zu Verbesserung und Ausbau der Beteiligung des Volkes an der Rechtsprechung*, Wiesbaden, 1999.

Politische Bildung: Subjektivierung in der Schule

1 Vgl auch Lançon, Philippe, »Nicolas Sarkozy et la princesse de Clèves: une *Love Story* contemporaine«, in: *Critique* 2009/11 (Nr.750), S.931–944.

2 Maisenhölder, Patrick (2018): The Dark Side of Produsage – Concen-

tration and Death Camps as User-Generated Content for the Game
Prison Architect from the Perspective of Media Ethics and Media
Pedagogy. In: *Proceedings of INTED 2018 Conference*, 5th–7th March
2018, S. 6560–6570.

3 Übersetzung F.H. Die Homepage der Assemblée Nationale dokumentiert den Text unter der Rubrik »Grands moments d'éloquence
parlementaire« (https://www.assemblee-nationale.fr/histoire/
7ed.asp).

4 Höftmann, Andreas, *Muße und Musikerziehung nach Aristoteles*
Ein Beitrag zur musikpädagogischen Antike-Forschung, Augsburg
2014.

5 Zitiert nach der etwas älteren Übersetzung von Eugen Rolfes,
Aristoteles, Philosophische Schriften in sechs Bänden, Band 4: Politik,
Hamburg 1995, S. 289.

Zumutung konkret: Ein Gedankenexperiment

1 Vgl. Welzer, Harald, *Alles könnte anders sein. Eine Gesellschaftsutopie für freie Menschen*, Frankfurt am Main 2019, S. 207 ff.

2 Vgl. hierzu z. B. Bredow, Wilfried von, *Demokratie und Streitkräfte:
Militär, Staat und Gesellschaft in der Bundesrepublik Deutschland*,
Opladen 2000.

Ausblick: Freiheit und Beteiligung

1 Berlin, Isaiah, *Freiheit. Vier Versuche*, Frankfurt am Main 2006.

2 Rubin, Jay, *Making Sense of Japanese: What the Textbooks Don't Tell
You*, Tokio 2013.

Literaturverzeichnis

Ackerman, Bruce A./James S. Fishkin, Deliberation Day, New Haven 2004.

Adloff, Frank / Volker M. Heins (Hrsg.), Konvivialismus. Eine Debatte, Bielefeld 2015.

Althusser, Louis, Ideologie und ideologische Staatsapparate. Aufsätze zur marxistischen Theorie, Berlin 1977.

Amna, Erlin / Ekman, Joakim, »Standby citizens: diverse faces of political passivity«, in: European Political Science Review, Bd. 1/2013, S. 1–21.

Ariely, Dan, Predictably Irrational, The Hidden Forces That Shape Our Decisions London 2008.

Aristoteles, Philosophische Schriften in sechs Bänden, Band 4: Politik, Hamburg 1995.

Armin Schäfer, Der Verlust politischer Gleichheit: Warum die sinkende Wahlbeteiligung der Demokratie schadet (Schriften aus dem MPI für Gesellschaftsforschung, 81), Frankfurt am Main 2015.

Avenir Suisse, Ein Bürgerdienst für alle. Der freiwillige Einsatz im Milizsystem wird immer unbeliebter. Was tun? Zürich, 2013; (PDF online verfügbar).

Avenir Suisse, Bürgerstaat und Staatsbürger. Milizpolitik zwischen Mythos und Moderne, Zürich, 2015.

Barber, Benjamin, Consumed! Wie der Markt Kinder verführt, Erwachsene infantilisiert und die Demokratie untergräbt, München 2008.

Baron, Konstanze, »Der Morgenrock des Philosophen, oder: Was die Dinge mit dem Denken zu tun haben«, in: Frauke Berndt / Daniel Fulda (Hrsg.), Die Sachen der Aufklärung – Beiträge zur DGEJ-Jahrestagung 2010 in Halle a. d. Saale, Hamburg 2012, S. 592–605.

Beck, Ulrich, Die feindlose Demokratie – Ausgewählte Aufsätze, Ditzingen 1995.

Benn, Aluf, »Zahal – die wichtigste Institution im Land«, in: Dachs, Giesela (Hrsg.), Länderbericht Israel, Bonn (BpB) 2916, S. 418–450.

Benn, Gottfried, Essays und Reden in der Fassung der Erstdrucke (Gesammelte Werke), Frankfurt am Main 1997.

Berlin, Isaiah, Freiheit: Vier Versuche, Frankfurt am Main 2006.

Bernhard, Patrick, Zivildienst zwischen Reform und Revolte. Eine bundesdeutsche Institution im gesellschaftlichen Wandel 1961–1982, München 2005.

Birch, Sarah, Full Participation: A Comparative Study of Compulsory Voting, Manchester 2009.

Bishop, Bill, The Big Sort: Why the Clustering of Like-Minded American is Tearing Us Apart: Why the Clustering of Like-Minded America Is Tearing Us Apart, Boston 2009.

Bleicken, Jochen, Die athenische Demokratie, 4. Auflage, Stuttgart 1994.

Böckenförde, Ernst-Wolfgang, Recht, Staat, Freiheit. Studien zu Rechtsphilosophie, Staatstheorie und Verfassungsgeschichte, Frankfurt am Main 1991.

Bonnie, Honig, Public Things: Democracy in Disrepair (Thinking Out Loud: The Sydney Lectures in Philosophy and Society), New York 2017.

Bottici, Chiara, A Philosophy of Political Myth, Cambridge 2010.

Bredow, Wilfried von, Demokratie und Streitkräfte: Militär, Staat und Gesellschaft in der Bundesrepublik Deutschland, Opladen 2000.

Brennan, Jason, Against Democracy, Princeton University Press 2017.

Brennan, Jason / Lisa Hill, Compulsory Voting: For and Against, Cambridge 2014.

Bresheeth-Zabner, Haim, An Army Like No Other: How the Israel Defense Forces Made a Nation, London/New York 2020.

Buchstein, Hubertus, Demokratie und Lotterie: Das Los als politisches Entscheidungsinstrument von der Antike bis zur EU, Frankfurt am Main 2009.

Crouch, Colin, Post-Democracy: A Sociological Introduction (Themes for the 21st Century Series), Cambridge 2004.

Dalton, Russel, Democratic Challenges, Democratic Choices. The Erosion of Political Support in Advanced Industrial Democracies, Oxford 2004.

Davies, John K., Das klassische Griechenland und die Demokratie, 4. Aufl., München 1991.

Derrida, Jacques, Gesetzeskraft. Der »mystische Grund der Autorität«, 8. Aufl., Frankfurt a. M 2022.

Derrida, Jacques / Friedrich Kittler, Nietzsche – Politik des Eigennamens. Wie man abschafft, wovon man spricht, Berlin 2000

Deth, Jan W. van, »A conceptual map of political participation«, in: Acta Politica, 2014, Bd. 49/3, S. 349–367.

Diamond, Larry / Marc F. Plattner (Hrsg.), Democracy in Decline (Sonderheft des Journal of Democracy), Baltimore 2015.

Dryzek, John S., Deliberative Democracy and Beyond: Liberals, Critics, Contestations. Oxford 2002.

Ellis, Joseph J., George Washington: Eine Biographie, München 2017.

Faas, Thorsten: »Thinking about Wahlpflicht: Anmerkungen zu einer überfälligen Diskussion«, in: ZPol 22 (3)/ 2012, S. 407–418.

Fishkin, James S., Democracy and Deliberation, New Haven 1991.

Fishkin, James S., The Voice of the People: Public Opinion and Democracy. New Haven 1995.

Fishkin, James S., When the People Speak: Deliberative Democracy and Public Consultation, Oxford 2009.

Flaig, Egon, Die Mehrheitsentscheidung. Entstehung und kulturelle Dynamik, Paderborn 2012.

Flaig, Egon, »Die Mehrheitsentscheidung – ihre kulturelle Bedeutung« Erwägen-Wissen-Ethik, Heft 3 (2014), S. 369–381.

Foucault, Michel, Hermeneutik des Subjekts. Vorlesungen am Collège de France (1981/82), Frankfurt am Main 2004.

Foucault, Michel, Technologien des Selbst, Frankfurt a. M 1993.

Frevert, Ute, Die kasernierte Nation. Militärdienst und Zivilgesellschaft in Deutschland, München 2001.

Fustel de Coulanges, Numa Denis, Der antike Staat, Stuttgart 1981.

Gelhard, Andreas / Thomas Alkemeyer / Norbert Ricken (Hrsg.), Techniken der Subjektivierung, München 2013.

Gerber, Marlène / Sean Mueller, »When the People Speak – and Decide: Deliberation and Direct Democracy in the Citizen Assembly of Glarus, Switzerland«, in: Policy & Politics 46 (3), 2018, S. 371–390.

Gerber, Marlène / Hans-Peter Schaub / Sean Müller, »O Sister, Where Art Thou? Theory and Evidence on Female Participation at Citizen Assemblies.«, in: European Journal of Politics and Gender 2(2) / 2019, S. 173–195.

Goodhart, David, The Road to Somewhere: Wie wir Arbeit, Familie und Gesellschaft neu denken müssen: Die populistische Revolte und die Zukunft der Gesellschaft, München 2020.

Guilluy, Christophe, La France périphérique: Comment on a sacrifié les classes populaires, Paris 2015.

Handbook of Deliberative Democracy, hrsg. von André Bächtiger, John S. Dryzek, Jane Mansbridge und Mark E. Warren, Oxford 2018.

Heidenreich, Felix / Florian Weber-Stein, Digital Pharmacology. Exploring the Craft of Collective Care, Bielefeld 2022.

Heidenreich, Felix, »Denis Diderots affektökonomische Theorie der Dinge als Klugheitslehre und historisches Indiz«, in: Schlünder, Susanne / Andrea Stahl (Hrsg.), Affektökonomien: Konzepte und Kodierungen im 18. und 19. Jahrhundert, Opladen 2017, S. 137–150.

Heidenreich, Felix, »Hartmut Rosas Resonanz – Lösung oder Heuristik«, in: Philosophische Rundschau, Bd. 63, (2016), S. 184–194.

Heidenreich, Felix, »Krise, Erosion, Niedergang der Demokratie – oder doch ein ganz normales Unbehagen?«, in: Neue Politische Literatur, 3/2016, S. 403–412.

Heidenreich, Felix, »Von »Governance« zurück zu »Government«? – Vier Antinomien des guten Regierens in der Demokratie«, in: Heinrich Böll Stiftung (Hrsg.), Schriften zur Demokratie, Band 62: Gutes Regieren. Maßstäbe und Kriterien in der liberalen Demokratie, Berlin 2021, S. 22–29.

Heidenreich, Felix. Theorien der Gerechtigkeit. Eine Einführung, Opladen 2011.

Heidenreich, Felix / Daniel Schulz / Didier Mineur (Hrsg.), Die Bürger und ihr Staat / Les citoyens et leur Etat, Oldenbourg 2015.

Hippler, Thomas, Soldats et citoyens: naissance du service militaire en France et en Prusse, Paris 2006.

Höftmann, Andreas, Muße und Musikerziehung nach Aristoteles. Ein Beitrag zur musikpädagogischen Antike-Forschung (Forum Musikpädagogik), Augsburg 2014.

Holderberg, Per / Jan Ballowitz, »Politisierung durch Zwang? Ein Experiment zur Veränderung des Informationsverhaltens, des politischen Engagements und des politischen Interesses unter den Bedingungen einer gesetzlichen Wahlpflicht: in: Zeitschriften für Politikwissenschaft 30/2020, S. 401–423.

Honohan, Iseult, Civic Republicanism, London/New York 2002.

Jameson, Fredric, »An American Utopia«, in: ders., An American Utopia. Dual Power and the Universal Army, hrsg. von Slavoj Žižek, London 2016,

Katz, Josh, »›Duck Dynasty‹ vs. ›Modern Family‹: 50 Maps of the U.S. Cultural Divide«, in: New York Times vom 27. Dez. 2016.

Keane, John, »Monitory Democracy?«, in: Alonso, Sonia / John Keane / Wolfgang Merkel (Hrsg.), Representative Democracy, Cambridge 2011, S. 212–235.

Keane, John, The Life and Death of Democracy, New York 2009.

Ketterer, Hanna, Stefan T. Güntert, Jeanette Oostlander, Theo Wehner, »Das ›Schweizer Milizsystem‹: Engagement von Bürgern in Schule, Kirche und politischer Gemeinde, in: Wehner, Theo / Stefan T. Güntert (Hrsg.), Psychologie der Freiwilligenarbeit. Motivation, Gestaltung und Organisation, Heidelberg 2015, S. 221–246.

Klein, Uta, Militär und Geschlecht in Israel, Frankfurt am Main 2001.

Kondylis, Panajotis, Der Niedergang des bürgerlichen Denk und Lebensform. Die liberale Moderne und die massendemokratische Postmoderne, Weinheim 1991.

Koß, Michael, Demokratie ohne Mehrheit? Die Volksparteien von gestern und der Parlamentarismus von morgen, München 2021.

Krastev, Ivan, Europadämmerung. Ein Essay, Berlin 2017.

Krüger, Paul, Hand- und Spanndienste, Stuttgart/Hannover 1953.

Krumeich, Gerd, Zur Entwicklung der »nation armée« in Frankreich bis zum Ersten Weltkrieg. In: Roland G. Förster (Hrsg.): Die Wehrpflicht. Entstehung, Erscheinungsformen und politisch-militärische Wirkung (= Beiträge zur Militärgeschichte. Bd. 43). München 1994.

Lafont, Cristina, Unverkürzte Demokratie. Eine Theorie deliberativer Bürgerbeteiligung, Berlin 2021.

Lançon, Philippe, »Nicolas Sarkozy et la princesse de Clèves: une Love Story contemporaine«, in: Critique 2009/11 (Nr. 750), S. 931–944.

Landemore, Hélène, Open Democracy. Re-Inventing Popular Rule for the 21st Century, Princeton/Oxford 2020.

Leonhard, Jörn / Ulrike von Hirschhausen (Hrsg.), Multi-Ethnic Empires and the Military: Conscription in Europe between Integration and Desintegration (1860–1918), in: *Journal of Modern European History*, Bd. 5, 2007/2, S. 164–308.

Lepore, Jil, These Truths. A History of the United States, New York 2018.

Lévinas, Emmanuel, Le temps et l'autre, Paris 1983.

Lévinas, Emmanuel, Les Imprévus de l'histoire, Paris 1994.

Lévinas, Emmanuel, Quatre lectures talmudiques, Paris 2005.

Lieber, Hasso / Ursula Sens (Hrsg.), Ehrenamtliche Richter. Demokratie oder Dekoration am Richtertisch? Eine rechtspolitische Streitschrift zu Verbesserung und Ausbau der Beteiligung des Volkes an der Rechtsprechung, Wiesbaden, 1999.

Lieber, Hasso / Ursula Sens, Basiswissen Schöffenamt, Bonn 2020.

Lohmann, Hans-Martin, »Wirtschaftsbürger, Bildungsbürger, Konsumbürger – der Bürger bleibt«, in: Horst, Falk (Hrsg.), Panajotis Kondylis. Aufklärer ohne Mission. Aufsätze und Essays, Berlin 2007, S 125–131.

MacIntyre, Alasdair, Der Verlust der Tugend: Zur moralischen Krise der Gegenwart, Frankfurt am Main 1995.

Mair, Peter, Ruling the Void. The Hollowing of Western Democracy, London 2013.

Maisenhölder, Patrick, The Dark Side of Produsage – Concentration and Death Camps as User-Generated Content for the Game Prison Architect from the Perspective of Media Ethics and Media Pedagogy. In: Proceedings of INTED 2018 Conference, 5th–7th March 2018, S. 6560–6570.

Manin, Bernard, Kritik der repräsentativen Demokratie, Berlin 2009.

Marchart, Oliver, »Apologie des Etatismus. Vorschläge zur Behebung des institutionentheoretischen Defizits radikaler Demokratietheorie«, in: Herrmann, Steffen / Matthias Flatsch (Hrsg.), Institutionen des Politischen. Perspektiven der radikalen Demokratietheorie, Baden-Baden 2020, S. 169–202.

Marion, Jean-Luc, »L'altérité originaire de l'ego. Une relecture de Descartes, Meditatio II«, in: Marco M. Olivetti (Hrsg.), Philosophie entre éthique et ontologie, Mailand 1996.

Martin, Jean-Clément, La Guerre de Vendée. (1793–1800), Paris 2014.

Merkel, Wolfgang (Hrsg.), Demokratie und Krise. Zum schwierigen Verhältnis von Theorie und Empirie, Wiesbaden 2015.

Möllers, Christoph, »Politikkolumne. Reflexionen über »Verdienst« nach Besuch eines Schachturniers«, in: Merkur, Oktober 25, 2021.

Möllers, Christoph, Demokratie: Versprechen und Zumutungen, Berlin 2008.

Mounk, Yascha, »How Political Science Gets Politics Wrong«, in: The Chronicle of Higher Education, 30. Oktober 2016.

Nanz, Patrizia / Claus Leggewie, Die Konsultative. Mehr Demokratie durch Bürgerbeteiligung, Berlin 2016.

Niesen, Peter. »Was heißt Deliberation? Eine theoriegeschichtliche Betrachtung«, in: Flügel-Martinsen, Oliver / Daniel Gaus / Tanja Hitzel-Cassagnes / Franziska Martinsen (Hrsg.) (2014): Deliberative Kritik – Kritik der Deliberation. Festschrift für Rainer Schmalz-Bruns, Wiesbaden 2014, S. 49–71.

Niethammer, Lutz, »Einführung: Bürgerliche Gesellschaft als Projekt«, in: Ders. et al. (Hrsg.), Bürgerliche Gesellschaft in Deutschland. Historische Einblicke, Fragen Perspektiven, Frankfurt am Main 1990, S. 17–38.

Nippel, Wilfried, »Bürgerideal und Oligarchie: ›Klassischer Republikanismus' aus althistorischer Sicht«, in: Koenigsberger, Helmut G., (Hrsg.), Republiken und Republikanismus im Europa der frühen Neuzeit aus historischer Sicht, München 1988, S. 1–18.

Pawlik, Michael, »Kants Volk von Teufeln und sein Staat«, in: Jahrbuch für Recht und Ethik / Annual Review of Law and Ethics, 2006, Bd. 14, (2006), S. 269–293.

Pettit, Philip, Republicanism: A Theory of Freedom and Government, Oxford 1999.

Putnam, Robert, B., Bowling Alone – The Collapse and Revival of American Community, New York 2000.

Reber, Bernard, »Ende des Lockdowns für die demokratische Debatte. Grand Débat national und Convention Citoyenne pour le climat«, in: Frankreich-Jahrbuch 2020, Heidelberg 2021, S. 135–157.

Reckwitz, Andreas, Die Gesellschaft der Singularitäten: Zum Strukturwandel der Moderne, Berlin 2017.

Reichardt, Rolf E., Das Blut der Freiheit. Französische revolution und demokratische Kultur, 2. Auflage, Frankfurt am Main 1999.

Reitz, Tilmann, Bürgerlichkeit als Haltung. Zur Politik des privaten Weltverhältnisses, München 2003.

Reybrouck, David Van, Gegen Wahlen: Warum Abstimmen nicht demokratisch ist, Göttingen 2016.

Richter, Hedwig, Moderne Wahlen, Eine Geschichte der Demokratie in Preußen und den USA im 19. Jahrhundert, Hamburg 2017.

Riklin, Alois, »Die Schweizerische Staatsidee«, in: Zeitschrift für Schweizerisches Recht, Bd. 191/ 1982, S. 217–246.

Rogger Philippe / Regula Schmid Keeling (Hrsg.), Miliz oder Söldner? Wehrpflicht und Solddienst in Stadt, Republik und Fürstenstaat 13.–18. Jahrhundert (Krieg in der Geschichte), Paderborn 2019.

Rosanvallon, Pierre, Die Gegen-Demokratie: Politik im Zeitalter des Misstrauens, Hamburg 2017.

Rubin, Jay, Making Sense of Japanese: What the Textbooks Don't Tell You, Tokyo, New York, London 2013.

Runciman, David, Confidence Trap: A History of Democracy in Crisis from World War I to the Present, Princeton 2017.

Runciman, David, How Democracy Ends, London 2018.

Saar, Martin, »Analytik der Subjektivierung: Umrisse eines Theorieprogramms«, in: Gelhard Andreas, Thomas Alkemeyer und Norbert Ricken (Hrsg.), Techniken der Subjektivierung, Paderborn 2013, S.17–28.

Schäfer, Armin und Michael Zürn: Krisenspirale und demokratische Entfremdung: Der Siegeszug des Populismus, in: Blätter für deutsche und internationale Politik 66 (2021), 12, S.54–64.

Schäfer, Armin, Der Verlust politischer Gleichheit. Warum die sinkende Wahlbeteiligung der Demokratie schadet, Frankfurt am Main 2015.

Schmitt, Bernhard, Armee und staatliche Integration: Preußen und die Habsburgermonarchie 1815–1866. Rekrutierungspolitik in den neuen Provinzen, staatliches Handeln und Bevölkerung, Paderborn 2007.

Schwegler Eveline, Motivstrukturen unter Stimmzwang – Sind die Schaffhauser die Schweizerischen Musterbürger? Working Paper No 42, 2009, published by the Center for Comparative and International Studies (ETH Zurich and University of Zurich).

Seel, Martin, Sich bestimmen lassen. Studien zur theoretischen und praktischen Philosophie, Frankfurt am Main 2002.

Sen, Amartya, The Idea of Justice, London 2009.

Shustermann, Noah, Armed Citizens. The Road from Ancient Rome to the Second Amendment, Charlottesville, VA 2020.

Singh, Shane P., Beyond Turnout. How Compulsory Voting Shapes Citizens and Political Parties, Oxford 2021.

Skinner, Quentin, »The Republican Ideal of Political Liberty«, in: Bock, Gisela / Quentin Skinner / Maurizio Viroli (Hrsg.), Machiavelli and Republicanism. Cambridge, 1990, S.293–309.

Skinner, Quentin, The Foundations of Modern Political Thought, Volume 1, Cambridge 1998.

Snyder, Timothy, The Road to Unfreedom: Russia, Europe, America, New York 2018.

Stoker, J. Donald (Hrsg.), Conscription in Napoleonic Era. A Revolution in military affairs? London 2009.

Sunstein, Cass / Richard H. Thaler, Nudge. Wie man kluge Entscheidungen anstößt, Berlin 2009.

Thaa, Winfried, »Kritik und Neubewertung politischer Repräsentation: vom Hindernis zur Möglichkeitsbedingung politischer Freiheit«, in: PVS, Bd. 49, (2008) S. 618–640.

Viroli, Maurizio, Die Idee der republikanischen Freiheit, Zürich 2002.

Welzer, Harald, Alles könnte anders sein. Eine Gesellschaftsutopie für freie Menschen, Frankfurt am Main 2019.

Welzer, Harald, Mentale Infrastrukturen. Wie das Wachstum in die Welt und in die Seelen kam. Berlin 2011

Wolf, Maryanne, Proust and the Squid: The Story and Science of the Reading Brain, New York 2007.

Register

Bildnachweis

Abb. 1: © alfred steffen
Abb. 2: ScreenProd / Photononstop / Alamy Stock Photo
Abb. 3: picture alliance / ASSOCIATED PRESS
Abb. 4: picture alliance / AP | STR
Abb. 5: Wikimedia Commons